KB014235

하 루 한 마 디
인문학 질문의 기적

하루 🌸 한 마디
인문학 질문의 기적

김종원 지음

수천 년간 천재들을
키워온 궁극의 교육법

한 명의 현명한 부모는 백 명의 교사보다 낫다.

- 요한 프리드리히 헤르바르트

아이가 생각만큼 제대로 성장하지 않고

다른 아이보다 처진다고 걱정하지 마라.

그대가 그토록 걱정하며 바라보는 오늘 아이의 모습은

어제까지 그대가 아이에게 던진 질문에 대한 답이다.

돈이 아무리 많아도,

책을 아무리 많이 사줘도,

학원을 아무리 많이 보내도,

그곳에 아이의 가능성을 깨울 기적은 없다.

질문하는 부모가 아이의 가치를 빛낼 수 있다.
그대는 아이를 위한 어떤 질문을 갖고 있는가?
아이의 성장에 필요한 질문을 열 배로 갖춰라.
그러면 아이는 열 배 이상으로 빛날 것이다.

'내 아이가 지금 제대로 크고 있는 걸까?'
'아이 성장을 위한 골든 타임을 놓친 건 아닐까?'
'꼭 해줘야 할 것을 제때 해주고 있는 걸까?'
세상은 멈춰도 아이를 걱정하는 부모의 마음은 24시간 쉬지 않는다. 지난 수년간 전국 수많은 강연장에서 다양한 부모들을 만나 대화를 나눴다. 그들의 숭고한 마음을 온전히 이해할 수는 없었지만 '아이가 멋지게 성장하기를 바라는 간절한 마음'만큼은 알게 되었다.

이번 책은 그 마음에서 시작되었다. 세상에는 자녀 교육에 도움을 주는 좋은 책이 참 많다. '메타인지'가 중요하다고 주장하는 책, 글쓰기와 독서가 아이의 성장을 돕는다고 조언하는 책, 감정을 섬세하게 제어하고 말투를 고쳐야 한다고 충고하는 책 등 그 주제도 매우 다양하다. 모두 좋은 말이지만 나는 이 모든 것을 관통하는 단 하나의 지혜, 그리고 이것들을 실천할 수 있도록 해주는 궁극의 교육법을 많은 사람에게 전하고 싶었다. 그것은 바로 '인문학 질문법'이다. 이 책은 소크라테스가 살던 고대 그리스부터 레오나르도 다빈치, 미켈란젤로

부오나로티, 이마누엘 칸트, 아이작 뉴턴, 퇴계 이황, 요한 볼프강 폰 괴테의 시대를 지나 우리가 사는 현재까지 변하지 않고 이어져 내려온 '동서고금의 인문학 질문 방법론'을 현실의 자녀 교육 여건에 맞춰 실천 가능한 형태로 체계화한 결과물이다. 이 책을 읽은 독자들은 질문이야말로 한 사람을 '그가 가진 최고의 수준'으로 성장시키는 유일한 교육법이라는 사실을 깨닫게 될 것이며, 그 결과 아이 안에 숨어 있는 위대한 가능성을 조금씩 깨워나갈 것이다.

부모의 가장 큰 걱정은 두 가지다.

우리 아이가 책을 잘 읽지 않아요.
우리 아이가 글쓰기를 제대로 못해요.

그러나 가장 큰 문제는 책을 읽고 글을 써도 아이의 삶이 변하지 않는다는 것이다. 텍스트를 소화할 힘이 아직 부족한 아이에게 억지로 책을 읽고 글을 쓰도록 강요하고 있기 때문이다. 혹자는 독서를 통해 아이의 읽고 쓰는 힘, 즉 문해력을 기를 수 있다고 말하지만, 현실은 그렇게 이상적이지 않다. 당장 책을 읽고 이해할 능력이 없는데 어떻게 독서 효과를 기대할 수 있겠는가? 공식을 모르는데 어찌 응용을 할 수가 있겠는가? 일단 응용부터 하면 저절로 공식을 이해하게 될 것이라는 앞뒤가 맞지 않는 허무한 주장일 뿐이다.

그래서 '질문'이 필요하다. 일상에서 아이의 변화를 이끌어내는 질문을 어떻게 찾을 수 있을까? 이를 위해 부모는 시작을 '발견'하고, 과정을 '탐구'하고, 결과를 '창조'해 언제든 아이 생각을 자극할 수 있는 삶의 자세를 일상에 녹여야 한다. 이게 무슨 뜻일까? 아이와 스포츠 경기를 함께 관람한다고 가정해보자.

첫째, 시작을 발견하게 하자. 경기가 끝나면 승자와 패자가 정해진다. 이때 어느 한쪽 편을 바라보며 "이겼네"라고만 말하지 말고, 결과가 아닌 시작을 생각하게 하는 질문을 던지자.

"저 선수는 처음부터 저렇게 잘했을까?"

"모든 사람에게 처음부터 똑같은 재능이 있었던 건 아니겠지?"

"그럼 자기 재능이 무엇인지 발견하는 게 중요하겠네. 그게 시작이니까."

이런 식의 질문을 통해 아이에게 세상을 향해 묵묵히 도전한 누군가의 시작을 발견하게 하자.

둘째, 과정을 탐구하게 하자. 결과는 누구나 알 수 있지만 거기에 이르는 과정은 아무나 볼 수 없다. 오직 그것에 관해 치열하게 생각하는 사람만이 볼 수 있다.

"저 선수는 최고의 자리에 오르기 위해 어떤 노력을 했을까?"

"힘들어서 포기하고 싶을 때 어떻게 이겨냈을까?"

아이에게 눈에 보이지 않는 것을 보여주자. 그리고 보이지 않으면 질문하자. 질문이 가장 좋은 안경이다.

셋째, 마지막으로 결과를 창조하게 하자.

"너라면 이 이야기의 결말을 어떻게 맺을 것 같아?"

아이에게 결과를 스스로 결정하고 상상할 수 있게 하자. 그럼 아이는 이렇게 답할 것이다.

"오늘 저 선수가 보여준 눈빛이라면 다음 경기에서도 좋은 결과를 낼 수 있을 것 같아요."

비록 짧은 문장이지만, 아이는 자신이 발견하고 관찰한 근거를 통해 아직 보지 못한 결과를 논리적으로 추론해 답했다. 하루에 열 번만 이런 식의 질문으로 아이의 생각을 자극한다면 그 결과는 어떨까? 아마 아이는 수십 권의 책을 읽어야 얻을 수 있는 지혜를 스스로 얻게 될 것이다.

소크라테스, 다빈치, 괴테 등 한 시대를 풍미한 지성들도 시작을 발견하고, 과정을 탐구하고, 결과를 창조하는 독창적인 질문을 어린 시절부터 주변 사람들과 주고받으며 잠재력을 왕성하게 키워나갔다. 하지만 누군가의 삶에 변화를 줄 질문을 창조한다는 것은 결코 쉬운 일이 아니다. 그래서 나는 지난 수천 년간 세기의 지성이 반복했던 인문학 질문의 패턴을 지금 바로 우리 아이들에게 활용할 수 있도록 공부한 뒤 그 결과를 총 다섯 단계로 나눠 한 권의 책으로 정리했다.

1장은 이제 막 질문의 가치에 눈을 뜬 부모들에게 일상에서 어떻게 인문학 질문을 시작할지 가르치는 입문 단계다. 2장은 질문의 힘을 통해 아이와의 관계를 복원하고 성장을 위한 발판을 단단하게 다지는 기초 단계다. 3장은 튼튼해진 아이의 내면을 바탕으로 머릿속에 지혜를 가득 채우고 생각을 자극하는 인문학 질문의 실전 단계다. 4장은 상상력과 창의력을 자극하는 인문학 질문을 다양하게 변주해 아이의 언어 능력을 전방위적으로 향상시키는 응용 단계다. 마지막 5장은 지금까지 배운 모든 인문학 질문의 원리를 동원해 아이의 삶을 변화시키고 배움 밖에서도 쓸모 있는 어른으로 성장시키는 심화 단계다.

지금까지 살아오면서 단 한순간도 쉬지 않고 사랑을 쏟아 키운 아이를 한번 바라보자. 그리고 무수한 삶의 지혜를 아이가 이해할 수 있는 언어로 바꿔 질문을 던졌을 때, 그 질문에 반응한 아이가 무언가를 골똘히 궁리하는 모습을 떠올려보자. 상상만 해도 우리의 마음을 뜨겁게 만든다. 그러나 더 아름다운 것은, 질문을 받은 아이가 자신의 답을 찾아내 다시 당신 앞에 서서 질문을 통해 깨달은 것을 조곤조곤 가르쳐주는 장면이다. 사랑하는 아이를 위해 창조한 질문이 아이 삶에서 가장 빛나는 가치로 자리 잡을 때 부모와 아이 사이에는 말로 표현할 수 없는 풍경이 그려진다. 이 책을 쓰는 내내 나는 그 한 폭의 그림을 그리며 살았다. 이제 내가 그린 그림을 그대에게 전한다.

마지막 하나, 꼭 전하고 싶은 말이 있다. '인문학 질문법'은 일방적으로 가르치는 것이 아니다. 아이 안에 충분히 잠재된 가능성을 그저 열어주는 것이다. 그래서 부모의 역할은 오직 하나다.

"아이에게 더 큰 가능성을 허락하라."

2020년 4월

김종원

차 례

1장   일상에 대하여
"아이의 일상을 지혜로운 자극으로 채워주고 있나요?"

언어에 대하여

4장

"부모의 질문 깊이가 아이의 언어 수준을 결정합니다."

변화에 대하여
"아이의 가능성에 불을 냉긴 것은 단 하나의 질문이었습니다."

인문학 질문 핵심 키워드 ⑤ 가능성

"늘 포기하지 않고 도전하는 아이로 키우려면 어떤 질문을 던져야 할까요?"

에필로그

부록

일상에서 시작하는 3단계 인문학 질문

지금 질문하지 않으면
사라져버릴 것들

나는 '인문'을 인간을 사랑하는 마음이라고 생각한다. 그리고 인간을 사랑하는 마음은 배우는 것이 아니라 일상에서 실천하며 깨닫는 것이라고 믿는다. 따라서 우리는 '인문학'이 아닌 '인문 삶'의 나날을 보내야 한다.

실천하기 힘든 것들은 허상이나. 이 책에서 설넝하는 인문학 실문은 일상에서 시도해볼 수 있는 우리 아이의 아름다운 변화를 뜻한다. 책에 담긴 모든 내용은 누구나 일상에서 아이와 실천할 수 있는 것들이다. 본격적으로 책을 읽기 전에 과연 인문학 질문이 무엇인지, 그리고

이것을 어떻게 일상과 연결할 것인지에 대해 사례를 들어 설명하고자
한다.

내가 준 좋은 마음은 결국 다시 내게로 돌아옵니다.

이런 메시지를 아이에게 알려주고 싶다면, 먼저 자신에게 이렇게 질
문하며 시작하자.
"어떻게 하면 아이가 좋은 마음의 중요성을 깨달을까?"
이때 "어떻게 하면 아이에게 좋은 마음의 중요성을 가르칠 수 있을
까?"라는 질문으로 시작해선 안 된다. 보기엔 좋은 말 같지만 '가르친
다'는 표현이 매우 부적절하기 때문이다. 인문학 질문의 핵심은 주입
하며 가르치는 것이 아니라, 아이 스스로 깨닫고 자기 일상을 아름답
게 가꾸어가는 것에 있다.

1단계
상황 떠올리기

일단 그렇게 질문을 정했다면, 아이와 가장 쉽게 갈 수 있는 장소와 상
황을 떠올려보자. 이런 상황에 놓였다고 가정해보자. 아이와 함께 미
용실에 가기로 했다. 오픈 시각인 오전 11시로 예약을 했는데 당일 오
전 10시 30분에 원장에게 "손님, 죄송하지만 예약을 10분 정도 미룰

수 있을까요?"라는 메시지가 왔다. 이때 아이에게 상황을 설명하고 다음과 같이 질문을 던져 생각을 유도하는 것이다.

"원장님이 이런 메시지를 보낸 이유가 뭘까?"

아마도 지금의 상황을 제대로 분석할 줄 아는 아이라면 이렇게 답할 것이다.

"원장님이 늦잠을 잔 게 아닐까요?"

우리가 예약한 시각이 오후의 어느 시간대였다면 다른 예약으로 인해 밀렸다고 생각할 수도 있지만, 오픈 시각에 맞춘 예약을 10분 미룬다는 것은 자세한 이유는 모르겠지만 늦잠을 잤기 때문일 확률이 가장 높다.

2단계
함께 경험하기

원장이 말한 오전 11시 10분보다 조금 일찍 아이와 함께 미용실에 가자. 예상대로 원장은 아직 도착하지 않았을 것이다. 그렇다면 같은 건물의 다른 층에서 원장이 오기를 기다리자. 그리고 11시 10분에 맞춰서 도착한 원장이 급하게 손님을 맞이할 준비를 다 마쳤을 때, 이제 막 도착한 것처럼 아이와 함께 미용실로 들어가자. 이렇게 아이와 이 모든 상황을 시작부터 끝까지 경험하자. 자, 이제 미용실을 나오며 아이는 자연스럽게 부모에게 물어볼 것이다.

"왜 원장님보다 일찍 도착했는데 바로 미용실에 들어가지 않고, 건물 다른 곳에서 기다린 거예요?"

당연한 질문이다. 이럴 땐 다음과 같이 설명하자.

"우리가 약속한 시각에 딱 맞춰서 미용실 문 앞에 서 있었다면 아마 원장님이 매우 난감했을 거야. 지각을 해서 손님을 기다리게 한 것도 미안한데, 손님을 앞에 두고 부랴부랴 문을 열고 영업을 준비하는 모습까지 보여주면 얼마나 마음이 불편하겠니?"

그럼 아이는 이렇게 대꾸할 것이다.

"그건 알겠는데, 그래서 우리에게 좋은 게 뭐가 있어요? 괜히 원장님을 기다리다가 우리도 지각한 셈이잖아요?"

이때가 바로 아이에게 교훈을 전해야 할 순간이다.

"만약 우리가 미용실 문 앞에 서서 기다렸다면 원장님은 마음이 무척 불편했을 거야. 그래서 일부러 다른 곳에서 시간을 보내다 조금 여유 있게 미용실에 들어간 거야. 이런 우리의 선의가 결국 어떻게 되었니? 원장님은 편안한 마음으로 평소처럼 준비를 할 수 있었고, 그 결과 미용도 예쁘게 잘되었잖아? 아마 원장님이 불편한 마음으로 머리를 손질했다면 이렇게 만족스러운 결과가 나오지 않았을 거야. 우리의 좋은 마음이 좋은 결과로 돌아온 거지."

이것이 바로 인문학 질문이 중심이 된 사고방식이다. 이렇게 아이에게 꼭 전하고 싶은 교훈이 있다면 그 교훈을 떠올리게 할 합당한 질문을 먼저 제시하고, 일상에서 적당한 상황을 포착한 뒤 그 순간을 함께 경험하자. 그런 뒤 아이와 함께 경험한 상황에 의미를 부여하며 메시지를 만들어내면 된다.

여기에서 가장 중요한 것은 시작 단계인 질문이다. 이 책은 아이의 모든 순간을 경쟁력으로 연결할 인문학 질문을 찾아내는 방법을 자세하게 설명한 책이다. 일상의 소소한 질문들을 통해 우리는 아이의 창의력, 인성, 자존감, 공부머리, 문해력 등을 자극할 것이다.

세대로 실분할 수 있다면
우리는 원하는 모든 것을 가질 수 있다.

가장 빛나는 답은 가장 빛나는 질문을 던진 사람의 것이다. 지금이야말로 우리의 아이들이 가장 빛날 때다. 우리에겐 다만 질문이 필요하다.

"아이의 일상을
지혜로운 자극으로
채워주고 있나요?"

1장
일상에 대하여

"아이는 왜 부모의 의도와 늘 다르게 행동할까?" 자존감, 성적, 재능, 사회성 모든 것을 다 주고 싶은데, 왜 내 아이는 하나도 제대로 찾아내지 못하는 걸까? 하나하나 차근차근 생각하며 자신을 돌아보라. 아이와 부모 사이에는 어떤 문제도 없다. 다만, 한 가지 반드시 알아야 할 것이 있다. "'아이의 이유'를 찾기 전에 '당신의 이유'를 찾아라." 아이는 가장 사랑하는 사람을 닮는다. 그래서 부모가 던진 질문을 받아먹고 자라며 성장한다. 오늘 아이가 품은 생각, 던진 말, 실천한 행동은 결국 어제 부모가 던진 질문에 대한 답이다. "왜 그렇게 생각하고 말하고 행동할까?"라며 아이를 채근하지 말고, "나는 왜 그렇게밖에 질문하지 못했을까?"라는 마음으로 자신을 돌아보라.

01

모든 길이
아이 마음으로 향하는 입구다

✦

아이들은 언제나 예술가다.
문제는 어른이 되어서도 예술가일 수 있는지다.

- 파블로 피카소

한국에는 유럽이나 다른 아시아 국가에서 보기 힘든 광경이 하나 있다. 공원에 대개 입구가 있다는 사실이다. 그래서 공원에 들어가려면 반드시 작은 입구 하나를 찾아야 한다. 처음 온 사람은 그 넓은 공원에서 좁은 입구를 찾기 위해 공원을 한 바퀴 돌기도 한다. 얼마나 바보 같은 모습인가?

세상에 순응하며 사는 사람의 인생도 이와 비슷하다. 많은 사람이 작은 입구 하나에 들어가기 위해 평생 전력을 다하며 산다. 지금까지는 어떤 방법을 동원해서라도 그 입구에 들어가면 어느 정도의 삶을 보장해줬지만, 이제는 그런 방식이 통하지 않는 세상이 되었다. 대학 졸업장과 온갖 자격증, 만점에 가까운 영어 짐수도 모두 큰 의미가 없다. 좁은 입구는 점점 사라지고 있다.

요즘 아이들은 예전에 비해 많은 경험과 지식을 갖추고 있다. 거의 매일 학원에 다니며 새로운 지식을 배운다. 중학교 때 배워야 할 내용을 초등학교 고학년 때 다 알고 있을 정도다. 그런데 왜 그 모든 지식이 아이의 성장으로 연결되지 않았을까? 답은 좁은 입구로만 아이를 몰아붙이는 부모의 교육 태도에 있다. 아이의 가능성은 우주의 크기만큼이나 한계가 없다. 단, 부모가 먼저 그렇게 믿고 지지해야 아이가 자신의 재능을 세상에 보여줄 수 있다. 세상에 순응하지 않고 세상이 순응하는 사람의 인생이 바로 그것이다. 정해진 삶의 방식을 따르지 않고 사는 사람의 공원에는 입구가 따로 없다. 벽이 없어서 어느 방향으로도 원할 때 바로 들어갈 수 있기 때문이다. 그 모든 근사한 삶의 시작은 바로 이런 종류의 질문을 버리면서 시작한다.

"너 어느 아파트 살아?"

"너희 아파트 몇 평이야?"

세상에 순응하며 사는 사람의 가치는 당연히 그를 주관하는 세상이 결정한다. 그의 삶으로 들어가는 입구가 오직 하나이기 때문이며, 남들과 똑같은 것을 얻으려고 평생을 경쟁하며 살았기 때문이다. 우리는 똑같은 모양으로 지어진 아파트에 살아왔기 때문에 삶의 질도 아파트 브랜드와 평수로만 판단할 수밖에 없다. 살아갈 환경을 바꾸려면 질문 자체를 이렇게 바꿔야 한다.

"너희 집 창문에서는 뭐가 보이니?"

평수와 가격은 정해져 있어서 누구나 짐작할 수 있지만, 창문에서 보이는 풍경은 어디에 서 있는지에 따라 혹은 그걸 바라보는 사람이 누구인지에 따라 모두 다르다. 중요한 것은 아이들에게 던지는 부모의 질문이다. 아이는 "너는 바보다"라는 말을 자꾸 들으면 정말 자신이 바보라고 생각한다. 마찬가지로 부모가 "저 사람은 바보다"라는 말을 자주 들려주면 정말로 그 사람이 바보인 줄 알게 된다. 아이 앞에서 무언가를 말할 때는 아이에게 앞으로 어떤 영향을 미칠지 생각하고 또 생각하며 말해야 한다.

하루는 여덟 살의 톨스토이가 스케치북에 토끼를 그렸다. 그런데 어른들이 몰려와 톨스토이의 그림을 보고 웃었다. 톨스토이가 토끼를 빨간색으로 그렸기 때문이다. 어른들은 놀리는 목소리로 이렇게 물었다.

"톨스토이, 세상에 빨간 토끼가 어디 있니?"

그러나 톨스토이는 침착한 표정으로 이렇게 답했다.

"세상에는 없지만 제 스케치북 안에는 있어요."

여기에서 중요한 것은 어린 톨스토이의 멋진 답변이 아니다. 근본은 질문이다. 톨스토이는 방금 자신을 놀리는 어른들에게 "톨스토이, 세상에 빨간 토끼가 어디 있니?"라는 질문을 받았다. 이것이 바로 세상에 순응하며 사는 사람들의 질문이다. 하지만 그런 수준의 질문으로는 아이의 멋진 답변을 기대할 수 없다. 세상의 예상을 벗어나 남들이 보지 못하는 것을 바라보며 성장한, 그리고 그렇게 깨달은 지식을 바탕으로 세상에 없던 새로운 것을 창조한 한 분야의 대가들은 이와는 전혀 다른 질문을 받으며 성장했다. 그들이 일생에 걸쳐 세상에 내놓은 모든 근사한 답은 그들의 부모가 그들에게 던진 근사한 질문이 모여 이룬 작품이었다.

내가 이 책을 쓴 이유는 이런 근사한 질문을 일상에서 더 자주 던질 수 있도록 아이와 부모의 생각을 자극하고, 질문을 주고받는 더 좋은 방법을 제시하기 위해서다. 다시 말하지만 아이의 마음에는 입구가 따로 없다. 그래서 아이들은 언제나 자신의 내면이라는 공원에 자유롭게 진입할 수 있고, 스스로 배운 지식을 주변 환경과 수시로 연결할 수 있다. 아이가 그렇게 살아갈 때 아이는 그 무엇과도 대체되지 않고 세상에 순응하지 않는 유일한 삶을 살아갈 수 있다. 그러니 이 말을 언제나 가슴에 담고 살자.

부모의 질문이
아이 삶의 방향과 깊이를 결정한다.

02
부모의 편견이
아이 삶에 미치는 영향

험담은 세 사람을 죽인다. 말하는 자, 험담의 대상자, 듣는 자.
- 『미드라시』

하루는 유치원에 다니는 어느 아이에게 매우 충격적인 말을 들었다. 학원에서 지인을 기다리다가 들은 말인데, 한 아이가 학원 수업을 마치고 귀가하면서 다른 친구에게 "늙어서 분별력이 없네"라고 말한 것이다. 중년의 학원 차량 운전사가 늦자 이를 두고 한 말이었다. 나는 그 자리에서 충격을 받아 한동안 움직일 수 없었다. 그래서 그 아이를 가르치는 지인에게 그 사실을 말했더니, 지인은 더욱 놀라운 이야기를 들려주었다.

"그 애 엄마가 자주 쓰는 말이야."

"아이의 일상을
지혜로운 자극으로 채워주고 있나요?"

부모는 학원에 아이를 보낸다고 생각하지만, 정작 학원에 오는 건 아이가 아닌 부모다. 아이의 밀과 글, 모든 삶의 대도에서 부모가 그대로 보이기 때문이다. 아이가 '분별력'이라는 단어를 제대로 알고 쓰긴 힘들다. 그렇다면 이 단어를 어떻게 알게 됐을까? 아마 그 아이의 부모는 집에서 나이 많은 집안 어른들의 전화를 받고 끊을 때마다 무의식적으로 "늙으니 분별력이 없네!"라고 내뱉었을지도 모른다. 아이는 그 말을 기억하고 있다가 비슷한 상황이 되자 거리낌 없이 표현한 것이다. 그렇게 아이는 자신도 모르게 비난이 일상인 어른으로 성장한다.

이 책의 시작은 부모가 자신의 언어 습관을 제대로 알아차리고 그것이 얼마나 아이에게 엄청난 영향을 주는지 절감한 후, 자신이 아이에게서 보고 싶은 말과 글을 스스로의 삶에서 먼저 모범을 보여주라는 것이다. 어른들은 너무나 쉽게 아이 앞에서 감정과 의사를 표현한다. 듣기에 참 좋은 말을 할 때도 있지만 가끔은 '저런 말을 해도 괜찮을까?' 하는 생각이 들 정도로 편견이 가득한 말을 내뱉기도 한다.

"꼭 기억해, 저 사람은 나쁜 사람이야."

"그런 아이와는 놀면 안 돼."

누구에게나 편견이 있다. 문제는 부모가 "너도 그렇게 해야 해"라며 한쪽으로 치우친 생각을 아이에게 강요할 때 시작된다. 그런 행동은 아이라는 갓 태어난 작은 가능성을 오로지 자신의 뜻에 따라 움직이는 노예로 여기는 것과 같다. 아이의 감정과 태도를 마음대로 움직이고 함부로 정해서는 안 된다.

부모의 편견을 음식처럼 섭취한 아이들은 그 가정 안에서는 제법 잘 자란다. 적어도 그 '룰'을 잘 따르기만 하면 문제가 생기지 않기 때문이다. 문제는 집 밖에서의 생활이다. 세상에는 수많은 의견이 존재한다. 똑같은 사람도 어디에서는 나쁜 사람으로 평가받기도 하고, 다른 곳에서는 좋은 사람으로 평가받기도 한다. 또 어떤 곳에서는 내일이 기대되는 사람으로 여겨지기도 한다. 그 사람을 바라보는 시각과 그 사람이 처한 환경에 따라 평가가 달라지기 때문이다. 하지만 편견이라는 '확정의 언어'를 듣고 자란 아이는 부모가 주입한 생각 외에는 다른 생각을 하지 못한다. '그것만이 옳아'라는 생각으로 살기 때문이다.

이런 아이들은 집 밖으로 나가 세상을 접할 때 어떤 일을 겪을까? 부모에게 주입받은 자신의 생각과 다른 사람의 생각이 다르다는 것을 깨닫고 혼란에 빠져 방황할 것이다. 반복적으로 일어나는 이해할 수 없는 상황에 자존감과 희망을 모두 잃고, 세상과 불화를 겪으며 밖에 나가지 않고 자기 안에 갇혀 사는 아이가 될 수도 있다. 생각하지 않는 일상이 되풀이되면서 아이는 소극적으로 변하고, 도전하기보다는 주어진 대로 하루하루를 살아가는 사람이 된다. 자기가 모르는 것은 다 틀린 것이고, 새로운 것은 자신을 망치는 것이라고 여기며 살게 되는 것이다. 이 모든 처참한 결과의 시작은 무엇일까? 세상을 향한 부모의 증오와 편견이다.

세상과 사람을 이유 없이 미워하는 감정은 부모가 굳이 아이에게 알려주지 않아도, 아이가 살아가면서 저절로 경험하게 되는 불필요한 감정이다. 하지만 힘들어도 자꾸 도전하고, 불가능하지만 가능성을 바라보는 태도는 아이가 혼자서 습득하기 어려운 삶의 태도다. 따라서 부모에겐 현명한 격려의 기술이 필요하다.

여기에서 우리는 '열심히 했다'와 '잘했다'의 차이를 구분할 수 있어야 한다. 이는 부모가 스스로 깨달아야 하는 부분이므로, 자신에게 한 번 질문을 던져보자.

"'열심히 했다'는 말과 '잘했다'라는 말은 무엇이 다를까?"

뚜렷한 답이 나올 때까지 생각해보자. 아이의 성장과 도전 정신을 좌우하는 질문이니 더욱 깊이 생각하려는 의지가 필요하다. 열심히 했다는 것은 주관적인 표현이다. 누구도 자신이 "난 정말 잘했어"라고 말하지는 않는다. '잘했다'라는 것은 객관적인 표현이기 때문이다. 물론 잘하는 것도 중요하지만 일단 아이가 먼저 갖춰야 할 것은 스스로를 긍정하는 태도다. 그래서 부모는 아이가 무언가를 시작할 때 의식적으로 "한번 해볼까?"라는 긍정의 질문으로 가볍게 격려하는 게 좋다. "잘할 수 있지?"라는 표현은 좋은 말처럼 들리지만 아이에게는 아직 벅차다. 아이는 불가능에 도전하는 시도만으로도 충분히 어렵고 힘들다.

만약 당신이 잘 알지도 못하면서 매사 누군가를 비난하거나 미워하는 태도로 살고 있다면, 어떤 일을 시작하기 전에 스스로에게 "한번 해볼까?"라는 말을 들려주는 것이 좋다. 그렇게 긍정적인 태도로 자꾸 새로운 일을 시작하면 도전을 즐기는 일상을 살게 되고, 그러다 나중에 정말 좋아하는 일을 만나면 최선을 다하는 정신을 저절로 배우게 될 것이다. 부모가 먼저 그렇게 살면 아이는 저절로 따라온다. 더는 증오와 편견으로 세상을 바라보지 않을 것이며, 자기가 하는 일과 주변에 존재하는 사람들을 사랑하게 될 것이다.

03
아이를 망치는
부모의 3가지 말버릇

✦

말도 아름다운 꽃처럼 그 색깔을 지니고 있다.
- E. 리스

2018년 겨울 「SKY 캐슬」이라는 드라마가 입시를 경험한 어른들 사이에서 엄청난 인기를 끌었다. 나도 그 드라마를 봤는데 가혹한 현실을 마주하는 피로감을 느껴 딱 첫 회만 잠시 시청하다가 채널을 돌렸다. 과장된 부분이 분명 있었지만 드라마 속 세상은 내가 논술과 국어를 가르쳤던 10년 전과 달라진 게 전혀 없었다. 당시 학원에서 강사로 일하면서, 그리고 학생들을 개인 지도하면서 보람도 있었지만 그만큼의 죄책감도 느꼈다. 돈이 삶의 목적이 아니었던 나는 그 일을 그만두며 언젠가 부모와 아이를 위한 좋은 책을 써야겠다고 다짐했다.

"아이의 일상을
지혜로운 자극으로 채워주고 있나요?"

내가 생각하는 인문학은 '삶'이다. 그리고 삶은 대개 언어에서 시작한다. 한 인간의 언어 세계를 이루는 근간은 결국 '말버릇'이라고 할 수 있다. 자신도 모르게 가장 자주 내뱉는 말이야말로 평소 감추고 있던 욕망이자 삶의 지향점이기 때문이다. 앞서 나는 "늙어서 분별력이 없네"라고 말한 어느 아이의 이야기를 들려줬다. 이번에는 더욱 중요한 '부모의 말버릇'에 대한 이야기를 전하고 싶다.

세상은 이렇게 말한다.

"모든 아이는 천재로 태어난다."

"재능이 없는 아이는 없다."

그런데 왜 부모는 다른 이야기를 하는 걸까?

"아이가 뭘 잘하는지 모르겠어요."

"할 줄 아는 게 아무것도 없어서 걱정이에요."

환경과 사람에 따라 다르겠지만, 확실한 것은 '누구에게나 재능이 있다'는 사실이다. 하지만 그 천재성을 누르고 자꾸 덮어버리는 사람은 안타깝게도 부모일 가능성이 높다.

부모는 아이의 곁에 가장 오래 있는 사람이다. 따라서 자신의 언어가 아이의 삶에 얼마나 큰 영향을 미치는지, 그리고 부모의 언어가 아이의 미래를 어떻게 바꿀 수 있는지 반드시 자각해야 한다. 아이의 가능성을 닫아버리는 표현만 자제해도 아이는 자신의 재능을 조금 더 일찍 꽃피울 수 있다.

그렇다면 부모의 어떤 말버릇이 아이의 가능성을 꺾을까?

일상에
내하녀

하나, 모든 것을 부정적으로 바라보는 말버릇

아이들이 뜨거운 국이 담긴 그릇을 아슬아슬 위태롭게 들고 가다가 그만 바닥에 쏟았다고 상상해보자. 이럴 때 부모 입에서 자기도 모르게 나오는 말버릇이 있다.

"거봐, 내가 그럴 줄 알았지."

"네가 잘하는 게 대체 뭐니?"

모든 것을 부정적으로 바라보는 부모의 말버릇에 길들여진 아이는 어떤 새로운 상황에도 쉽게 적응하지 못한다. '나는 결국 안 될 거야' 라는 생각이 아이의 머릿속을 지배하고 있기 때문이다. 긍정의 언어를 생각해보자. 부모라면 늘 이런 고민을 답이 나올 때까지 반복해봐야 한다.

'더 좋은 말이 없을까?'

바닥에 흘린 국은 닦으면 그만이지만, 부모의 말에 다친 아이 마음은 평생 치유할 수 없다.

둘, 일방적으로 명령하는 말버릇

주변을 보면 혼자의 힘으로는 아무것도 시작하지 못하거나, 주도적으로 무언가를 제대로 해내지 못하는 아이들이 너무 많다. 이유는 결국 가정에서 시작한다.

"너, 내가 하지 말라고 분명히 말했지!"

"그만둬! 에휴, 차라리 내가 하고 말지."

강압적인 부모의 말버릇은 아이의 도전을 막는다.

'이걸 하면 아마 부모님한테 또 혼나겠지?'

한번 각인된 두려움은 어른이 되어도 쉽게 사라지지 않는다. 이렇게 자란 아이는 결국 혼자서는 아무것도 시도하지 못하는 사람이 되고 만다.

'그냥 가만히 있는 게 서로를 위해 좋은 거야.'

부모가 없으면 아무것도 결정할 수 없는 아이, 분식집에서 자신이 먹을 메뉴 하나도 선택할 수 없는 아이를 만드는 건 결국 부모의 강압적인 말버릇이다. 하지 말라는 '멈춤의 말'이 아닌, 방법을 알려주는 '지속의 말'을 자주 들려주자.

셋, 불가능한 인생을 만드는 말버릇

삶은 결국 가능성을 높이는 싸움이다. 모두가 불가능하다고 생각한 것을 깊은 사색을 통해 가능하게 만들면 그게 창조로 이어져 세상을 놀라게 할 상품이나 서비스가 된다. 창의력을 높이려면 같은 사물을 바라봐도 다른 것을 발견해낼 안목이 필요한데, 어릴 때부터 부모의 단정적인 말버릇에 익숙해진 아이는 부모가 정해놓은 불가능의 틀을 벗어나지 못한다.

"너는 도대체 언제쯤 제대로 할래?"

"잘하는 게 그렇게 힘드니?"

결과만 바라보면 자꾸 불가능에 수렴하는 질문만 하게 된다. '결과'가 아닌 '과정'을 상상하며 말하자. 과정은 결국 좋은 결과로 이어질 것이다. 그 믿음을 버리지 말고 아이의 과정을 바라보며 응원하자.

부모의 말버릇, 즉 언어 습관에 관한 내용은 아이가 올바로 성장하는 데 너무나 중요한 부분이라서 책의 모든 영역에 걸쳐 계속 언급할 것이다. 뒤의 4장에서는 인문학 질문을 완성하는 부모의 언어 습관을 업그레이드하는 실천법을 폭넓게 제시할 것이다.

부모의 말버릇이 아이의 미래다.

이 책을 읽으며 부모가 생각할 것은 오직 하나다. 부모의 사소한 말버릇 하나에 아이의 삶은 매일 요동치며 흔들린다. 거친 바다의 항해사가 부모라면 방향을 결정하는 키는 말버릇이 쥐고 있다. 아이와 함께 아름다운 세상으로 가고 싶다면 일상의 모든 순간에 가장 어울리는 말과 글을 써야 한다.

04
아이의 일상을 바꿀 유일한 열쇠는 부모의 일상이다

시작할 때부터 위대할 필요는 없다.
그러나 시작하면 위대해진다.
- 지그 지글러

아이를 잘 키우고 싶지 않은 부모는 아마 없을 것이다. 우아한 기품, 혁신적인 상상력, 탄탄한 내면, 온화한 성품을 갖춘 지성인으로 키우려면 부모가 먼저 그런 모습을 아이에게 자주 보여주면 된다. 아이에게서 보고 싶은 모습을 부모가 먼저 보여주는 것. 그것이 바로 가장 근사한 '가치관 교육'이지 않을까?

부모가 먼저 지성인의 삶을 살지 않고 아이에게 그런 일상을 교육하는 것은 강요와 억압이나 마찬가지다.

일상에
대하여

부모의 일상이 아이의 일상을 만든다.

이 말을 잊지 말고 아래 아홉 가지 지침을 먼저 실천하려고 노력해 보자. 그대의 사랑스러운 아이가 곧 그대를 따라올 것이다.

하나, 자신을 사랑하라

부모가 그 누구보다 먼저 자신을 사랑해야 하는 이유는 그것만이 끝나지 않는 로맨스고, 자신을 사랑하는 사람만이 매일을 다시 시작할 수 있기 때문이다. 자신을 사랑하는 사람은 자기 삶을 위해 마지막까지 모든 노력을 쏟아붓는다. 중요한 것은 그 사랑이 아이의 마음에도 고스란히 전해진다는 것이다. 자신을 사랑하지 않는 부모는 아이도 사랑할 수 없다.

둘, 모든 것의 시작은 관심이다

관심은 관찰과 사색의 첫 번째 조건이나. 관심이 없다는 것은 살아갈 이유를 찾지 못했다는 증거다. 관심이 사라지면 오늘까지의 기억도 모두 사라진다. 기억력은 지능의 수치가 아닌 관심의 수치가 결정한다. 관심을 가져야 그것에 대한 의미를 발견해서 아이에게 전달할 수 있다. 늘 더 좋은 마음으로 세상을 바라보자. 좋은 마음을 가지고 있는 만큼 더 오래, 더 많이 기억한다. 그대는 아이의 살아 있는 기억 저장소다.

셋, 자신을 견뎌낼 용기를 내라

당신이 일상에서 내뱉는 말과 행동이 때로는 당신 자신을 실망하게 만들 것이다. 아이를 대하는 일상도 그렇다. 그래도 부족한 자신의 하루를 견뎌라. 자신이 만든 일상의 잘못을 견뎌내는 사람이 바로 자기 삶의 주인이다. 주인은 '명령하는 사람'이 아니라 '견뎌내는 사람'이다. 명령하는 자는 주인 옆에서 붙어 살아가는 또 하나의 노예일 뿐이다. 부족한 상태의 자신을 견뎌라. 더 많은 것을 견딜 수 있다면 더 깊고 넓은 인생을 살게 될 것이다.

넷, 꿈을 가졌다면 열정을 잃지 마라

꿈을 이루기 위해서는 현실이라는 수많은 일상을 살아야 한다. 일상의 반복을 멈추면 꿈으로 다가갈 수 없기 때문이다. 끈기가 필요하다. 하고 싶은 일을 하려면 열정이, 현실에 두 발을 딛고 버티려면 끈기가 필요하다. 현실의 끈기가 곧 내일의 꿈이다. 아이를 위한 위대한 꿈을 품기 시작했다면 지금 그대 앞에 있는 아이의 현실에 더욱 최선을 다하라. 가장 현실적인 사람이 가장 이상적인 인생을 살 수 있다.

다섯, 서툰 겸손은 오히려 자만이다

어린아이와 많은 시간을 보내는 부모는 자신을 과대평가할 때가 가끔 있다. 자신을 제대로 알아야 한다. 겸손을 말로 표현하는 사람들은 대개 겸손하지 않은 사람들이다. 그들은 자신이 실제보다 더 고귀하고 대단하다고 생각한다. 자신을 제대로 알고 있는 사람은 현재 수준을 알기에 겸손한 자신이 아닌, 조금 더 선명한 자신을 보여준다. 부모가 자신을 제대로 파악할 수 있어야 아이의 현재 모습도 정확히 바라볼 수 있다.

여섯, 시작과 끝을 연결하는 자는 강하다

젊을 때 노년의 장점을 깨닫는 것, 노년에 접어들어서 청춘의 장점을 잃지 않는 것. 이 두 가지를 모두 가진 사람은 가만히 앉아서도 자신의 삶을 제어할 수 있다. 시작부터 끝을 조망하고, 끝에서도 시작하는 마음을 잃지 않는다면 그의 모든 과정은 물샐틈없이 완벽해진다. 그래야 아이도 부모도 세상의 변화에 흔들리지 않는 삶을 살 수 있다.

일곱, 나이를 먹는 일 자체가 도전이다

나이가 들수록 새로운 일에 도전하지 말고 일상을 담담하게 사는 게 좋다는 말이 있다. 그 이유는 나이가 든다는 사실 자체가 이미 새로운 일을 시작한다는 의미이기 때문이다. 어제까지 존재했던 것은 오늘 다시 변한다. 나의 것이라 믿었던 물건과 공간과 사람도 모두 변한다. 아이와의 관계도 마찬가지다. 나이를 먹으면 하루하루가 새롭다. 누구나 그 나이를 사는 것 자체가 도전이다. 매일 도전하며 산다고 생각하자. 나이가 들면 그 나이를 견뎌내는 것 자체가 모험이다. 자주 멈춰 서 자신의 내면을 깊이 들여다보며 살아야 한다.

여덟, 무엇을 하든 타인을 만족시키며 시작하라

무언가를 시작하는 사람에게 세상은 이렇게 조언한다.

"우선 너 자신을 만족시킬 수 있는 것을 만들어라."

하지만 이 조언은 매우 위험하고 무책임한 말이다. '자신을 만족시키는 것'은 끝까지 달린 자에게 주어지는 일종의 인증서와 같기 때문이다. 글을 쓰든, 기획을 하든, 음식을 팔든 언제나 타인을 가장 먼저 만족시켜라. 아이를 사랑하는 마음도 그렇다. 아이가 부모의 사랑을 느낄 때까지 아낌없이 주는 것이 진정한 사랑을 전하는 부모의 태도다. 일상도 그렇게 살자. 타인을 만족시킨 일상이 쌓여 가장 나중에 자신을 만족시킬 능력을 갖게 되는 것이지, 결코 처음부터 자신을 만족시킬 수는 없다. 보기에만 멋진 말에 속아 인생을 낭비하지 마라.

아홉, 중립을 약속하는 사람을 조심하라

공정과 중립은 다르다. 공정은 인간의 의지로 지킬 수 있는 것이지만 중립은 쉽게 약속할 수 있는 것이 아니다. 공정은 그저 세상의 중간 지점에 서 있으면 실천할 수 있는 것이지만, 중립은 누군가를 위해서라면 손해까지 감수하겠다는 선한 의지가 필요한 일이기 때문이다. 그러나 선한 자는 권력을 가질 수 없고, 권력을 가진 자는 선한 삶을 살기 힘들다. 진실한 중립은 신의 영역이다. 부모가 공정과 중립을 현명하게 구분할 줄 알면, 아이는 그런 부모의 말과 행동을 바라보며 저절로 세상을 섬세하고 신중하게 받아들일 것이다.

그대는 아이의 무엇을 바라보는가? 그리고 어떤 생각을 하며 무엇을 깨닫는가? 농부는 쌀을 재배하기 위해 물레방아가 돌아가는 것이라고 생각하지만, 방앗간 주인은 물레방아가 돌아가기 위해 쌀이 재배되는 것이라고 생각한다. 우리는 자신이 생각하고 인지하는 만큼만 볼 수 있다. 그래서 의지는 매우 중요한 것이다. 태양이 비추면 더러운 것도 반짝인다. 보려고 하면 볼 수 있고, 가려고 하면 갈 수 있다. 아이는 부모가 생각한 만큼 클 수 있다. 나는 이것보다 더 지적인 언어를 알지 못한다.

지식을 질문으로 연결하는 '자기효능감'

질문하지 않는 사람은 건전지를 넣고 단추를 누르면
북을 쳐대는 곰인형과 다를 것이 없다.
- 이어령

아이가 단순히 지식을 배우는 데 그치지 않고 습득한 지식을 일상에
활용하며 지적으로 살아가려면 '자기효능감'이라는 것이 반드시 필요
하다. 세상은 자기효능감을 '과제를 끝마치고 목표에 도달할 수 있는
자신의 능력에 대한 스스로의 평가'라고 말한다. 그런데 역시 학술적
인 언어는 쉽게 이해가 되지 않는다. 자기효능감을 간단하게 설명하면
이런 것이다.

현재 자신이 아는 지식과 재능을 바탕으로

어떤 상황에서도 일을 해결할 수 있다고 믿는 자신감.

일단 이 전제를 꼭 기억하고 일상에서 아이를 볼 때마다 기억하길 바란다. 알고 지켜보는 것과 모른 채 바라보는 것은 매우 다르기 때문이다.

아이들은 어떤 일을 할 때 마음처럼 되지 않으면 핑계부터 댄다.

"친구가 그렇게 말한 거란 말이야!"

"이건 내 잘못이 아니야!"

하지만 자기효능감이 높은 아이는 성공이나 실패의 원인을 밖에서 찾기보다는 스스로에게서 찾는다.

"내가 잘못 생각한 부분이 무엇일까?"

"어느 부분에서 잘못 생각한 거지?"

자기의 노력을 기준으로 모든 과정과 결과를 판단하고 측정한다. 그래서 자기효능감이 충분히 쌓인 아이는 그렇지 않은 아이보다 자신이 아는 지식을 생산적으로 활용하고, 똑같은 실패를 겪어도 그 안에서 성공할 단서를 배울 가능성이 더 높은 삶을 산다. 그들에게 실패는 더 나은 도전을 위한 교두보일 뿐이다.

일상에서도 충분히 아이의 자기효능감을 높일 수 있다. 일단 아이와 가장 자주 갈 수 있는 장소를 떠올린 뒤 그곳에서 실천할 수 있는 방법을 구상하자. 식료품을 파는 마트에 갔다고 생각해보자. 아이들은 부모가 물건을 고를 때 제 나름대로 고민하고 생각해서 자신이 원하는 상품을 함께 고르곤 한다. 유제품 코너에서 치즈를 하나 살 때도 부모가 하나를 집으면 아이도 해맑게 웃으며 자기 마음에 드는 치즈를 집어 장바구니에 넣는다. 이때 부모가 취하는 순간적인 반응이 아이의 자기효능감 성장 여부를 결정한다.

"유통기한이 임박한 치즈를 고르면 어떡하니!"

"너는 가만히 있어, 이건 네가 먹기엔 아직 이르니까."

신중히 고민해서 고른 물건을 부모가 장바구니에서 꺼내 다시 제자리로 가져다 놓을 때, 아이는 어떤 감정을 느낄까? 학교에서 칼슘이 몸에 좋다는 것을 배운 아이는 그 지식을 제 나름대로 삶에 적용해 칼슘이 풍부한 치즈를 선택했을 것이다. 그런데 그 행동이 부모를 돕지도 못했고, 심지어 인정조차 받지 못했기 때문에 깊은 실망감을 느끼게 된다. 그런 순간이 반복되면 아이는 자기가 하는 일이 모두 '쓸데없는 짓'이라고 치부하게 되고, 나중에는 결국 스스로 쓸모없는 존재라고 생각하는 자기 부정 상태에 빠진다.

부모는 때와 장소를 가리지 않고 아이에게 자기효능감을 심어줄 수 있는 대화를 시도해야 한다. 그리고 그런 대화의 시작은 물론 질문이다. 앞에서와 같은 일이 발생했을 때 아이가 스스로 선택한 상품을 세심하게 바라보며 이렇게 물어보자.

"와, 칼슘이 가장 풍부한 치즈로 잘 골랐네. 그럼 이제부터는 유통기한이 좀 더 넉넉한 치즈를 골라볼까?"

"이 치즈는 네가 다음에 먹기로 하고, 지금은 당장 피자에 올려 먹을 수 있는 치즈를 골라보는 게 어떨까?"

이때 '이렇게 하자'는 지시보다 '이렇게 해보는 게 어떨까?'와 같은 청유형 질문을 해야 아이가 올바른 자기효능감을 갖출 수 있다. 또한 거절하는 이유를 분명하게 밝혀야 아이 스스로 납득할 수 있고, 비록 자신의 뜻이 관철되지 못했다 할지라도 그 과정에서 새로운 지식을 배울 수 있다. 다음에도 거침없이 자신의 의사를 밝힐 자신감을 얻을 수 있다.

아이는 뭐든지 쉽게 받아들이기 때문에 단 한 번의 핀잔으로도 영원히 되돌릴 수 없는 먼 길을 가게 된다. 이와 반대로 언제 어디서나 웃으며 칭찬하고 적절하게 격려해주면 아이는 더 잘 선택할 수 있는 방법을 스스로 연구할 것이다. 이것이 바로 아이의 지식을 현명하게 세상과 연결시키는 요령이다.

이제부터 아이는 부모가 물건을 선택하는 모습을 유심히 관찰하며, 선택받는 물건의 특징이 무엇인지 분석하고 선택받지 못하는 물건에는 어떤 공통점이 있는지 비교하면서 그 나름의 '판단 기준'을 정하게 된다. 이것은 '보는 눈'이 생겼다는 것을 의미한다. 아이는 부모가 고른 물건보다 더 좋은 물건을 혼자서도 골라낼 수 있게 될 것이고, 그러한 자신감을 바탕으로 세상을 바라볼 것이다.

다만 주의할 것이 있다. 아이에게 자기효능감을 심어준다는 목적으로 무턱대고 칭찬만 하는 것은 오히려 안 좋은 영향을 미친다.

서툰 칭찬은 상처만 남길 뿐이다.

누가 봐도 부적절한 물건을 골랐는데 "너무 잘 골랐네, 역시 우리 아이가 최고 멋져!"라고 칭찬하면, 당장은 괜찮지만 훗날 아이는 자신이 옳다고 여기던 부모의 기준과 사회의 기준이 너무 달라 혼란을 느끼게 될 것이다. 그러므로 칭찬할 만한 요인을 발견했을 때 그 순간을 놓치지 말고 적절하게 아이를 칭찬하는 게 매우 중요하다. 정말 필요할 때 자신이 해야 할 일을 하는 게 부모가 존재하는 이유임을 잊어서는 안 된다.

일상에
대하여

06
결국 해내는 아이는
질문 방식이 다르다

✦

왜 살아야 하는지 그 이유를 아는 사람은
어떤 어려움도 견뎌낼 수 있다.
- 프리드리히 니체

"조용히 하자!"

어떤 경고와 회유도 아이들의 소란을 잠재울 수 없었다. 학원에서 국어를 가르치던 시절 새 학기가 되어 처음 만난 아이들은 언제나 10분 이상 수업에 집중하지 못했고, 같은 자세로 한자리에 앉아 수업을 끝까지 듣지 못했다. 하지만 아이들은 점차 변했다. 다른 책에서도 자세하게 소개했지만, 당시 나는 아이들과 좋은 문장을 낭송하고 필사하면서 아이들의 좋지 않은 습관을 효과적으로 지울 수 있었다. 아이들은 자리에 30분 이상 차분하게 앉아 있게 되었고 누가 시키지 않아도 주도적으로 공부했기에 성적도 전보다 훨씬 좋아졌다. 즐겁게 수업에 참여하는 아이들도 많아졌다. 가장 큰 변화는 일상 언어가 달라졌다는 사실이다. 좀 더 정확하게 말하면, 문제를 만날 때마다 그것을 해결해내는 질문을 던지는 습관이 아이들 일상에 자리 잡기 시작했다. 그리고 그 질문은 금세 일상 언어 그 자체가 되었다.

하루는 학원에 학부모 한 명이 찾아와 상담을 하다가 교실을 둘러봤다. 그 학부모는 쉬는 시간에도 차분한 표정으로 자리에 앉아 공부하는 아이 둘에게 다가가 이렇게 물었다.

"너희 참 기특하다. 둘 중에 누가 더 공부 잘하니?"

어른들은 꼭 순위를 정하려고 한다. 그러면 아이들은 서로 자신의 장점을 나열하고 친구의 단점을 언급하며 자신을 내세운다. 그러나 이날 내가 지켜본 아이들의 말은 전혀 달랐다.

"공부를 더 잘하는 사람을 찾는 것보다, 우열을 가릴 수 없을 정도로 열심히 공부하는 두 사람이 있다는 게 더 중요한 일 아닐까요?"

절로 고개가 끄덕여지는 멋진 언어였다. 아이들은 남과 비교하고 순위를 매기려는 어른들의 폭력적인 질문 앞에서 어쩔 수 없이 한 명은 내려가고 한 명만 수면 위로 떠오르는 답변을 하게 된다. 하지만 이 아이들은 달랐다. 이 근사한 한마디로 두 아이 모두 상처를 입지 않고 당당히 무대에 섰다.

이처럼 언제 어디서나 형형한 빛을 뿜어내는 아이들은 어떻게 성장했을까? 비결은 방법을 찾아내도록 돕는 질문에 있다. 내가 아이들에게 자주 낭송하고 필사하게 했던 문장 역시 그런 종류에 속한다.

"이 문제를 해결할 더 좋은 방법은 뭘까?"

"나와 친구 모두를 행복하게 할 선택은 뭘까?"

"내가 행복하려고 남을 불행하게 한다면 그걸 진정한 행복이라고 부를 수 있을까?"

이런 질문을 부모가 일상적으로 던져주면 아이들의 일상 언어는 어떤 불가능한 일도 결국 해내는 가능성의 언어로 바뀐다. '결국 해내는 아이'로 성장시키는 질문에는 '나'와 '너'와 '가능성', 이 세 가지 존재가 녹아 있어야 한다.

"어떻게 나를 변화시키고 상대방을 설득해 불가능을 가능으로 만들 것인가?"

아이가 더 많은 사람이 행복할 수 있는 더 나은 방법을 찾도록 유도하면, 언젠가는 그 누구의 도움 없이도 혼자서 뭐든 척척 해내는 아이로 성장할 수 있다.

다만 이렇게 늘 질문하는 일상을 살게 하려면, 부모와 아이 모두 최소한의 '감정 제어법'을 알고 있어야 한다. 모든 좋은 질문과 실천은 자신의 감정을 제어할 수 있어야 시작된다. 세기의 천재도 내면에 화가 가득 찬 상태에서는 자신의 상상력과 지혜를 밖으로 표현하지 못한다. 분노가 모든 지식의 통로를 막고 있기 때문이다. '화를 제어하는 법', '타인과의 관계에서 자유를 얻는 법', '일상에서 마주치는 소소한 마찰에 일일이 반응하지 않는 법' 등을 제대로 배우지 않으면 아무리 위대한 지식을 많이 쌓아도 소용이 없다. 나쁜 감정을 제어하는 능력은 비단 아이들만의 문제가 아니다. 부모가 함께 일상에서 실천해야 아이도 그 중요성을 인식하고 배울 수 있다.

그래서 세상의 모든 아이와 부모에게, 혹은 세상을 살아가며 무언가를 배우려는 모든 사람에게 이 글을 전하고 싶다. 일과를 시작하기 전에 읽으면 풀리지 않던 문제의 실마리를 찾아내 보람찬 하루를 보낼 수 있을 것이다. 그리고 주변 사람들과 행복한 일상을 보낼 수 있다.

지식과 지혜가 분노의 먹이가 되지 않게 살자.
나는 내가 아직 보거나 경험하지 않은 타인의 말로
아파하거나 분노하지 않을 것이다.

오직 직접 관찰하고 경험한 것만이
나의 생각과 삶에 영향을 줄 수 있다.
내게 소중한 것은 나 자신이다.

일시적인 기분으로 쉽게 충고하며 지나가는
수많은 사람의 말에 나는 상처받지 않을 것이다.

내게 영향을 줄 수 있는 사람은
24시간 내내 나를 위해 분투하는 나 자신뿐이니까.

아이의 인생 방향을 결정하는 가장 중요한 열쇠는 부모의 질문이다. 아이는 그날그날 부모가 던진 질문의 방향에 따라 삶의 좌표를 설정해 스스로 움직인다. 평생 아이 옆에서 좌표를 대신 찍어줄 수 없다. 그렇게 해서도 안 된다. 따라서 어릴 때부터 인문학 질문을 통해 아이가 스스로 자신에게 질문을 던지며 살 수 있도록 환경을 조성해주어야 한다. 음식물을 섭취함으로써 신체가 건강해지듯, 아이들은 질문을 먹고 자라며 마음을 단련한다. 오직 좋은 질문만이 아이의 내일에 희망을 준다.

07

내일이 더 기대되는 아이로
키우는 질문

아침이 그날의 날씨를 알려주듯
어린 시절은 한 인간의 생애를 알려준다.
- 존 밀턴

우리의 인생에서 가장 중요한 시절은 어릴 때다. 나는 그 구체적인 시기가 열 살 전후라고 생각한다. 인간의 거의 모든 삶은 그때 방향이 결정되고, 그 이후에는 잘 변하지 않기 때문이다. 좋은 아이는 좋은 어른이 되고, 현명한 아이는 현명한 어른이 된다. 정말 무서운 말이지만 부인할 수 없는 진실이다. 그러나 이를 받아들이고 잘 대처한다면 세상에서 가장 좋은 기회를 내 것으로 만들 수 있다.

아이를 키우는 일은 기적이다. 하나의 멋진 세계가 완성되는 모습을 매일 지켜보며 영향을 줄 수 있기 때문이다. 세상에는 공부와 인성, 평판과 매력, 재능과 창의성 등 내 아이에게 전하고 싶은 거의 모든 것을 이미 갖춘 사람들이 있다. 그들이 품고 있는 그 보석들은 언제 탄생했을까? 아마 열 살 무렵이었을 것이다.

열 살 때 생각이 바르고 마음이 곧았던 아이는 스물이 되고 마흔이 지나도 인성과 지성을 겸비한 내실 있는 사람으로 살아간다. 반대로 열 살 무렵부터 재능을 낭비하고 올바른 인성을 배우지 못한 아이는 죽을 때까지 착실한 사람으로 살지 못할 확률이 높다. 시간이 지난다고 갑자기 철이 들어 지혜로워지는 아이는 매우 드물다. 만약 있다고 하더라도 그건 우연에 가깝다. 아이의 소중한 삶을 우연에 맡기고 싶지 않다면 가능성이 흘러넘치는 바로 지금 올바른 방향으로 이끌어야 한다.

"저 아이는 오늘보다 내일이 더 기대가 되네. 한 가지 행동만 봐도 정말 믿음직하고 올바르잖아."

그 사람의 하루를 믿을 수 없다면 내일도, 10년 후도 믿을 수 없다. 하루를 정말 꽉 채워서 농밀하게 보내는 사람을 보면 절로 내일을 기대하게 된다. 실제로 그들은 주변의 바람을 훨씬 넘어서는 사람으로 성장한다.

이런 일상을 보내며 주위의 관심을 한 몸에 받는 사람들의 공통점은 삶이 언제나 반듯하고 고요하다는 점이다. 이는 앞서 이야기한 침착한 성격을 만드는 추론의 힘과도 닿아 있다. 이들에게는 다른 삶에서는 발견할 수 없는 차분함이 존재한다. 우리가 매사 지혜롭게 대처하지 못하고 경거망동하는 이유는 충분한 시간을 투자해서 연구하지 않고 쉽고 빠르게 원하는 결과를 얻으려고만 애쓰기 때문이다. 일과 삶에 충분히 시간을 투자한 사람은 언제나 차분하고 현명하게 원하는 것을 아주 쉽게 얻어낸다.

"나는 성격이 늘 급하고 신중하지 못해. 그래서 항상 내 일상은 정신이 없고 혼란스러워. 실수를 저지르고 큰일을 그르치기 일쑤야."

이렇게 말하는 사람이 있지만, 반듯하고 고요한 삶은 성격이 아니라 성실하게 투자한 노력의 결과일 뿐이다.

경기에서도 그렇지만, 늘 최선을 다한 사람은 조용히 결과만 지켜본다. 서두르는 사람은 언제나 뭔가 부족하거나 불안한 사람들이다.

'우리 아이는 대체 언제 철이 들까?'

이런 생각조차 버리고 잠잠히 주변을 바라보자. 아이에게 충분한 시간을 허락하자. 당장 아이에게 필요한 것은 단어 하나를 외우는 시간이 아니라 그 단어 하나를 아주 오래 바라볼 수 있는 일상의 넉넉한 시공간이다. 아이와 함께 하루 10분이라도 시간을 만들어 일상에서 조용히 한곳을 바라보며 응시하는 연습을 해보자. 나뭇잎 사이로 날아가는 새를 시야에서 사라질 때까지 바라보거나, 음악 하나가 끝날 때까지 눈을 감고 감상해보는 것도 좋다. 뭐든 시작부터 끝까지 그 과정을 지켜보자. 그리고 그 시간을 통해 어떤 기분을 느꼈는지 이야기를 나누어보자. 그 순간의 시간과 공간과 대화는 하나의 풍경화처럼 아주 오래 서로의 기억에 남을 것이다. 좋은 교육은 두 사람이 함께 그리는 아름다운 풍경화다.

차분함과 현명함은 단순히 나이가 든다고 해서 얻을 수 있는 성품이 아니다. 이유가 뭘까? 조급해지기 때문이다. 아이가 열 살이 되었을 때 성에 차지 않으면 스무 살 때는 더 조급해지고, 초조한 부모의 집착은 마흔이 지나도 사라지지 않는다.

어렸을 때부터 무언가를 가만히 응시하는 경험을 충분히 하지 못한 아이는 나이가 들면 더 어린 아이가 되어버린다. 조급한 마음은 언제나 그 사람을 보채는 아이로 만든다. 하나의 '시작'을 차분하게 끝까지 바라보라. 바라보면 그것을 자신의 것으로 만들 수 있다.

08
스스로 추론하는 아이는
쉽게 흔들리지 않는다

인생은 속도가 아니라 방향이다.
- 요한 볼프강 폰 괴테

차분한 일상을 보내는 아이를 보면 절로 기품이 느껴진다. 그럴 때마다 내 아이도 저렇게 침착하고 담대하게 자라면 좋겠다는 생각을 한다. 그래서 엄격하게 아이를 통제하려고 시도해보지만 결과는 만족스럽지 않다. 방법이 틀렸기 때문이다. 사람들은 흔히 가정교육이 엄할수록 아이가 차분하게 자랄 것으로 생각하지만 아닌 경우가 더 많다. 그 이유는 현실과의 괴리를 견디지 못하고 방황하기 때문이다. 아이들은 초등학교에 입학하기 전에 부모에게 다양한 것들을 배운다. 그중에서도 거의 모든 아이가 공통적으로 배우는 것이 몇 가지 있다.

일상에
대하여

- 친구들과 싸우지 않고 먼저 용서하고 이해하기
- 멋대로 행동하지 않고 이치에 맞게 행동하기

부모는 이런 원칙을 아이에게 반복적으로 가르치지만, 정작 그 바람은 아이가 아닌 부모의 말과 행동으로 무참히 깨진다.

이런 상황이 일어났다고 가정해보자. 아이가 학교에서 돌아왔는데 뺨에 작은 상처가 생겨서 이유를 물으니 답을 하지 않다가 겨우겨우 입을 열었다.

"친구와 장난치다가 뺨을 맞았어요."

이 말을 들은 부모는 가슴속에 열불이 난다.

"뭐라고? 장난을 치다가 뺨을 맞았다고?"

부모의 선택지는 대개 비슷하다. 친구를 이해하고 용서하라고 말했으니 처음에는 차분하게 좋은 말로 달랠 것이다. 하지만 결국 화를 참지 못하고 이렇게 말하고야 만다.

"너는 왜 때리지 못하고 맞기만 해!"

"당장 나가서 너도 한 대 때리고 와!"

이렇게 분노가 가득 찬 언어가 부모 입에서 나올 때 아이는 무슨 생각을 할까? 수치심을 느끼는 것은 물론이고, 중심을 잡지 못하게 된다. 이유는 간단하다. 앞에서 부모가 아이에게 주입했던 두 가지 원칙을 다시 읽어보자.

- 친구들과 싸우지 않고 먼저 용서하고 이해하기

 부모는 이 짧은 순간에도 스스로 정한 원칙 두 가지를 어기고 말았다. 부모의 언어에는 용서나 이해가 없다. 심지어 자기 멋대로 말하고 행동하며 아이에게 수치심까지 줬다. 이게 끝이 아니다. 이런 안 좋은 생각이 쌓인 아이 마음은 종일 이 말로 인해 괴로워하고 아파한다.

 '어른들이 하지 말라고 한 행동을 내가 하면 벌을 받지만, 똑같은 행동을 친구가 하면 내가 왜 참아야 하지?'

 한 사람의 생각은 결코 결론이 될 수 없다. 아이를 위한 생활 수칙이라면 더욱 아이와 의논하며 정해야 한다. 갈대처럼 흔들리며 상황에 따라 삶의 원칙을 바꿔선 안 된다. 대화와 토론을 통해 아이가 납득하고 실천할 수 있는 삶의 원칙을 고민해보자. 기억하자. 아이를 제어하는 말이 도리어 아이를 망칠 수도 있다.

 그리고 이런 과정이 반복될수록 아이는 점차 차분해지고 언제나 신중하고 침착하게 사리를 분별하게 된다. 기품 있게 말하는 부모의 모습을 지켜보며 아이들은 떼를 쓰거나 우기지 않고도 이상적인 대안을 찾아내는 품위 있는 삶의 태도를 저절로 깨친다. 그래서 서로 충분히 의견을 나누려는 자세가 중요하다.

 아이들은 확신을 갖고 이야기할 때가 많다. 이유를 물으면 책에서 봤다거나 친구들이 말해줬다거나 학교에서 배웠다고 말한다. 자기 의견을 언제나 당당하게 말하는 아이는 분명 근사하다. 하지만 그 의견이 만약 제대로 된 정보에서 비롯한 것이 아니라면, 또는 충분한 시간을 들여 추론한 것이 아니라면 문제가 생긴다. 사실과 다른 내용을 두고 번번이 사실인 것처럼 말하고 다니면 자칫 거짓말을 자주 하는 사람으로 낙인이 찍힐 수도 있다. 그렇게 아이는 점점 조급해지면서 차분함을 잃게 된다.

그래서 추론에 대해 일찌감치 부모와 아이가 함께 공부해야 한다. '추론'이란 이미 알고 있는 정보를 근거로 삼아 새로운 판단을 이끌어내는 것을 의미한다. 사람들은 간혹 남이 선별한 정보로 남이 추측한 결론을 마치 자신의 것처럼 말하고 다닌다. 충분한 사유와 분석을 통해 스스로 추론하는 습관을 들이지 않으면 결국 남의 의견을 그대로 답습해 추종하는 사람이 될 수도 있다. 내 아이가 눈을 가린 채 세상을 보고, 귀를 막은 채 세상을 듣는 어른으로 자란다면 어떻겠는가?

그래서 아이에게 제대로 추론하는 방법을 알려줘야 한다. 그래야 이 유혹적인 세상에서 제대로 정보를 선택해 차분하게 자신의 삶과 연결할 수 있다. 오늘부터 아이가 무언가를 주장할 때 이렇게 질문해보자.

"그건 얼마나 생각해서 나온 결론이니?"

"그 결론은 어디에서 시작한 거야?"

제대로 질문을 던져야 자신에게 필요한 정보를 찾을 수 있다. 만약 아이와 캐치볼을 한다면 평소에 던지는 팔이 아닌 자주 사용하지 않는 팔로 공을 던져보자. 아마 자세가 아주 엉성하고 어색할 것이다. 그럼 아이는 이렇게 물어볼 것이다.

"왜 그 팔로 던지세요? 공이 너무 느리게 날아오잖아요."

그때 아이에게 이렇게 질문해보자.

"만약 지금 내가 공을 던지는 모습을 보면 사람들은 뭐라고 생각할까?"

아이는 다양한 답을 내놓을 것이다.

"어른이 왜 이렇게 힘이 없지?"

"이렇게 공을 못 던지는 어른은 처음이네."

그때 아이에게 다시 이런 질문을 해보자.

"내가 왜 평소 쓰는 팔 대신 다른 팔로 공을 던졌는지 알고 있니? 사실은 어제 무리를 해서 팔을 다쳤거든. 그래서 할 수 없이 자세가 엉망인 것을 알지만 다른 팔로 던진 거야."

이제 서서히 바뀌는 아이의 표정을 관찰하자.

깊은 추론은 사람을 성숙하게 만든다. 이 또한 올바른 질문에서 시작된다.

"왜 저 사람의 공은 느린 걸까?"

"왜 저 사람은 제대로 된 방향으로 공을 못 던질까?"

이런 질문은 좋지 않다. 질문의 방향을 비난에 둔 채 성급한 추론에 머무르면 제대로 된 정보를 발견할 수 없다. 상황을 차분하게 지켜본 뒤 그 상황에 적합한 질문을 던져야 한다.

"평소와 다르네. 혹시 문제가 있나? 어디가 아픈 게 아닐까?"

이런 질문으로 시작해야 비로소 깊은 추론이 가능해지고 정확한 답을 찾을 수 있다. 질문의 방향에 따라 추론의 도달 지점이 완전히 달라지는 것이다.

처음부터 급한 성격을 타고나는 아이는 별로 없다. 그렇다면 아이들은 언제 차분함을 잃고 참을성 없는 사람으로 자라게 되는 걸까?

- 부모가 아이를 일방적으로 제어하려고 할 때
- 충분한 대화 없이 아이의 생각을 무시하고 삶의 원칙을 정할 때
- 아이에게 제대로 추론할 능력이 없을 때

상황은 모두 다르지만 그 중심에는 '부모'와 '질문'이 있다. 질문할 수 있다면 아이는 반드시 바뀐다. 매사 차분하게 추론할 줄 아는 아이는 함부로 속단하지 않고 남의 말에 쉽게 흔들리지 않는다.

09
아이의 마음 안부를
먼저 물어보자

병아리는 수탉이 가르치는 대로 노래한다.
- 프랑스 속담

- 삶의 조건이 바뀌어도 쉽게 흔들리지 않는 내면이 탄탄한 아이
- 남의 말에 귀를 열면서도 마음속에 자신의 언어를 품고 있는 아이
- 공부 좀 하라고 말을 하지 않아도 알아서 공부하는 아이
- 온갖 유혹에 빠져 이것저것 사달라고 보채거나 떼를 쓰지 않는 아이
- 분위기에 쉽게 휩쓸리지 않으며 기분이 태도가 되지 않는 아이

이런 아이들에게는 공통점이 하나 있다. 그 어떤 타인의 언어도 자기만의 원칙으로 흡수한다는 것이다. 또한 어떤 낯선 상황에서도 자

신의 색을 잃지 않고 타인과 함께 지낼 줄 안다. 그러나 현실의 교육은 그런 아이들의 재능까지도 망치고 있다.

"엘리베이터에서 어른을 만나면 꼭 먼저 인사하라고 했지?"

"목소리가 그게 뭐야. 인사는 우렁차게 큰 소리로 하라고 했지?"

"인사를 잘해야 어른들이 착한 아이라고 생각한다고 대체 몇 번 말했어?"

인사는 물론 중요하다. 좁은 공간에 모여 살다 보면 소문도 빠르게 퍼지고 사소한 행동 하나로 이웃 간에 불쾌한 상황이 벌어지기도 한다. 하지만 이렇게 억압적인 분위기로 인사를 강제할 생각이라면 차라리 하지 않는 게 낫다.

이런 방식의 '억지 인사'로 아이가 얻는 게 대체 뭘까? 마치 인사에 강박증이 있는 것처럼 부모가 아이를 통제하는 이유는 뭘까? 정답은 부모가 아이에게 던진 질문에 모두 녹아 있다. 아이를 향한 부모의 언어에는 결국 부모 자신의 열등감이 그대로 묻어 있기 때문이다. 세상의 거의 모든 부모는 자신의 약점이 아이에게서 발견되지는 않을까 늘 전전긍긍한다. 그리고 이 근심과 걱정은 자꾸만 아이를 괴롭히는 마음으로 이어진다. 이웃들에게 안 좋은 말을 듣지 않으려고, 혹은 아이를 제대로 기르는 부모로 인정받으려고 자꾸만 아이에게 인사를 강요하는 것이다.

하지만 부모가 개인적인 욕망과 이유로 아이에게 무언가를 강요할수록 아이는 점점 엇나가기 시작하고, 결국 자신이 존재해야 할 이유마저 찾지 못하게 된다. 아이는 인사만큼은 누구보다 큰 소리로 열심히 하지만 자존감은 바닥인 인생을 살게 될지도 모른다. 주변 사람들에게 착하고 인성이 바르다는 이야기를 듣는 게 그렇게 중요힐까? 정작 아이의 마음과 정서는 가뭄에 말라비틀어진 논처럼 쩍쩍 갈라지고 있는데?

2018년 가을, 상상도 못 할 일이 일어났다. 한 중학생이 동급생들에게 집단 폭행을 당했고, 모진 말과 구타 속에서 스스로 추락해 생을 마감한 것이다. 더 심각한 일은 다음에 일어났다. 가해 학생 중 한 명이 추락해 숨진 아이의 패딩 점퍼를 입고 법원에 나타난 것이다. 숨진 자녀의 점퍼를 입고 나온 이 가해자의 얼굴을 보며, 부모는 얼마나 가슴이 아팠을까? 상상만으로도 아찔하다. 대체 이런 사건이 왜 자꾸만 벌어지는 걸까? 아이들은 평화롭게 공존하며 살지 못하고 왜 서로를 괴롭히고 싸우는 걸까?

매번 수학능력시험이 끝났다는 뉴스가 나오면 이런 생각이 든다. 일상에서는 잘 사용하지도 않는 영어 단어로 가득 찬 시험 문제를 낸 뒤, 출제자들은 '이 정도면 학생들이 풀지 못하겠지?'라고 생각하며 쾌재를 불렀겠지. 밤새 사전을 뒤져 찾아낸 희귀한 단어를 바라보며 만족한 표정을 지었겠지. 지난 수년간의 노력이 단 하루의 시험으로 평가받는 가혹한 무대에서 아이들은 자신의 모든 것을 걸고 치열하게 경쟁한다. 시험 성적에 큰 도움이 안 되는 과목은 빠르게 포기한다. 마치 스피드 퀴즈를 푸는 것처럼 모르는 문제는 빠르게 넘어가고 쉬운 문제부터 공략한다.

결국 아이들은 이런 시험을 통해 세상을 사는 방법을 자연스럽게 터득하는 것은 아닐까?

- 창조할 생각은 버리고 빠르게 모방하기
- 어려운 일은 넘어가고 쉬운 것만 하기
- 내게 유리한 환경만 선택하기
- 이해할 수 없는 사람과는 어울리지 않기
- 비생산적인 일에 고민하며 몰두하기
- 과정보다는 결과에만 집착하기

물론 이런 교육에도 그 나름의 장점이 있다. 그래야만 등수를 매기고 줄을 세울 수 있으니까. 하지만 무언가를 얼마나 얕고 넓게 알고 있는 것보다 무언가를 좁더라도 얼마나 깊게 알고 있는지가 그 사람의 인생에서 더 중요한 가치가 아닐까? 그래야 함께 살아가며 빛나지 않을까? 나는 가끔 이런 질문을 던지는 논술 시험이 생기면 좋겠다는 생각을 한다.

- 도덕은 내 삶에 어떤 영향을 주는가?
- 왜 모든 사람을 존중하고 사랑해야 하는가?
- 한 사람을 진심으로 믿는 마음은 세상에 어떤 영향을 미치는가?

유럽에서는 이미 자연스러운 질문이지만 한국은 아직 그런 수준에 도달하지 않았다. 하지만 시도조차 할 수 없는 것은 아니다. 사회에서

하지 않는다면 집에서라도 아이와 함께 질문하고 답하며 각자만의 인문학 질문 교육을 시작하는 것도 좋다.

- 규칙을 지켜야 하는 이유가 뭘까?
- 사람을 소중하게 대하는 마음은 세상에 어떤 영향을 줄까?
- 우리는 왜 사람을 믿어야 할까?

이런 종류의 질문으로 아이의 '공존 지능'을 자극하며 그 중요성을 인식하고 실천할 수 있게 도와주자.

가르치는 건 사랑을 보여주는 일이고, 배우는 건 사랑을 받아들이는 일이다. 그리고 모든 교육의 종착역은 '변화'다. 사랑해야 가르칠 수 있고, 존경해야 그 사랑을 내 안에 담을 수 있다. 그렇게 한 사람이 아름답게 성장한다. 도덕성이 작동하지 않는 사람은 동물이다. 아이들에게 사랑을 전하자. 그리고 조화를 이루며 공존하는 삶의 소중함을 전하자. 힘든 과정이지만 꼭 가야 할 길이다. 그것만이 인간과 동물을 구분할 수 있는 가치이기 때문이다.

우리 모두 기억하자. 바깥의 안부를 묻는 것보다 중요한 것은 내면의 안부를 묻는 것이다. 주변 사람들에게 인사를 하는 것도 좋지만, 가장 먼저 해야 할 일은 아이가 자기 내면을 바라보게 하는 것이다. 매일 자신의 존재를 생각하며 잘 지내고 있는지 인사를 할 수 있게 하자. 자신의 안부를 진심으로 물을 수 있는 사람은 저절로 바깥의 안부도 묻게 된다.

자꾸 순서를 바꾸지 말자. 순서를 지키면 모든 게 저절로 된다. 다시 몇 번 더 강조하고 싶다. 부모의 말과 행동은 아이 삶의 철학이 된다. 아이들은 부모가 전한 철학을 무기로 삼아, 끝없이 흔들리는 미래에도 자신을 올바르게 지키며 굳건하게 살아갈 것이다.

루소가 자연에서 발견한
6가지 일상의 관찰법

"아이의 삶을 변화시킬 질문을
어떻게 일상에서
찾아낼 수 있을까요?"

여기 세 사람이 같은 상황을 두고 서로 의견을 모으지 못한 채 다투고 있다. 식탁이 하나 있는데 네 개의 다리 중 유독 하나가 짧아서 한쪽으로 약간 기울어졌다. 그 모습을 바라보며 세 사람이 각자 다른 이야기를 한다. 첫 번째 사람은 이렇게 말한다.

"식탁을 하나 새로 사죠. 이렇게 흔들리니 불편해서 밥이나 제대로 먹겠어요? 아이들도 이런 식탁에서 밥을 먹으면 별로 안 좋다고요."

두 번째 사람은 이렇게 말한다.

"그거 조금 기울어졌다고 식탁을 사면 너무 낭비죠. 고쳐서 쓰면 어떨까요? 제 생각에는 고치면 얼마든지 더 사용할 수 있을 것 같은데."

그러자 그 집의 주인인 세 번째 사람이 이렇게 응수한다.

"식탁을 사라고요? 그리고 수리요? 이 식탁은 아무나 와서 고칠 수 있는 식탁이 아니에요. 그 수리비는 누가 내죠? 게다가 저는 불편을 느끼지 못하고 있어요. 아이가 불안한 마음을 가질 거라고요? 아니죠. 아이는 흔들리는 식탁에서 오히려 조심스럽고 차분하게 식사하는 방법을 깨닫게 될 겁니다."

사실 누구의 말이 정답이라고 단언할 수는 없다. 각자 상황이 다르고 추구하는 삶도 제각각이기 때문이다. 그런데 우리는 자꾸 자기 생각을 타인에게 주입하려고 한다. '오직 내 의견만 진실이고 너는 거짓을 말하고 있어'라는 방식으로 이루어지는 대화에서는 아무것도 배울 수 없다. 정답과 오답만 구분하려고 들지 말고, 생각의 차이를 느껴야 한다. 그러려면 적당한 질문이 필요하다.

루소는 『루소의 식물 사랑』이라는 책에서 자연을 관찰하며 아이가 깨닫는 것들에 대해 이렇게 말했다.

> 자연을 관찰하면 나이가 몇 살이든 아이들은
> 자신을 유혹하는 하찮은 것에 흥미를 덜 느끼게 되고,
> 정신의 양식을 쌓을 수 있이 감정의 기복도 줄게 된다.

자연을 관찰할 때 우리는 모든 상황에서 시시각각 변하는 주변을 의식할 수 있고, 이로써 정해진 답 하나를 찾는 일상에서 벗어나 여러 가

능성을 발견하는 '시선의 힘'을 얻는다. 관찰력은 부모에게 더욱 필요한 능력이니 아이와 함께 자연을 응시하며 나양한 시선을 내면에 담는 법을 배워보자. 다음은 루소가 자연에서 발견한 일상의 관찰법을 아이와 부모가 당장 적용할 수 있는 여섯 가지 실천법으로 정리한 내용이다.

하나, 일상의 자연에서 시작하자

일단 마음을 편안하게 유지하자. 자연에서 꼭 대단하고 특별한 무언가를 발견하려고 연연할 필요는 없다. 우선 일상에서 흔히 볼 수 있는 식물의 이름을 아이에게 가르치는 일부터 시작하자. 아이들은 생김새가 서로 다른 식물들을 비교해가며 지식이 넓어지는 경험을 하게 될 것이다.

둘, 이름에 연연하지 말자

이때 가장 중요한 것이 하나 있다. 아이들과 자연을 관찰하는 이유는 누구나 다 아는 지식을 확인하는 데 있지 않다. 각종 식물의 이름은 그저 인간이 간편하게 식물을 기억하고 호명하기 위한 것이다. 그렇게 붙인 이름이 자연의 아름다움을 대변할 수는 없다. 따라서 아이에게 식물의 이름을 외우게 하지 말고, 이름이 아닌 자기만의 느낌으로 기억하게 하자.

셋, 더 이해할 때까지 더 기다리자

만약 자연을 관찰하려는 시점이 여름이나 가을이라면 당장 시작하지 말고 봄이 올 때까지 기다리자. 이는 매우 중요하다. 진정으로 자연을 이해하려면 계절에 따라 변하는 자연의 순리를 있는 그대로 관찰하겠다는 마음이 필요하기 때문이다. 특히 봄은 자연의 출발점이다. 봄이 될 때까지 차분히 기다려야만 우리는 자연과 함께 시작할 수 있다. 더 기다릴 마음이 있어야 더 이해할 수 있으며, 더 이해할 의지가 있어야 더 다양한 시선을 자기 안에 담을 수 있다. 당장 얻겠다는 마음은 버리고, 조금 더 가까이 다가가려는 마음으로 기다리자.

넷, 섬세하게 다가가 미세한 차이를 보자

이제 본격적인 관찰이다. 백합에는 다른 꽃은 모두 지니고 있는 꽃받침이 없다. 다섯 개의 작은 잎으로 구성된 꽃받침은 꽃이 피기까지 꽃자루를 지탱하며 꽃부리를 감싸는 역할을 한다. 하지만 서양부추, 양파, 마늘 등 모든 백합과 식물에는 이 꽃받침이 없고 이 과에 속하는 모든 식물의 줄기는 가늘고 단순하며 통잎을 하고 있어서 가지가 거의 없다. 백합이나 장미나 겉만 보면 생김새가 비슷하지만, 가까이서 관찰하면 구조가 전혀 다르다. 이러한 미세한 관찰을 통해 아이는 분명 세상의 폭넓은 다양성을 깨닫게 될 것이다.

다섯, 지식이 아닌 깊은 시선의 힘을 얻어내자

조금 더 주의를 기울여 자연을 관찰하고 비로소 그 행위에 익숙해지면 이제 아이는 한 그루의 식물을 주의 깊게 규칙적으로 조사할 것이다. 그러면 그 식물이 백합과에 속하는지, 청미래덩굴과에 속하는지 구분할 수 있는 능력을 갖추게 된다. 그것을 판단하는 눈은 식물의 이름을 모르더라도 생기는 것이다. 이 부분이 매우 중요하다. 이런 식의 판단은 더 이상 단순한 기억의 문제에 해당하는 것이 아니다. 대상의 이름이 아니라 대상의 본질에 접근할 때 아이는 암기가 아닌 연구의 영역에 들어설 수 있으며, 지식이 아닌 지혜의 영역에 들어설 수 있다. 아이는 이런 과정을 통해 배우지 않아도 그저 바라보며 스스로 세상을 깨닫는 어른으로 성장한다.

여섯, 방치와 개입을 구분하자

자연을 관찰할 때 아이에게 모든 것을 말해주고 시작하지 말자. 당신이 자연의 세계에 정통하더라도 모든 답을 일일이 알려줄 필요가 없다. 단지 아이의 나이와 수준에 어울리는 무언가가 내면에 조금씩 저절로 싹이 틀 수 있도록 놔두자. 가르치려 하지 말고, 아이가 저절로 알게 되도록 안내만 해준다고 생각하자. 방치와 개입의 차이는 바로 여기에서 발견할 수 있다.

'이건 아이 혼자 관찰하기에는 너무 어렵지 않을까?'

이런 생각은 부모의 오만이다. 세상에 어려운 자연은 없다. 단지 더 기다리지 않고, 더 다가가지 못한 자연만 있을 뿐이다. 기다리고 다가가자. 그게 자연을 관찰하려는 자가 갖춰야 할 모든 것이며 아이의 가능성을 발견하려는 부모가 갖추어야 할 모든 것이다.

"질문의 모서리가
매끄러워질 때까지
다듬고 또 다듬으세요."

2장
관계에 대하여

"요즘 나한테 말하는 태도가 좀 불량해진 것 같아." "점점 나를 너무 쉽게 대하는 것 같네, 걱정이야." 커 가는 아이를 바라보며 부모는 이런 고민을 한다. 하지만 방향이 틀렸다. 아이가 당신을 어떻게 대하는지 걱정하지 마라. 그전에 당신이 스스로 자신을 어떻게 대하는지 걱정하라. 아이는 당신이 자신을 대하는 대로 당신을 대할 것이다. 그리고 그것은 곧 아이가 자신을 대하는 습관이 될 것이다. 아이 때의 당신을 떠올려보라. 당신은 부모에게 무엇을 받고 싶었는가? 어떤 말과 행동을 기다렸는가? 지금 아이에게 그것을 주면 된다. 육아와 아이 교육이 부담이 될 필요는 없다. 그러나 만약 그것을 부담으로 느끼고 있다면, 이유는 단 하나다. 바로 '질문'의 부재다. 질문이 없는 날은 비난의 연속이고, 질문하는 날은 창조의 연속이다. 아이가 원하는 것은 질문이다. 질문하는 부모가 아이를 행복하게 만든다.

모든 질문은
아이의 내면을 향해야 한다

자신에게 질문하라.
질문하는 사람은 답을 피할 수 없다.
- 카메룬 속담

창조력이든 인성이든 무언가를 아이에게 심어줄 때 가장 중요한 기본
은 '가르치려는 마음'이 아니다. 이 책을 읽을 때 아래 두 줄의 글을 마
음에 담고 시작하면 더 좋은 효과를 낼 수 있을 것이다.

재능 있는 아이는 가르칠 필요가 없고,

재능 없는 아이는 가르쳐도 소용이 없다.

세상에 재능 없는 아이는 없다. 아이들이 자꾸만 실패하거나 좌절하

고, 지적 성장을 이루지 못하는 이유는 노력이나 재능의 문제가 아니다. 자기가 걸어가야 할 길이 아닌 엉뚱한 곳에 자꾸만 늘어서기 때문이다. 부모가 할 일은 아이가 스스로 재능을 찾을 수 있도록 돕는 것뿐이다. 재능을 발견한 아이는 자신에게 필요한 것을 세상으로부터 알아서 흡수한다.

한 강연장에서 강연을 마치고 사인을 하고 있는데, 멀리서 나를 유심히 지켜보던 아이가 다가와 진지한 표정으로 내 팔뚝을 누르며 이렇게 말했다.

"얼굴도 괜찮고 몸도 탄탄해서 아직 쓸 만하네."

당시에는 그냥 웃으며 넘겼지만, 나중에 아이와 아이의 부모에 대한 이야기를 듣곤 많은 생각을 하게 되었다. 당시 초등학교 3학년이었던 아이의 아버지는 몸이 좋지 않아 얼마 전 세상을 떠났고 어머니가 생계를 유지하고 있었다. 그래서 아이는 늘 아버지와 비슷한 나이의 남자를 볼 때마다 몸 상태를 관찰하는 버릇을 갖게 된 것이었다. 아이가 내 몸을 훑어봤던 것은 어서 빨리 어머니가 건강한 남자를 새로 만나 행복하게 살게 되길 바라는 마음의 표현이었던 것이다.

돌아가신 아버지를 그리워하면서도, 한편으론 옆에 계신 어머니를 생각하며 현실을 직시하는 아이. 그 아픔을 생각하니 자연스럽게 나의 어린 시절이 떠올랐다. 초등학교에 입학하기도 전에 몸이 아파 돌아가신 아버지. 아버지가 누웠던 이불을 털면 죽은 살이 허공을 날아다녔다. 아직도 그 기억이 생생하다. 아버지의 마음은 사랑으로 가득했지만 몸이 힘드니 그 사랑은 언제나 고통의 칼날로 내게 돌아왔다. 나 역시 강연장에서 만난 그 아이처럼 경제적 어려움이 없는 건강한 남자가 우리 집의 새아버지가 되어 엄마랑 행복하게 살게 되길 바랐다. 돌아가신 아버지를 마음에 담은 채 매일 사진을 보며 아파하면서도, 현실의 고통에 눈물을 흘릴 수밖에 없었다.

아이가 하는 말에는 언제나 이유가 있다. 그 한마디를 열 번, 아니 수백 번 생각해보면 아이에게 지금 필요한 게 무엇인지 알게 된다. 수백 번 외치고 싶은 것을 아이는 참고 또 참아 한마디로 표현했을 테니까. 사랑한다면 조금 더 다가가자. 그리고 인내하며 바라보자. 수만 번 사색해야 아이가 뱉은 한마디에 담긴 마음을 읽을 수 있다.

아이 내면에 숨겨진 이야기와 소리를 듣자. 울 만한 상황에서도 담담히 말하고, 투정을 부릴 만한 것도 태연하게 넘기는 아이. 다른 아이들처럼 많은 것을 받지 못하는데도 아무런 욕심 없이 만족스러운 표정을 짓는 아이. 그런 아이들을 볼 때마다 너무 기특하고 대견하지만, 나이에 어울리지 않는 차분함과 자제력이 보는 사람의 마음을 아프게 한다. 넉넉하지 못한 가정 형편과 불운한 상황은 어쩔 수 없지만 새까맣게 타버린 저 속을 어찌할까? 만약 자신의 아이가 혼자서 극복할 수 없는 삶의 무게에 짓눌려 있다면 아이와 아래 글을 시처럼 읽고 가슴에 담아보자.

어쩔 수 없이 철이 빨리 들어야 했던 아이는,
늙어서 빨리 철을 버릴 권리가 있다는 생각이 든다.
세상에 철이 빨리 들은 아이는 없다.

"질문의 모서리가 매끄러워질 때까지
다듬고 또 다듬으세요."

그런 능력도 재능도 애초에 없다.

그저, 그런 것처럼 말하고 행농하는 아이만 있을 뿐.

일찍 어른이 된 아이를 나는 오래 바라본다.

그가 보낸 삶의 두께를 마음에 담는다.

그 나이에 맞는 세월을 보낼 때,

인간은 잊지 못할 추억을 가진다.

추억이 없는 인간은 살아도 산 게 아니다.

내 아이에게 그 나이에 맞는 삶을 허락하자.

추억이 많은 아이로 키우자.

관계에
내하녀

02
간섭이 아닌 관심에서 나온 질문은
무엇이 다른가

금속은 소리로 그 재질을 알 수 있지만,
사랑은 대화를 통해서 서로의 존재를 확인해야 한다.
- 발타자르 그라시안

아이의 '현재'는 부모가 과거 어느 순간에 던졌던 질문에 대한 '답'이다. 우리는 아이가 제대로 된 일상을 보내지 않는 것을 염려하지 말고, 현명하게 질문하지 못한 과거를 돌아봐야 한다. 쉽지는 않다. 육아와 교육에는 원래 답이 없지만, 그중에서도 정말 어렵고 힘든 것이 질문의 방법이기 때문이나. 아이와 부모가 처한 상황, 아이의 성향과 마음, 부모의 생각과 목표 등이 제각각이라서 고정불변한 정답이 있을 수 없다. 그러나 아래의 질문에 제대로 답할 수 있다면 그다음의 질문은 아이의 마음을 움직일 수 있다.

"질문의 모서리가 매끄러워질 때까지
다듬고 또 다듬으세요."

나의 질문은 아이에 대한 관심에서 나온 것인가,

아니면 간섭하려는 욕심에서 나온 것인가?

간섭은 부모의 욕심에서 나오고 관심은 아이를 위한 마음에서 나온다. 그래서 간섭은 아이의 마음에 다가가지 못하고 머리만 아프게 할 뿐이다.

"아, 정말 또 왜 그래?"

"대체 언제까지 간섭하실 건가요?"

마음을 다잡자. 아래 네 가지 원칙을 늘 가슴에 품은 채 이 원칙을 통과하는 질문을 일상에서 자연스럽게 떠올릴 수 있다면, 아이와의 관계는 분명 따스한 봄날을 맞이할 것이다.

인기를 얻으려는 것인가, 사랑을 주는 것인가?

인기와 사랑은 다르다. 인기는 받는 것이고 사랑은 전하는 것이다. 아이에게 인기가 없다고 해서 아이가 부모를 사랑하지 않는 것은 아니다. 이 부분을 제대로 알아야 아이를 위한 마음에서 나온 따뜻한 질문을 할 수 있다. 아이가 부모를 미워한다는 느낌이 들어서 갑자기 질문을 다른 방향으로 바꾼다면 아이는 매우 혼란스러워할 것이다. 아이의 마음에 들려고 질문하는 것이 아니라, 옳은 것을 전하기 위해 질문한다고 생각해야 한다.

관계에
내하녀

가르치려는 것인가, 경험을 나누는 것인가?

"공부를 열심히 하는 게 얼마나 중요한지 알지?"라는 질문과 "책을 왜 읽어야 하는지 알지?"라는 질문은 그저 행동을 촉구하는 강요에 불과하다. 아이는 자신을 가르치려는 질문에 마음속으로 반항을 한다. 겉으로는 표현하지 않지만, 늘 드라마에 빠져 사는 부모를 바라보며 '왜 늘 나만 책을 읽어야 해?'라는 거대한 물음표가 아이의 가슴속에 꿈틀대며 뒤틀려 있다. 열심히 공부하라고 말로만 하지 말고, 실제로 열심히 사는 부모의 모습을 보여주는 것이 가장 좋은 질문이다. 아이가 부모의 삶을 통해 부모가 던지려는 질문을 스스로 발견하게 해야 한다. 부모의 일상이야말로 아이를 성장시킬 가장 좋은 기회이고 경험이기 때문이다.

격려하는 마음인가, 비난하려는 마음인가?

조심조심 걷다가 그만 컵을 놓쳐 깨뜨린 아이에게 혹시 이런 말을 한 적이 있는가?

"거봐, 내가 그럴 줄 알았지."

"컵 들고 다닐 땐 조심하라고 했어, 안 했어!"

이와 같은 언어는 마치 칼을 휘두르는 것처럼 아이의 내면을 무너뜨리는 잔인한 폭력이다. 격려의 언어와 비난의 언어는 얼핏 보기엔 비숫하지만, 시작과 끝은 매우 다르다. 물론 처음에는 비난하려는 마음이 없었겠지만, 자기도 모르게 자꾸 입에서 그런 말이 나와 아이의 마음을 아프게 한다. 그럴 때는 스스로 이렇게 물어봐야 한다.

지금 내가 말하려는 것은 격려하려는 마음에서 나온 말인가,
비난하려는 마음에서 나온 말인가?

이 질문을 일상적으로 반복하면서 아이를 향한 모든 애틋한 마음이 격려하고 응원하는 마음과 접속될 때까지 스스로의 언어와 질문을 수정하고 또 수정하자.

이것은 누구에게 필요한 것인가?

"밖에서 식사할 땐 조용히 앉아서 먹으라고 했지?"
이런 질문의 근원에는 대개 두 가지 마음이 놓여 있다. 하나는 자식을 잘 키웠다는 주변의 칭찬을 듣고 싶은 마음이고, 또 하나는 정말 자식의 미래를 생각하는 마음이다. 후자라면 아이에게 필요한 질문이지만 전자라면 조금 더 생각해봐야 한다. 대학 진학과 각종 진로를 정할 때도 마찬가지다. '이것은 아이를 위한 것인가, 아니면 나를 위한 것인가?'라는 질문을 늘 가슴에 품고 있어야 자신이 아닌 아이에게 정말 필요한 질문을 던질 수 있다.

'간섭'이 부모 자신의 욕망을 채우려는 욕심이라면, '관심'은 진심으로 아이를 생각하는 마음이다. 아이와 부모 모두에게 고통만 남기는 간섭에서 벗어나면, 서설로 아이와 부모는 따뜻한 관심 속에서 행복이 자라는 평화로운 관계에 도달할 수 있다.

명심하자. 비난하며 놀리거나, 괴롭히며 지적하지 말자. 말로 포근히 안아준다는 느낌으로 다가가면 모든 문제가 저절로 풀릴 것이다. 사랑이란 아무리 많은 시간이 걸려도 가장 좋은 것을 주려는 마음이라는 사실을 기억하자.

"질문의 모서리가 매끄러워질 때까지
다듬고 또 다듬으세요."

03
자존감을 키우는 질문은
이미 아이 마음속에 있다

남을 아는 자는 지혜롭고,
스스로를 아는 자는 명철하다.
- 『도덕경』

만약 방금 집에 돌아온 아이가 잔뜩 화가 난 표정으로 이렇게 말한다고 상상해보자.

"학교에서 체육 시간에 달리기를 했는데 그만 중간에 넘어져서 꼴등을 했어요. 그런데 아이들이 꼴등이라고 놀려서 화가 났어요. 속상해서 자꾸 짜증이 나요."

어떤 생각이 드는가? 아이들이 밖에서 생활하는 시간이 많아질수록 이와 같은 일이 자주 일어나게 된다. 어떻게 해야 할까? 우선 아이가 이런 질문을 통해 확실히 문제를 해결할 수 있도록 해줘야 한다. 언제나 가장 현명하게 상황을 해결하는 아이는 스스로에게 늘 이런 질문을 던진다.

'내가 화난 이유는 무엇 때문인가?'

조금 더 세밀하게 들어가면 이렇게 질문할 수 있다.

'나는 넘어져서 자신에게 화가 난 것인가, 아이들이 꼴등이라고 놀려서 화가 난 것인가?'

이 둘을 제대로 분간해야 상황을 제대로 풀 수 있다. 넘어져서 자신에게 화가 났다면 '다음에는 넘어지지 말고 잘 달리자'라는 다짐을 아이와 함께 하면 되는 것이고, 꼴등이라고 놀림을 당해서 화가 난 상태라면 '타인의 평가는 그렇게 중요한 것이 아니다'라는 사실을 알려주면 된다. 여기서 핵심은 자신의 감정이 '어떤 시점에 어떻게 발생한 것인지'를 제대로 알아내는 질문을 스스로 던질 줄 알아야 한다는 것이다.

아이 마음에 상처가 생길 때마다 제대로 질문을 던져 문제를 풀어주지 않으면 결국 그 상처가 곪아 아이의 자존감까지 병들게 만든다. 어른도 마찬가지지만 아이들이 자신의 지식을 제대로 사용하지 못하는 이유 중 하나는 그 지식을 세상에 내놓을 용기가 없기 때문이다. 이런 아이들은 늘 속으로 고민만 하다가 결국 한마디도 내뱉지 못한 채 주변 아이들에게 휘둘리고 만다.

자, 그럼 먼저 '자존감'이란 무엇인지 정의해보자. 자존감을 정의하려면 일단 '자신감'과의 차이가 무엇인지 알아볼 필요가 있다. 두 단어는 일상에서 비슷하게 사용되고 있지만 사실 완전히 다른 감정이다.

자신감은 세상이 부여한 것을 얻어서 가질 수 있는 것이고, 자존감은 자신이 스스로 결정한 것을 얻어서 가질 수 있는 것이다. 한 문장으로 표현하면 이렇다.

> 자신감은 세상의 기준으로 얻는 것이고,
> 자존감은 나의 기준으로 얻는 것이다.

시험에서 높은 점수를 받거나, 선생님에게 칭찬을 들으면 자신감이 높아진다. 그러나 그렇게 얻은 자신감은 다음 시험에서 낮은 점수를 받거나 선생님에게 꾸지람을 들으면 원래대로 돌아간다. 이처럼 자신감은 세상의 기준으로 얻는 것이기에 외부 환경에 따라 계속 바뀔 수밖에 없다. 즉, 나의 것이 아닌 세상의 것이라는 뜻이다.

하지만 자존감은 다르다. 오직 자신만의 판단을 기준으로 스스로에게 준 선물이기 때문에 세상의 그 누구도 함부로 예상하고 규정할 수 없다. 잠의 유혹을 뿌리치고 아침 일찍 일어나 자신의 자제력에 만족할 때 자존감은 크게 상승한다. 누가 시키지 않았는데도 스스로 숙제를 제시간에 끝낸 뒤 약속을 지킨 자신의 모습에 행복감을 느끼며 자존감이 높아질 수도 있다.

이처럼 자신감은 스스로 통제할 수 없는 감정이지만, 자존감은 자기 원칙과 기준만 정하면 쉽게 얻을 수 있는 감정이다. 내게 고민을 토로하는 부모들은 아이가 자신감이 아니라 자존감이 너무 낮아서 걱정이라고 울상을 짓는다. 아이의 자존감을 어떻게 회복시켜야 하는지 모르겠다며 상담을 요청한다. 무엇이 문제일까? 아이들이 문제 해결의 시작점을 자신에게 두는 습관을 들이지 못했기 때문이다.

아이들은 학교에서 돌아와 종종 이런 고민을 털어놓는다.

"엄마, 어쩌지? 수현이는 내가 싫다고 해."

아이는 건드리기만 해도 눈물을 쏟아낼 것처럼 억울한 표정을 지으며 한숨을 푹 쉰다. 이때는 질문의 중심을 잘 잡아야 한다. 아이의 존재를 중심에 두고 질문해보자.

"그렇구나. 그런데 너는 네가 좋지 않니?"

"응. 난 내가 좋지."

"그럼 무슨 걱정이야. 수현이가 널 좋아하는 건 수현이의 문제지. 네가 너를 좋아하는 한 너는 멋진 아이야."

아이의 자존감이 자꾸만 낮아지는 이유는 자기 자신을 삶의 중심에 두고 살지 않아서다. 성적이나 외모, 환경의 문제로 생각하면 아이의 자존감은 점점 낮아질 뿐이다. 생각의 틀을 제대로 잡자. 누군가의 호감을 얻기 위해 살기보다는 자신의 마음을 사랑하는 게 우선이고, 모든 선택 앞에서 자신을 중심에 두고 결정할 수 있도록 해야 한다. 부모도 마찬가지다. 모든 질문과 대화는 늘 아이의 마음을 기준으로 이루어져야 한다. 아이가 처한 상황과 환경은 모두 다르겠지만 타인의 기준이 아닌 아이의 기준으로 바라보겠다는 의지만 있다면 아이의 자존감을 키울 적절한 질문을 일상에서 수월하게 떠올릴 수 있을 것이다.

아이의 현재 수준에서 시작하는
일상의 작은 질문

현명한 답을 얻고자 한다면
현명한 질문을 해야 한다.
- 요한 볼프강 폰 괴테

"누가 더 쉽게 취업에 성공하는가?"

이런 질문을 던지면 대다수가 '상위권 대학을 졸업한 사람'이나 '부모로부터 경제적 지원을 받은 사람' 등을 언급할 것이다. 한 조사에 의하면 놀랍게도 부모가 속한 경제 계층에 따라 자녀의 직장 급여 수준이 차이가 났다고 한다. 부모의 경제력이 아이의 학력을 결정하고, 아이의 학력이 취업에 결정적인 요인이 되는 악순환이 반복되고 있는 것이다. 다행히 이 틀에서 벗어날 방법이 하나 있다. 바로 '질문의 수준을 높이는 것'이다. 질문은 누구에게나 공평하게 주어진, 부모와 아이의 삶을 일상에서 바꿀 수 있는 소중한 기회다. 만약 여러분의 경제력이 아이에게 세상의 모든 기회를 누리게 해줄 정도로 넉넉한 게 아니라면, 지금부터 질문의 수준을 높이려는 노력을 해야 한다. 아이의 삶을 바꾼 부모들은 일상에서 어떤 질문을 자주 던졌을까?

'내 아이의 현재 수준이 어느 정도인가?'

부모가 던지는 질문의 중심에는 늘 이 생각이 녹아 있어야 한다. 그래야 아이의 수준에 딱 맞는 질문을 던질 수 있다. 세상에 존재하는 모든 아이의 '현재 수준'은 저마다 다르다. 도저히 같을 수가 없는데도 종종 어떤 부모는 남들과 똑같은 질문을 반복해서 던진다. 이는 오히려 아이를 망치는 길이다. 질문이 아이의 일상을 어떻게 바꾸는지 다음 상황을 몰입해서 읽어보자.

여기 늘 약속에 늦는 아이가 있다. 부모는 그런 아이의 습관을 바꾸려고 한다. 하지만 쉽지 않다. 부모가 아이 문제로 고민하는 이유는 무엇을 질문해야 할지 주제와 영역을 발견하지 못했기 때문이다. 문제를 풀려면 일단 적절한 질문을 던져야 한다. 제때 질문을 던지지 못해 엉켜버린 문제는 결국 부모와 아이 마음속에 고민이라는 덩어리로 남게 된다.

세상에는 약속을 지키는 게 중요하다는 조언이 넘친다. 하지만 그 조언이 모든 아이에게 통할 수 있을까? 질문은 언제나 날을 세운 칼날처럼 정교하고 예리해야 한다. 자, 지금부터 현명한 질문으로 우리 아이의 현재 수준과 문제의 원인을 점검하자.

"우리 ○○이는 왜 맨날 약속 시간을 지키지 못할까?"

아이에게 이런 질문을 해보자. 그럼 늘 약속에 늦었던 이유가 나올 것이다. 만약 아이가 약속을 소홀히 생각했기 때문이라면, 문제 해결을 아이의 일상에서 자연스럽게 시작해보자. 아이가 학교에 가려고 집을 나설 때 이렇게 물어보면 어떨까?

"혹시 잊은 건 없니?"

이 질문을 받은 아이의 일상에는 작은 변화가 일어날 것이다. 이때 중요한 것은 질문을 위한 질문이 되면 안 된다는 것이다. 즉, 아이가 정말로 '내가 잊은 게 없나?'라는 문제의식을 가질 수 있도록 최소한의 시간적 여유를 줘야 한다. 등교 시각이 임박해서야 그런 질문을 던지면 아이는 오히려 혼란에 빠지고 부모의 질문을 건성으로 들을지도 모른다. 그러니 평소보다 최소한 3분 이상 일찍 하루를 시작해서 아이가 부모의 질문을 숙고할 수 있도록 시간을 확보하자.

그 과정에서 아이는 '오늘 내가 준비물을 잘 챙겼나?', '뭐 잊은 것은 없나?' 등의 생각을 자연스럽게 떠올릴 것이고, '무언가를 약속하고 그 약속을 지키는 마음'이 얼마나 소중한 것인지 스스로 깨달을 것이다. 그리고 아이는 그날 일기장에 이런 글을 쓰면서 세상에 꼭 필요한 사람이 되어야겠다고 다짐할 것이다.

약속을 잘 지키는 행동은 주변 사람을 소중하게 생각하는 마음에서 시작합니다. 그 사람을 소중하게 생각하는 만큼 그 사람과 나눈 약속도 소중하게 생각하기 때문이죠. 내가 사랑하는 사람은 세상 그 누구보다 소중한 사람입니다. 그래서 나는 늦지 않을 겁니다.

이렇게 질문은 언제나 아이의 현재 수준에서 시작해야 한다. 그래야 실제적인 변화를 만들 수 있고 아이 삶에 좋은 영향을 줄 수 있다. 이를 깨달은 아이는 '자기 일을 확실하게 처리하는 능력'을 갖추는 것이 타인의 시간을 소중히 여기는 태도의 출발이라는 사실도 알게 될 것이다.

수준 높은 모든 깨달음은 언제나 사소한 질문에서 시작된다. 아침에 등교할 때 부모가 던진 "오늘 뭐 잊은 건 없니?"라는 작은 질문이 시간에 대한 아이의 가치관을 통째로 바꿀 수도 있다.

"질문의 모서리가 매끄러워질 때까지
다듬고 또 다듬으세요."

05
스스로 선택해본 경험이
아이의 성장 자산이 된다

나는 내 운명의 지배자요, 내 영혼의 선장이다.
- 윌리엄 어니스트 헨리

"그게 왜 내 책임인가요?"

한 부모가 아이가 보는 앞에서 전화기에 대고 고성을 지르며 싸우고 있다. 인터넷 쇼핑몰에서 구입한 냉동식품이 배송 문제로 조금 녹은 상태로 도착했기 때문이다. 기분이 상한 부모는 쇼핑몰 콜센터에 전화를 걸어 다짜고짜 직원에게 화를 냈다. 누구에게 잘못이 있는 걸까? 물론 상품을 정상적인 상태로 전달하지 못한 택배기사에게도 책임이 있지만, 택배가 도착할 시각을 자신이 정해놓고도 그 시간대에 다른 일로 집을 비운 부모에게도 책임이 있다. 이 세상에 어느 한쪽이 전적으로 잘못한 경우는 별로 없다. 아이는 택배기사와 부모 모두에게 잘못이 있다는 것을 잘 알고 있다. 그런데 자신이 고객이라는 이유만으로 화부터 내는 부모의 비난 섞인 말과 잔뜩 화가 난 표정을 처음부터 끝까지 지켜본 아이는 무슨 생각을 할까?

책임은 결국 선택의 문제다. 책임지지 않겠다는 것은 그것이 나의 선택이 아니라고 말하는 것과 같다. 불리한 상황에 처하면 책임을 회피하고 달아나버리는 부모의 모습을 보며 자란 아이는 '선택하지 못하는 사람'으로 자랄 위험이 있다. 다시 상황을 자세히 살펴보자. 부모는 분명히 자신이 배송 시각을 정했지만, 하필 그 시간대에 갑자기 일이 생겨 집을 비우는 '선택'을 했다. 약간 녹은 상품을 받게 된 것은 그 선택에 따른 '결과'라고 볼 수 있다.

자신의 선택은 잊은 채 녹은 상품을 받게 된 결과만 두고 분노를 표출한 부모를 지켜보며 아이는 혼란에 빠진다. 무언가를 선택한다는 것에 대한 막연한 불안감을 가질 것이기 때문이다. 부모는 언제나 아이 앞에서 자신이 선택한 일에 분명히 책임을 지는 기품 있는 모습을 보여줘야 한다. 그래야 아이가 인생에서 무언가를 선택하는 일이 얼마나 엄중한 일인지 알게 된다.

아이와의 관계에서 주고받는 대화도 마찬가지다.

"숙제 다 끝마칠 때까지 절대 방에서 나오면 안 된다. 지금부터 딱 의자에 앉아서 숙제 다 끝나면 일어나는 거야. 알았지?"

이런 방식의 제안은 아이가 선택할 수 있는 여지를 없애버리는 최악의 질문이라고 볼 수 있다. 어렵지만 아이가 스스로 원칙을 세울 수 있을 때까지 도와주는 게 좋다. 숙제를 언제까지 할 것인지, 어느 정도의 분량을 어떻게 할 생각인지 아이가 혼자 정해서 차근차근 나아가도록 만들어야 한다. 물론 노는 데 정신이 팔려 숙제를 마치지 못한 채 늦은 밤을 맞이할 수도 있다. 그래도 억지로 숙제를 시키거나 지나치게 간섭하지 말고 평소대로 잠자게 하자. 숙제가 아닌 놀기를 선택한 것은 아이의 결정이다. 그 대가로 학교에서 선생님에게 꾸지람을 듣는다면 그것 역시 아이의 몫이다. 이 모든 것을 하나의 과정처럼 아이가 경험하도록 바라보는 것이 매우 중요하다.

몇 시간을 자고, 누구와 놀고, 어디까지 공부하는지 하나하나 부모가 정해준 대로 움직이는 아이의 시간은 아이의 것이 아니다. 훗날 아이는 아마 이렇게 말할 것이다.

"제가 이렇게 사는 모든 책임은 부모님에게 있어요. 제가 선택한 일은 하나도 없었으니까요."

부모가 자꾸 아이의 선택을 막으면 아이는 의존적으로 클 수밖에 없다. 또한 부모가 자신이 선택한 일에 자꾸만 책임을 지지 않아도 아이는 좋은 방향으로 자라기 힘들다. 무슨 일이 생기면 가장 먼저 상황을 탓하고, 다음에는 주변 사람을 탓하게 될 것이다. 자기 책임은 하나도 없다고 핑계를 대며 늘 환경과 때가 좋지 않아 인생이 제대로 풀리지 않는다고 자책하는 아이로 키우고 싶은가? 이런 아이는 절대 자신의 삶을 주도할 수 없다.

아이가 고학년이 되면 친구들을 매우 소중하게 생각한다. 이와 동시에 관계에서 다양한 문제를 경험하게 된다. 만약 아이가 친구의 말에 상처를 받고 집에 돌아와 고민하고 있다면 이렇게 대화를 시작해보자.

"무슨 일이 있니?"

"친구가 저한테 '이기적인 애'라고 말했어요. 자꾸 친구가 한 말이 생각나서 괴로워요. 제가 정말 이기적인가요?"

무엇이든 스스로 선택하고 책임을 지는 아이로 키우려면 이런 질문을 받았을 때 자신의 마음을 우선적으로 생각하게 하는 게 좋다. 이렇게 질문해보자.

"지금 너의 마음은 어떠니? 중요한 건 너의 마음이야. 친구의 말은 잊고 너의 마음을 먼저 헤아려보자."

아이에게 자기 마음을 돌아보게 한 후 다시 이렇게 묻자.

"너는 네 생각보다 친구의 생각이 더 중요하니? 스스로에게 한번 물어봐. '나는 정말 이기적인 사람인가?' 중요한 건 친구의 생각이 아닌 너의 생각이니까."

잊지 말자. 내 아이만 무조건 옹호하는 게 목표가 아니고, 아이가 타인보다 자신을 먼저 생각하고 사건의 중심에 자신을 두게 하는 게 목적임을 기억하자. 그래야 사소한 선택에 대해서도 강한 책임감을 품는 아이로 성장할 수 있다. 작은 부분이라도 스스로 선택해본 경험이 잦았던 아이일수록 예상하지 못한 상황에서도 현명하고 주도적으로 헤쳐나길 능력을 더 빠르게 기를 수 있다. 무슨 일이 일어나면 가장 먼저 자신의 실수를 찾고 상대에게 미안한 마음을 전한 후 상황을 수습하는 성숙한 태도는 '선택'과 '책임'이라는 두 단어를 일상에 품고 사는 아이만 가질 수 있다.

06

아이의 내일을 생각하면
기다릴 용기가 생긴다

누구도 자기가 하는 말이 다 뜻이 있어서 하는 것은 아니다.
그럼에도 자기가 뜻하는 바를 모두 말하는 사람은 거의 없다.
- 헨리 애덤스

1745년 10월 4일, 신성로마제국 황제 프란츠 1세의 대관식이 독일 프
랑크푸르트에서 열렸다. 4년 후에 태어난 대문호 괴테는 당시 현장에
있진 않았지만, 어린 시절 어른들의 이야기를 통해 당시 대관식의 풍
경을 전해 들었다. 그러면서 자연스럽게 프란츠 1세와 선왕 카를 7세
의 위대한 인품에 대한 이야기도 자주 들었다. 중요한 사실은 그가 열
살이 되기 전부터 어른들의 그런 이야기에서 억지스러운 감정을 느꼈
다는 것이다. 괴테는 자서전을 통해 어린 시절의 마음을 이렇게 고백
한다.

"주변 어른들은 나는 잘 알지도 못하는 두 사람의 인품에 대해 마치 경쟁하듯 내게 될 수 있는 한 좋은 인상을 심어주려고 애썼다."

예나 지금이나 별반 달라진 것이 없다. 어른들은 자꾸만 자신의 시선으로 세상을 판단하고 그 결과를 아이들에게 주입하려고 한다. 아이가 스스로의 힘으로 세상을 바라보고 흡수하는 힘을 기르도록 도와야 하는데 자꾸만 그 기회를 방해하고 간섭하는 것이다. 간섭하는 게 빠르고 쉽기 때문이다. 아이가 밖에 나가 그렇게 주입된 부모의 언어를 똑같이 따라 말하면 그걸 본 사람들은 아이가 성숙하게 자랐다고 칭찬한다.

그러나 그것은 아이의 언어가 아니다. 스스로 의미도 모른 채 발음하는 단어와 표현은 오히려 아이의 '생각하려는 의지'를 막을 뿐이다. 그렇게 아이는 주도적으로 생각하지 않고 부모에게만 의존하는 어른으로 나이를 먹는다. 세상에 부모의 영향을 받지 않고 크는 아이는 없다. 그만큼 부모의 말 한마디가 아이의 삶에 깊은 영향을 미칠 수 있다는 사실을 늘 명심해야 한다.

무언가를 가르치려는 부모의 마음은 참 간절하다. 아이를 진정으로 변화시키고 싶다면 간절한 만큼 더 노력하려는 마음으로 아이에게 다가가야 한다. 예를 들어 공부하는 태도가 부족한 아이에게 당신이라면 어떤 질문을 던지겠는가? 아이를 공부하게 만드는 데 사용하는 질문은 대표적으로 세 가지가 있다. 다음 세 가지 질문 유형을 살펴보면서 자신이 어디에 속하는지 곰곰이 생각해보자.

"그만 놀고 책 읽으라고 했지?"

가장 나쁜 유형이다. 이런 말을 듣고도 마음에 상처를 입지 않는 아이는 거의 없을 것이다. 마치 노는 게 무조건 잘못된 행동이라도 되는 것처럼 여기는, 부모가 아이를 공격하는 형태의 말이기 때문이다.

'나는 공부는 안 하고 놀기만 하는 아이야.'

'이렇게 놀기만 하다가 나는 뭐가 되는 걸까?'

아이는 이런 생각을 하며 자기 존재에 대해, 그리고 미래에 대해 막연한 불안감을 갖게 된다. 생각하는 모든 존재는 자신의 내일을 걱정한다. 아이도 마찬가지다. 겉으로 표현하지 않을 뿐이지 자신의 현재와 미래에 대해 수많은 생각을 하고 있다. 명령하고 강요하는 표현은 아이에게 독이 되어 흡수될 뿐이다. 어떤 말을 꺼내기 전에는 반드시 아이의 입장에서 생각하자. 아이에게 무언가를 말하기 전에는 반드시 스스로에게 '내가 아이라면 어떤 기분이 들까?'라는 질문을 던지자. 그렇게 우리의 말이 가장 선명하고 투명해질 때까지 다듬고 또 다듬자.

"우리 이제 같이 책 읽을까?"

부모가 아이와 행동을 같이하겠다는 청유형 질문은 명령형 질문보다는 좀 더 긍정적인 표현이지만 아직 완벽하지는 않다. 모든 일은 시작이 가장 중요하다. 만약 이런 질문을 통해 아이가 부모와 책을 읽더라도 그 시작은 결국 부모의 결성이 된다. 아이는 언제나 스스로 공부를 시작해야 한다. 그래야 공부한 시간과 과정을 온전히 자신의 것으로 만들 수 있다. 방향을 미리 정해두고 그 길을 따라 무작정 걸으라고 시키는 태도는 결국 모든 과정에 부모가 깊숙이 개입하겠다는 뜻과 다름없다.

"우리 이제 같이 책 읽을까?"

이런 질문은 듣기에는 좋지만 아이에게는 전혀 도움이 안 된다. 질문은 정말 섬세한 작업이다. 부모가 자기 삶에 '아이가 스스로 시작하려면 어떤 것이 필요할까?'라는 질문을 얼마나 자주, 얼마나 열심히 던지는지에 따라 아이는 성장할 수도 있고 제자리걸음만 할 수도 있다. 말 속에 담긴 날카로운 모서리를 모두 없애겠다는 간절한 마음으로 접근하자.

〈 스스로 생각하게 하는 사유형 질문 〉
"오늘 뭐 하고 놀았니?"

질문형 문장이 무조건 좋은 것은 아니다.

"내가 그만 놀라고 했지?"

"하루 1시간 이상은 책 읽으라고 말했어, 안 했어?"

이와 같은 질문형 문장은 오히려 아이에게 부정적인 영향을 미치기 때문이다. 하지만 "뭐 하고 놀았어?"라는 질문은 완전히 다르다. 이 질문이 중요한 이유는 두 가지다. 하나는 아이가 놀았던 시간에 의미를 부여한 질문이기 때문이다. 그리고 또 하나는 놀이와 공부를 분리하지 않고 하나로 연결한 질문이기 때문이다.

부모들은 주변 사람에게 "내 아이가 즐겁게 공부를 했으면 좋겠어요"라고 말하면서도, 정작 아이에게는 "그만 놀고 제발 공부 좀 해!"라고 말한다. 왜 부모들은 자꾸 아이의 마음에 상처를 주는가? 이 폭력적인 말 안에는 '놀이는 시간을 허비하며 즐거움만 추구하는 짓이고, 공부는 힘들고 어렵지만 반드시 해야만 하는 것'이라는 전제가 깔려 있다. 공부가 무엇인지 제대로 알지도 못하는 아이에게 막연히 '공부란 힘들지만 중요한 것'이라는 부모의 엇나간 생각을 주입하는 것은 공부에 대한 두려움과 거부감만 키우는 꼴이다.

나는 2019년에 『아이의 공부 태도가 바뀌는 하루 한 줄 인문학』이라는 책을 냈다. 그런데 이 책의 제목을 자세히 관찰하면 입에 딱 달라붙지 않는다는 것을 느낄 것이다. 주입식 교육에 익숙할수록 입에 붙지 않고 자꾸 이렇게 발음하게 된다.

아이의 공부 태도를 '바꾸는' 하루 한 줄 인문학.

나는 공부는 세상을 바라보는 태도라고 생각했고, 태도는 누가 바꿔

주는 게 아니라 부모의 사랑에 감동한 아이가 스스로 바꾸는 것이라고 믿었다. 주입해서 바꾸려고 하면 실패할 것이고, 사랑으로 다가가면 아이는 스스로 바뀔 것이다. 인문학 질문법을 실천하는 모든 일상에 이 한 줄의 마음이 녹아들게 하자.

아이는 내가 바꾸는 게 아니라 스스로 바뀌는 거다.

오직 당신과 아이만 생각하라. 주변 사람들의 조언도 물론 중요하지만 오직 두 사람이 머무는 공간에서 사색하라. 두 사람은 그 누구보다 소중하다. 그리고 이 말을 명심하라.

주변을 생각하면 주입하게 되지만,
아이의 내일을 생각하면 기다릴 용기가 생긴다.

07

아이를 멈추게 하는 말,
아이를 움직이게 하는 말

말이 입힌 상처는 칼이 입힌 상처보다 깊다.
- 모로코 속담

아이를 위한 모든 질문은 아이를 '시작'하게 해야 한다. 실천과 변화를 이끌어낼 수 없다면 어떤 멋진 질문도 아무런 소용이 없다. 같은 말도 어떻게 사용하는지에 따라서 듣는 사람에게는 다르게 느껴진다. 더구나 상대가 아이라면 더욱 그렇다. 그렇다면 어떤 말이 아이를 움직이게 할까?

"그건 틀렸어."

이런 말은 폭력적이다. 그 말을 듣는 순간 아이는 매우 다양한 부정적 생각에 잠기고 만다.

'나는 틀렸구나.'

'나는 왜 늘 틀리지?'

'나는 나아질 수 없는 걸까?'

"틀렸다"라는 말을 자주 듣고 자란 아이는 사람들의 질문에 "모릅니다"라고 답할 가능성이 높다. 틀렸다는 표현이 모른다는 표현과 맞닿아 있기 때문이다.

'어차피 또 틀렸다고 할 텐데 아예 모른다고 말하자.'

아이는 이런 생각만 하며 스스로를 멈출 것이다. 어떤 천재도 자신의 말과 생각을 두고 자꾸만 틀렸다고 말하는 부모 아래에서 자라면 단 한 걸음도 움직일 수가 없다. 자유를 억압하는 부정적 표현을 듣고 자란 아이는 어느 순간 생각과 행동을 멈춘다. 그런 방식으로는 부모가 아무리 좋은 메시지를 줘도 아이는 받지 않는다. 좋은 지식을 아무리 많이 갖고 있어도 그것을 전달하는 것은 역시 '말'이다. 부모가 제대로 된 말을 사용하지 않으면 아이는 어떤 지식 앞에서도 움직이지 않는다. 이럴 때는 아이의 생각과 행동을 자극할 수 있는 말로 접근하는 게 중요하다.

"네 생각은 틀렸어"라는 말이 아닌 "네 생각은 옳지 않아"가 좋다. '틀렸다'는 표현은 상황을 강제로 종료하는 느낌을 주기 때문에 이런 말을 들은 아이는 다른 생각을 할 여유를 갖지 못한다. 하지만 '옳지 않다'는 표현은 아이가 스스로 이런 질문을 하게 만든다.

'그럼 옳은 선택은 무엇일까?'

'옳은 생각을 하려면 어떻게 해야 하지?'

그렇게 조금씩 스스로에게 질문을 던지며 자신의 행동과 삶을 변화시킬 방법을 탐구한다. 아이가 자꾸 생각하게 하자. 그래야 움직인다. 그런 변화를 시작한 아이는 앞서 언급한 것처럼 사람들의 질문에 "모릅니다"라는 답을 하지 않는다. 그 대신 이렇게 말한다.

"저는 알지 못합니다."

그냥 들었을 때는 비슷한 표현 같지만 "모릅니다"와 "알지 못합니다" 사이에는 매우 넓고 깊은 바다가 흐른다. 영원히 서로 만날 수 없는 인생을 사는 것처럼 큰 차이가 있다. 모른다고 쉽게 답한 아이는 거기에서 딱 멈춰버리지만, 알지 못한다고 답한 아이는 지금 자신이 무언가를 모르는 이유가 '알기 위한 노력'을 하지 않았기 때문이라는 사실을 자각하고 그 순간부터 움직이기 시작한다.

'나는 지금 무엇을 모르는가?'

'내가 더 알아야 할 것이 무엇인가?'

부모에게 배운 지식을 자신의 것으로 소화한 뒤 그것을 실천하고 일상에 녹여내는 것이다. 그렇게 스스로 움직여 무언가를 배우고 생각하고 실천하는 아이의 언어는 그렇지 않은 아이의 언어와 아주 미세하지만 분명한 차이가 있다. 때로는 위대한 지식보다 사소한 표현 하나가 아이의 인생을 바꾸기도 한다.

작은 표현 하나만 바꿔도 아이의 일상이 통째로 바뀐다. 아이가 스스로 움직이도록 돕고 싶다면 아래의 글을 자주 읽고 낭송하면서 자신의 것으로 만들려고 노력해보자.

관계에
대하여

경험한 자는 그것을 말하려고 하고,

이해한 자는 그것을 글로 쓰려고 하며,

통찰한 자는 그깃을 실천한다.

제대로 안다면 자신이 먼저 실천할 수밖에 없다.

앎이 곧 진실한 실천이며,

실천이 없는 말과 글은 아직 모른다는 증거다.

아이를 대할 때

유창한 말과 유려한 글을 조심하라.

통찰하지 못한 자의 기술은 늘 화려한 법이다.

그래서 사색가는 언제나 실천가다.

부모가 스스로 알게 되면,

아이는 저절로 알게 된다.

08
아이와 함께 대안을 만드는 '협상의 질문'

말이 쉬운 것은 결국은
그 말에 대한 책임을 생각하지 않기 때문이다.
- 맹자

내가 '협상'을 주제로 글을 쓰는 이유는, 결국 일상에서 부모는 매일 아이와 협상을 해야 하기 때문이다. 식사를 할 때도 마찬가지다. 아이들은 자꾸만 밥보다는 과자를 먹으려고 한다.

"밥은 싫어요. 난 과자를 먹고 싶어요."

만약 아이가 이렇게 투정하면 부모는 "너 밥 다 먹으면 줄게"라고 말할 것이다. 그럼 빠르게 밥그릇을 비운 아이는 과자를 먹겠다고 말하고, 부모는 아이가 먹는 과자의 양을 조금이라도 더 줄이고 싶어 이렇게 다시 묻는다.

"우리 반만 먹고 반은 내일 먹는 게 어때?"

그럼 아이는 성에 차지 않아 대거리를 벌인다.

"싫어요. 전 다 먹고 싶단 말이에요!"

이렇게 말하며 자신의 생각을 관철시키려고 한다. 이때가 매우 중요하다. 아이가 말을 듣지 않으면 부모는 결국 게임을 하게 해주거나 원하는 것을 들어주겠다는 미끼로 아이가 먹을 과자의 양을 기어이 줄인다.

이런 대화는 결코 협상이 아니다. 부모는 아이와의 협상에서 늘 이긴다고 생각하지만, 위의 대화에서처럼 아이는 편안하게 자신이 챙길 것을 다 챙겨 간다. 이유가 뭘까? 왜 부모는 늘 아이와의 협상에서 지는 걸까?

답은 간단하다. 아이는 최고의 협상 전문가이기 때문이다. 아직 왜소하고 스스로 무언가를 할 수 없는 10대 이하의 아이는 자신이 원하는 것을 얻기 위해선 무엇을 어떻게 해야 할지 매일 머릿속에서 모의 협상을 벌인다.

'이럴 때는 엉엉 울면 부모님이 원하는 것을 해주던데.'

'이럴 때는 내가 조금 양보하고 듣기 좋은 말을 해주면 원하는 것을 얻을 수 있지.'

아이들의 머릿속에는 늘 이런 협상의 전략이 가득하다. 더 놀고, 더 먹고, 더 자는 것. 이 모든 것이 아이에게는 매일 부모와 협상을 벌이며 쟁취해야 할 목표물이다. 이런 협상 전문가인 아이와 대화를 할 때 부모는 어떤 자세로 임해야 할까? 무조건 아이의 눈에서 바라보며 그 입장을 충분히 이해해야 한다.

하나, 어른의 논리를 버리자

"내가 하지 말라고 어제도 말했지?"

이런 방식의 협박은 협상에 아무런 도움이 되지 않는다. 설령 부모가 원하는 것을 얻을 수 있다고 할지라도 아이는 다르게 느낄 것이다.

'부모의 힘에 굴복을 당했다.'

무시를 당했다는 감정은 사라지지 않고 아이 마음에 남아 어른이 될 때까지 두 사람 사이를 힘들게 한다. 이 얼마나 끔찍한가. 힘으로 다가가는 어른의 논리를 버리고, 순수하게 원하는 것을 하고 싶어 하는 아이의 마음으로 다가가자.

둘, 아이 마음에 녹아들자

타인의 간절한 마음을 이해하려면 공감하는 수준에서 한 단계 더 도약할 필요가 있다. 아이 그 자체가 되어서 더 자고, 더 먹고, 더 놀고 싶은 본능적인 욕구를 느껴야 한다. 그래야 같은 협상을 해도 '아이의 언어'로 말할 수 있다. 한마디를 해도 어른의 언어로 말할 때와 아이의 언어로 말할 때는 그 과정과 결과가 전혀 다르다.

"네 마음 충분히 이해해."

"엄마와 아빠도 네 나이 때는 비슷했어."

이런 종류의 언어로 다가가 아이의 마음을 안아주어야 한다. 아이와의 협상에서는 이기는 게 아니라, 더 많이 안아주려고 노력하는 게 가장 중요하다는 것을 기억하자.

셋, 의미를 부여하자

사실 협상의 결과는 그렇게 중요하지 않다. 게임 시간을 10분 줄이고, 과자 반 봉지를 남기고, 공부를 조금 더 하는 결과는 그 자체로는 별로 의미 있는 행위가 아니다. 중요한 건 그 행동에 의미를 부여하는 부모의 역할이다.

"와 대단하다. 게임하는 시간을 10분이나 줄이다니, 참을성이 정말 대단해!"

이런 방식으로 아이의 행동에 좋은 의미를 부여해야 한다. 협상의 결과가 아닌 과정과 행동에 초점을 맞춰서 아이가 스스로 잘하고 있다는 것을 느끼게 하자.

아이와의 협상은 어른과의 협상과 완전히 다르다. 이기려고만 하지 말고 이해하려고 하자. 더 자주 안아주고 더 깊게 이해하는 부모가 아이의 마음에 사랑을 남길 수 있다. 아이와의 협상은 '이기려는 자'의 시도와 전략이 아니라, '사랑을 더 많이 남기려는 부모'의 노력으로 채워야 한다는 사실을 잊지 말자.

09

의미를 헤아릴 줄 아는 아이는
떼를 쓰지 않는다

나는 폭풍이 두렵지 않다.
나의 배로 항해하는 법을 배웠기 때문에.
– 헬렌 켈러

오늘 너무 피곤해서 화장도 하지 않았네요.

이제 늙어서 꾸밀 힘도 없네요.

SNS에 방금 찍은 사진과 함께 이런 내용의 글이 올라왔다면 그 사람은 어떤 댓글을 원하는 걸까? 눈치가 빠른 사람이라면 단박에 이해를 하고 이렇게 댓글을 쓸 것이다.

"어머, 화장한 거 아니었어?"

"어쩌면 갈수록 피부가 이렇게 젊어지니?"

"질문의 모서리가 매끄러워질 때까지
다듬고 또 다듬으세요."

"이 사진을 보면 누가 결혼한 사람이라고 믿겠어?"

자, 이제 비슷한 상황으로 넘어가자. 최선을 다해 공부했지만 원하는 시험 성적을 받지 못한 아이가 실망한 표정으로 이렇게 말한다.

"저는 공부에 재능이 없나 봐요."

그럼 부모는 뭐라고 말해야 할까? 아이도 부모도 마찬가지다. 부모들이 연하게 화장을 했지만 하지 않았다고 말하면서 지인들에게 칭찬을 기대하는 것처럼, 아이들도 '공부에 재능이 없다'며 속없는 말을 하면서도 한편으로는 자신에게 힘이 될 격려와 응원을 기대한다.

그런데 여기에 대고 아이의 마음에 평생 지워지지 않을 상처를 남기는 부모들이 있다.

"그러게, 너는 공부에 진짜 재능이 없구나."

"너 진짜 공부한 거 맞아?"

자, 이제부터는 이런 식의 비난과 의심이 가득한 말은 접고 이렇게 말하면 어떨까?

"다음에는 아마 더 좋은 점수를 받을 거야."

"이 정도 성적도 대단한 거야. 나는 언제나 네가 자랑스러워."

아이가 스스로 자신을 낮춰서 표현하는 이유는 딱 한 가지다.

'엄마, 아빠가 저를 좀 높여주세요!'

아이는 종종 혼자만의 힘으로는 올라갈 수 없는 거대한 산을 만난다. 그럴 때는 멋진 감정 표현으로 아이가 스스로 산에 오를 수 있도록 힘을 불어넣어줘야 한다. 마치 눈가에 핀 자글자글한 주름을 보고도 "와, 더 젊어졌구나!"라고 말해주는 친구의 말에 우리가 다시 힘을 내고 사는 것처럼, 아이에게도 다시 힘을 낼 근거와 계속 살아갈 이유를 알려줘야 한다. 그렇게 하면 아이는 뭐든 해낼 수 있다.

서툰 지적은 아이를 망치지만,
현명한 감정 표현은 아이의 재능을 꽃피운다.

병원 소아과에 가면 주사를 거부하며 떼를 쓰는 아이와 제발 얌전히 주사를 맞으라고 닦달하는 부모가 가득하다.

"다음에 맞을래요! 집에 돌아가요. 네?"

"우리가 지금 얼마나 기다렸는데 집에 돌아가!"

아이는 악을 쓰며 버티고, 부모는 화를 내며 아이를 다그친다. 부모가 그러거나 말거나 아이는 병원 곳곳을 누비며 울고, 부모는 화를 내면서도 주변 사람들의 따가운 시선을 의식하느라 정신이 없다. 부모에게는 영원히 풀리지 않는 숙제다.

그런데 하루는 병원에서 매우 인상적인 장면을 목격했다. 주사를 처음 맞는 아이였는데, 그 아이는 참 신기하게도 단 한 번의 떼도 쓰지 않고 부모와 짧은 대화를 통해 바로 주사를 맞았다. 비결은 대화에 있었다.

"주사 맞으면 너무 아플 것 같아요. 정말 그래요?"

아이가 불안한 표정으로 묻자 부모는 이렇게 질문했다.

"너, 어제 자전거 타다가 넘어졌잖아. 그때 얼마나 아팠어?"

그러자 아이는 당당한 표정으로 이렇게 답했다.

"그 정도야 참을 수 있죠. 자전거 잘 타려면 몇 번 넘어져야 하잖아요."

이번에는 부모가 대화를 이렇게 정리했다.

"자전거에서 넘어졌을 때 느끼는 아픔이랑 주사 맞아서 느끼는 아픔의 크기는 비슷해. 나도 겪어봐서 알거든. 그리고 네가 자전거를 잘 타기 위해서는 몇 번 넘어져야 하는 것처럼, 주사도 네가 건강하게 자라기 위해서는 꼭 맞아야 하는 거야."

대화가 끝날 무렵 간호사가 아이의 이름을 불렀고 아이는 자리에서 일어나 거침없이 주사실로 걸어갔다. 부모와 아이가 나눈 대화는 그리 대단한 것이 아니었다. 부모는 아이가 느낄 고통의 깊이를 아이가 상상할 수 있도록 자세하게 표현했고, 아이가 이해할 수 있도록 차근차근 설명했다. 그리고 그 시작에는 질문이 있었다.

아이를 주사실로 데려가지 못하는 부모들은 공통적으로 아이와 이런 대화를 구사한다.

"이번에는 떼쓰지 않기로 집에서 분명히 약속했지?"

"이러면 사람들이 우리를 얼마나 이상하게 보겠어. 제발 말 좀 들어라!"

대체 어디서부터 무엇이 잘못된 걸까? 여기에는 방법과 설명이 없다. 아이는 주사가 두렵다. 아픔의 크기를 알 수 없기 때문이다. 앞이 보이지 않는 깜깜한 새벽에 난생처음 가보는 길을 걷는 것과 마찬가지다.

병원에서 주사를 맞아야 할 상황뿐만 아니라, 앞으로 아이와 겪을 모든 상황에서도 마찬가지다. 아이가 감당해야 할 아픔과 고통의 크기를 구체적으로 표현할 수 있어야 한다. 그리고 그 과정이 왜 필요한지 차분하게 설명해야 한다. 이 모든 과정은 부모가 아닌 아이의 처지에서 아이의 시선으로 이루어져야 매끄럽게 지나갈 수 있다. 그래서 부모의 감정 표현 능력이 매우 중요하다. 부모 자신의 인생에서만 필요한 것이 아니라 아이가 살아갈 미래를 결정할 수도 있기 때문이다.

아이에게 구체적으로 설명하지 않고 무작정 주사를 맞으라고 강요하는 것도 아이 입장에서 보면 부모가 자신에게 떼를 쓰는 것이다. 떼를 쓰는 아이에게는 떼를 쓰는 부모가 있다. 이것이 부인할 수 없는 현실이다. 부모가 상황을 제대로 읽어내야 아이가 그 상황 속 의미를 온전히 파악할 수 있다. 의미를 아는 아이는 떼를 쓰지 않는다.

감정을 표현하는 능력은 하루아침에 길러지지 않는다. 하지만 '일상'이라는 무기를 활용하면 좋은 효과를 낼 수 있다. 상황에 어울리는 적절한 표현으로 아이를 변화시키고 싶다면 언제나 아래의 문장을 기억하며 일상을 보내자.

> 버리고 싶은 슬픔을 정확히 표현할 수 있다면
> 아이는 분노를 잠재울 수 있고,
> 갖고 싶은 기쁨을 구체적으로 말할 수 있다면
> 아이는 분노를 현실로 만들 수 있다.

"질문의 모서리가 매끄러워질 때까지
다듬고 또 다듬으세요."

괴테가 죽을 때까지 지켰던
8가지 말의 원칙

"늘 체념과 한숨으로 끝나는 대화,
어떻게 말해야
아이의 마음이 열릴까요?"

인생을 살며 한 가지 법칙을 깨달았다.

여기에서 싸우는 사람은 저기에서도 늘 싸우고,

여기에서 배우는 사람은 저기에서도 늘 배운다.

어디를 가도 그 사람의 성향은 변하지 않는다. 중요한 것은 공간이 아닌 그 사람이 가진 '말의 원칙'이다. 유럽의 대문호 괴테는 평생에 걸쳐 수많은 지성을 만나며 지혜로운 대화를 나눴다. 그러한 과정을 통해 의식 수준을 향상시킨 괴테에게는 반드시 지키는 말의 원칙이 있었다. 이 여덟 가지 말의 원칙을 삶에 적용함으로써 자신이 경험한 모든 부분에서 지혜를 모을 수 있었다. 그리고 그 지혜는 타인을 존중하고 배려하는 습관으로 이어졌다. 그는 10대 시절부터 '식탁 대화'라는 특별한 모임을 운영하며 각자 자기 분야에서 월등한 능력을 발휘하는 사람들을 초대해 식사와 지적 교류를 동시에 나누는 시간을 가졌다. 이때 그는 자신만의 특별한 말의 원칙으로 처음 만난 개성이 뚜렷한 지식인들과도 유쾌하게 소통하며 새로운 지식과 지혜를 끌어모을 수 있었다.

괴테가 지킨 이 말의 원칙을 아이와의 대화에서 부모가 반드시 지켜야 할 여덟 가지 원칙으로 정리하였다. 아이를 대할 때 가슴에 새긴다면, 서로의 마음에 상처를 남기지 않고 미소를 띤 채 늘 웃으며 대화를 마무리할 수 있을 것이다.

하나, 의견의 일치를 따지지 말고 방향을 보자

아이와 자주 다투게 되는 이유 중 하나가 바로 의견 일치를 보려는 마음 때문이다. 대화는 일치를 위해 하는 것이 아니다. 또한 세상과 정확하게 의견을 일치시킬 수 있는 사람은 존재하지 않는다. 완벽한 일치를 바라는 마음은 오히려 억지를 부리는 것과 같다. 지혜로운 사람은 의견 일치가 아닌 말이 향하는 방향을 본다. 서로 다른 것을 확인하고 아이가 말하는 방향이 어디인지를 알기 위해 대화를 한다고 생각하자. 이로부터 존중하는 마음이 시작된다.

둘, 사랑이 필요할 때 아이들은 투정을 부린다

아이와의 대화가 늘 힘든 이유는 자꾸만 서로에게 상처를 주기 때문이다. 그러나 이 사실을 알게 되면 더는 말이 두렵지 않을 것이다. 아이들이 자꾸만 부모의 결점만 찾아내 상처를 주는 이유는 사랑이 부족하기 때문이다. 사랑이 필요하다는 말이지, 당신을 미워한다는 의미가 아니다. 아이를 미워하지 말고 안아주자. 반론과 비난 대신 사랑을 주면 아이들은 당신 품에 안길 것이다. 때로는 아무 말도 하지 않는 것이 최고의 대화일 수도 있다. 인내하며 사랑으로 바라보자.

셋, 이해하는 것만 듣지 말고 이해해야 할 것을 들어라

인간은 필연적으로 자신이 이해하는 것만 보고 듣는다. 부모도 마찬가지다. 그래서 예술 작품도, 맛있는 요리도, 재밌는 영화도 사람에 따라 호불호가 갈린다. 그러나 대화는 조금 달라야 한다. 무언가 필요해서 대화를 나눈다면 자기가 이해한 내용에만 갇히지 말고 지금 아이의 성장을 위해 이해해야 할 것에 집중하며 차분하게 아이의 말을 들는 게 좋다. 이 모든 시도를 통해 우리는 그간 쉽게 받아들일 수 없던 아이의 세상을 이해할 수 있게 될 것이다.

넷, 오해가 없기를 바라지 마라

좋은 마음을 전하기 위해서는 오해받을 용기를 내야 한다. 아무리 현명하고 지혜로운 세기의 지성이 말을 하더라도, 100명이 그의 이야기를 들었다면 80명은 오해를 하며 돌아설 것이다. 그건 그들의 잘못이 아니다. 그러니 그대의 마음이 선한 곳을 향하고 있다면 그 어떤 비난과 악평에도 상처받지 마라. 오해가 생긴다는 것은 당신의 이야기가 살아 있다는 증거다. 죽은 생명에 관심을 주는 사람은 없다. 아이의 마음을 열기 위해 아이가 원하는 말만 할 수는 없다. 그건 사랑이 아니라 현실에 순응하려는 마음일 뿐이다.

다섯, 행복을 주는 말은 첫 키스와 같다

말과 글은 세상에 행복을 전하기 위해 인류가 만들어낸 도구다. 당신이 전하는 말을 듣고 행복하게 웃는 아이의 모습을 상상해보라. 마치 첫 키스의 기쁨처럼 당신을 행복하게 만들 것이다. 입을 열어 무언가를 말할 때 언제나 아이에게 당신이 품은 가장 값진 것을 준다고 생각

"질문의 모서리가 매끄러워질 때까지
다듬고 또 다듬으세요."

하라. 한 사람이 머무는 환경은 그가 내뱉은 말의 수준이 결정한다. 부모와 아이의 관계도 그렇다. 지금 그대와 아이가 놓인 환경이 좋지 않다고 생각한다면 지금부터라도 행복한 말을 더 자주 나누자.

여섯, 모든 대화의 기본은 경청이다

그러나 말하기만 하고 듣지 않는 사람은 스스로 자신의 교양이 낮다는 것을 증명하는 것과 다르지 않다. 제때 말하고 적절하게 듣는 것이야말로 존중의 기본이다. 아이에게 지식을 전하는 것도 중요하지만, 반대로 아이의 생각을 듣는 것도 귀한 일이다. 수준 높은 경청은 교육과 재능만으로는 도달할 수 없으며, 서로를 존중하는 태도는 경청 속에서 탄생한다.

일곱, 자신이 말을 잘한다고 생각하지 마라

말을 잘하고 싶어 하는 사람이 참 많다. 하지만 어쩌면 그건 매우 위험한 생각일 수도 있다. 말을 잘하고 싶다는 것은 자신이 실천한 행동보다 더 큰 것을 바라는 마음이 겉으로 드러난 것일 수도 있기 때문이다. 가정에서 아이는 부모보다 약한 존재다. 어릴 때는 더욱 그렇다. 아이는 부모의 말이라면 전부 믿고 신뢰하기 때문에 부모는 자신이 말을 잘한다는 착각에 빠지기 쉽다. 매우 중요한 부분이다. 말은 유창하게 잘해야 하는 대상이 아니라, 자신이 한 것을 그대로 설명하기 위해 필요한 수단일 뿐이다. 그러니 당신의 행동이 말을 따라가도록 부단히 움직여라. 삶이 선명하면 말도 힘을 얻는다.

여덟, 진리는 인간의 것이고 오류는 시간의 것이다

부모는 자주 자신의 말이 옳다고 생각한다. 그러나 모든 인간은 언제나 오류에 빠져 있음을 기억하자. 사람들은 가끔 자신이 진리를 잘 알고 있다고 생각하며 그것을 추구하는 자신을 자랑스럽게 생각한다. 그러나 시간은 언제나 가짜 진리의 오류를 정확하게 밝혀낸다. 그래서 우리는 고전을 읽는 것이다. 시간이라는 까다로운 터널을 통과한 위대한 고전은 우리 삶의 거짓과 위선을 밝게 비춘다. 늘 자신의 결정과 생각이 틀렸을 수도 있다는 사실을 기억하자. 그래야 오류를 받아들일 용기를 낼 수 있다.

말을 하지 않고 살 수는 없다. 배움을 추구하기 위해서, 진심을 전하기 위해서, 오해를 풀기 위해서 우리는 아이들과 일상에서 더 자주 말을 하며 살아야 한다. 아이들도 마찬가지다. 결국 부모의 말은 아이 삶의 철학으로 자리를 잡는다. 멋진 철학을 전하고 싶다면 이 한 가지만 기억하자.

"무언가를 배웠는데
질문하지 못한다면
아무것도 안 쌓였다는 뜻입니다."

3장
배움에 대하여

아이에게 어떤 조언이 필요할 때마다 당신은 세상에서 들은 답을 아이에게 전할 것이다. 그 덕분에 아이는 잠시나마 살아갈 방향을 찾을 수 있다. 하지만 그 효과는 너무나 순간적이며, 아이는 도움이 필요할 때마다 세상에 답을 구하며 세상이 가르키는 방향을 따라갈 것이다. 수많은 사람이 어깨를 부딪히며 걷는 그 좁은 거리에서 아이는 있어도 그만이고 없어도 그만인 존재가 된다. 이 모든 불행은 세상에서 얻은 답을 부모가 아이에게 무분별하게 던질 때 시작된다. 물론 먹고사는 것도 힘겨운데 오직 내 아이만을 위한 유일무이한 질문을 찾아내는 것이 얼마나 힘든 일인지도 알고 있다. 그러니 아이를 더 사랑해야 한다. 사랑에서 시작된 질문은 아이의 미래를 결정할 마지막 희망이다.

01
아이 생각에 시동을 거는
3단계 일상의 질문법

물어보는 사람은 5분 동안만 바보가 된다.
묻지 않는 사람은 영원한 바보가 된다.
- 중국 속담

질문이 아이에게 힘이 되려면 일상에서 숨을 쉬듯 반복해서 이루어져야 한다. 어느 한 분야에서 세상이 상상하지 못한 창조를 반복해서 보여준 사람들은 어릴 때부터 '질문하는 일상'을 보냈다. 세상의 모든 아이는 처음부터 창의적인 질문을 던지는 사람으로 태어난다.

"자동차는 어떻게 움직여요?"

"하늘은 왜 파란색이에요?"

이런 근원적인 질문이 거대한 혁신을 이끄는 씨앗이지만, 안타깝게도 아이들은 본격적으로 공부를 시작하며 질문하는 일상에서 벗어나

"무언가를 배웠는데 질문하지 못한다면
아무것도 안 쌓였다는 뜻입니다."

정답을 찾는 일상에만 빠져 살게 된다. 그렇게 비극이 시작된다.

물론 어른들은 아이들에게 틈틈이 질문을 던지긴 한다. 하지만 그 질문은 아이들의 상상력과 창의력을 자극하는 질문이 아니라, 그저 자신들이 원하는 정답을 듣기 위해 던지는 쓸모없는 질문일 뿐이다. 애초에 질문의 방향이 잘못되었기 때문이다. 이를테면 학교에 다녀온 아이에게 "선생님께 무엇을 질문했니?"라는 질문을 던지지 않고 "선생님 말씀 잘 들었니?"라고 묻는다. 이런 질문은 아이의 생각을 깨우지 못한다. 앞서 언급한 것처럼 아이는 어른이 자신의 머리에 강제로 입력한 '원하는 답' 중 하나를 꺼내 들려줄 뿐이다. 그러나 '무엇을'이라는 표현을 사용하면 아이들의 생각에 시동을 걸 수 있다.

아무리 좋은 기계라도 자꾸 시동을 걸지 않으면 망가진다. 생각을 끊임없이 자극하는 '일상의 질문법 3단계'를 실천하며 아이의 성장이 멈추지 않게 도와주자.

1단계
세상에 사소한 질문은 없다

"부모는 왜 자식을 사랑하는가?"

이런 질문은 사실 식상하거나 답이 뻔히 보인다고 생각할 수도 있다. 그러나 세상의 모든 혁신은 사소하다고 여겨지는 질문에서 시작됐다. 가장 익숙하게 느껴지는 질문에서 우리는 새로운 사실을 발견한다. 좋은 음악과 영화가 이제는 더 나오지 않을 것이라고 생각하지만, 언제나 상상을 뛰어넘는 근사한 예술은 끊이지 않고 탄생해 우리를 즐겁게 한다. 그 중심에 바로 '사소한 질문'이 존재한다.

생명을 연구하는 과학자들 사이에서 바이블로 통하는 책이 하나 있다. 바로 『이기적 유전자』라는 책인데, 이 위대한 책의 시작은 "부모는 왜 자식을 사랑하는가?"라는 질문이었다. 저자 리처드 도킨스 박사는 인간은 유전자를 다음 세대로 넘기는 '살아 있는 기계'일 뿐이라고 주장했다. 즉, 부모가 자식을 사랑하는 이유는 인간의 유전자가 자식을 보살피고 아끼도록 처음부터 설계되었기 때문이라는 것이다. 여기에서 책의 내용은 중요하지 않다. 동시대 지식인들에게 엄청난 영향을 미쳤고 아직까지도 학계에 중심 이론으로 자리 잡고 있는 이 주장이 우리가 평소에 매우 당연하다고 생각한 질문에서 시작했다는 점이 핵심이다. 익숙하고 평범한 질문일수록 답은 오히려 새로워질 수 있다. 이 점을 기억하면 더 이상 이 세상에 사소한 질문은 없다는 사실을 이해하게 될 것이다.

〔 2단계 〕
설명할 수 없는 것을 설명하게 하자

"죽음이란 무엇일까?"라고 아이에게 질문하면 뭐라고 답할까?
"심장이 멈추는 거죠."

"에이, 뭐 그런 질문이 있어요?"

오히려 이렇게 반문할 수도 있을 것이다. 세상에는 답하기 애매한 질문이 참 많다. 그러나 그런 질문이야말로 아이의 생각을 깨울 수 있다. 아인슈타인은 같은 질문에 어떻게 답했을까?

"아름다운 모차르트의 음악을 더 이상 듣지 못하게 되는 것이다."

이렇게 그는 시적인 답을 내놨다. 아인슈타인의 창조성은 같은 단어와 사물이라도 다르게 바라보고 해석하는 힘에서 나온다. 모두가 같은 생각을 한다면 살아갈 이유가 없다. 다른 생각만이 우리의 삶에 가치를 부여할 수 있다. 질문의 대상이 죽음이라고 해서 꼭 과학적으로 답할 필요는 없다. 아이에게 약간의 힌트를 주는 것도 좋다.

"평소 네가 좋아하는 거랑 비교하면서 생각해보면 어떨까?"

"죽는다는 것은 우리가 무언가를 더는 못 한다는 것을 의미하진 않을까?"

이런 식으로 아이가 상상력을 발휘해 답할 수 있도록 질문의 길목을 열어주면 생각을 더 쉽게 깨울 수 있다.

3단계
모든 사물에 물음표를 달자

이 모든 것이 일상에서 당연하게 이루어지려면 부모와 아이 눈에 보이는 모든 익숙한 것을 낯설게 바라봐야 한다. 모래와 아파트, 학원과

배움에
내하녀

편의점, 놀이터와 분수대… 이 모든 것이 아이의 생각에 시동을 거는 재료가 될 수 있다. 물음표를 적극적으로 이용하는 게 좋다.

"모래는 어떻게 여기까지 오게 되었을까?"

"편의점에서 가장 많이 팔리는 상품은 뭘까?"

"아파트는 저렇게 같은 자리에 오래 서 있으면 허리가 아프지 않을까?"

"비가 너무 오래 내리지 않으면 우산이 허리를 못 펴지 않을까?"

때론 대상에 생명을 부여하기도 하고, 때론 고객의 입장에서 바라보기도 하며 모든 사물에 물음표를 다는 일상을 보내야 아이의 생각을 자극할 수 있다. 분명한 것은 스스로 생각을 깨운 아이의 오늘은 그렇지 않았던 어제와 완전히 다를 것이라는 사실이다.

인문학은 미래나 상상이 아닌 우리가 사는 일상에서 이루어져야 한다. 거기에 질문을 더하면 바로 '인문학 질문법'이 완성된다. 생각이 멈추면 질문이 멈추고, 질문이 멈추면 앵무새처럼 어른들이 좋아하는 것만 답하는 삶을 살게 된다. 부모가 먼저 기억하고 실천하자. 생각이 멈추면, 생각하는 누군가의 노예로 살게 된다.

부모의 생각이 곧 아이가 맞이할 미래다.

02
공부머리와 독서머리를
동시에 잡는 질문머리

중요한 것은 질문을 멈추지 않는 것이다.
- 알베르트 아인슈타인

부모들의 가장 큰 관심사는 역시 아이의 '독서'와 '공부'다. 그렇다면 아이의 공부머리와 독서머리를 잡는 질문을 던지려면 무엇이 필요할까? 먼저 아이들을 세심하게 관찰해야 한다. 그래야 알 수 있기 때문이다. 아이들은 주변 사람에 대한 비난과 불평을 자주 표출한다. 아직 관계를 형성하는 데 신경을 많이 쓰지 않기 때문이다. 그러나 그것은 나쁜 점이 아니다. 모든 단점은 사용하기에 따라서 위대한 장점으로 바꿀 수 있다.

아이를 데리고 밖에 나가 밥을 먹을 때 늘 신경 쓰이는 부분이 '노키

즈존^{No Kids Zone}'이다. 기분 좋게 도착한 식당 문 앞에서 만약 아이의 출입을 제한한다는 문구를 발견한다면 아이는 이렇게 물을 것이다.

"여기는 왜 아이들의 입장을 막는 거야?"

이때 아이의 질문을 무시하거나 적절한 답을 해주지 않으면 아이는 곧바로 이렇게 단정할 것이다.

"나쁜 식당이네. 아이들 입장을 막다니."

자, 여기에서 아이의 독서머리와 공부머리를 동시에 자극하는 질문의 방향을 잡을 수 있다. 독서에서 필요한 건 풍부한 감성이고, 공부에서 필요한 건 논리적인 이성이다. 우리는 이 상황에서 아이에게 이 두 가지 힘을 모두 길러줄 수 있다.

먼저 아이가 "왜 입장을 막지?"라고 불만을 토로할 때 바로 이렇게 역으로 질문해보자.

"식당에서 12세 이하 아이들의 입장을 막는 이유가 뭘까? 식당은 손님이 많으면 많을수록 돈을 많이 벌게 될 텐데 말이야."

그럼 아이들은 이런 식으로 답할 것이다.

"아이들이 많이 먹지 않아서 돈을 덜 쓸까봐 들어오지 못하게 하나요?"

그럼 이번에는 이런 식으로 생각을 자극하자.

"아이들이 오는 게 식당 수익에 별 도움이 되지 않는다는 뜻이 아닐까?"

이렇게 '작은 질문'을 계속 던져서 아이의 생각을 자극하면, 아이는 마치 책을 읽는 것처럼 상황을 읽을 수 있고 공부를 하는 것처럼 논리적으로 상황을 분석할 수 있게 된다. 이러한 과정을 통해 아이는 감성과 이성을 스스로 단련한다.

부모가 아이의 독서 감성과 공부 이성을 자극하는 질문을 자주 던지려면 일상에서 그런 기회를 끊임없이 발견해야 한다. 그 기회를 발견할 줄 아는 부모에게는 모든 순간이 아이의 성장 가능성을 키우는 특별한 시간이지만, 그런 안목이 없는 부모에게는 그저 매일이 지루한 나날일 수밖에 없다. 일상에서 그런 기회를 좀 더 쉽게 발견하려면 어떻게 해야 할까? 세상이 정의한 표현에 질문을 던질 줄 알아야 한다.

감사하며 살아야 합니다.

우리는 이 말을 일상에서 자주 듣는다. 그런데 왜 그래야 하는지 이유를 생각해본 적이 있는가? 그저 그렇게 사는 게 좋다는 생각에 그렇게 살아갈 뿐이다. 먼저 이 문장의 핵심 단어인 '감사'의 의미를 생각해보자.

감사는 내게 주는 것인가?
아니면 누군가에게 받는 것인가?

감사의 본질은 물론 주는 것에 있다. 타인의 호의나 좋은 마음에 "감사합니다"라는 말로 고마움을 전하는 것이다. 나는 '감사'를 삶에서 가장 중요한 키워드로 생각하며 산다. 그래서 사람들에게 '감사 일기'를 쓰며 하루 동안 일어난 사건과 타인에게서 느낀 고마움을 되돌아보라고 권한다. 하지만 나는 감사 일기가 아닌 '감사 편지'가 좀 더 감사의 본질에 가깝다고 생각한다. 일기는 자신에게 쓰는 것이지만, 편지는 누군가가 나를 위해 쓰는 것이다. 그것이 감사라는 단어가 주는 힘의 전부다. 나는 감사라는 단어가 주는 아름다움을 이렇게 정의한다.

네가 세상에 감사하는 크기가 아닌,
세상이 너에게 감사하는 크기가
너의 일상이 아름다웠음을 증명한다.

생각해보라. 내가 아무리 좋다고 생각하는 상품을 만들어도 세상이 구매하지 않으면 그건 상품으로 가치가 없다. 창고에 재고로 쌓일 뿐이다.

'당신의 경쟁력은 생산력이 아니라, 시장의 구매력이 결정한다.'

감사도 그렇다. 자신에게 일어나는 일에 스스로 감사하는 행위는 마음만 먹으면 누구나 할 수 있다. 그러나 타인에게 감사를 받는 일은 수백 번 마음을 먹어도 쉽지 않다. 그건 내가 주는 게 아니라 남이 주는 것이기 때문이다.

'감사'라는 단어를 혼자서 아무리 찍어서 세상에 배출해도 현실에서는 아무런 변화가 일어나지 않는다. 현실에 감사하는 데 그치지 않고 직접 행동해야 한다. 변화는 스스로 움직여 도덕과 정의를 실천할 때 일어나고, 그런 실천을 거쳐야 타인에게 감사를 받는 삶을 살 수 있다.

길에 쓰레기가 별로 없음에 감사하지 말고, 허리를 숙여 떨어진 쓰레기를 주워서 너의 행위로 누군가가 세상에 감사하는 마음을 전하게 하라.

눈이 많이 내리는 겨울에 택배를 무사히 받았다는 사실에 감사하지 말고, 그들이 안전하게 택배를 전할 수 있도록 눈이 오면 집 앞 언덕을 쓸어라.

그것을 자녀에게 가르치면 그대는 자기 삶에 빛을 하나 더한 것이고, 그 빛을 본 사람들은 그대로 인해 인간의 빛이 어떻게 세상을 아름답게 하는지 깨닫게 될 것이다.

그렇게 세상의 감사를 받게 될 것이다.

감사의 본질은 좋은 마음을 전하는 것이다. 내가 실천한 작은 선행이 누군가에게 전해지고, 그 사람 마음속에 생긴 감사의 마음이 다시 내게 전해질 때 감사의 가치는 더욱 빛난다.

이처럼 "감사하며 살아야 한다는 게 무슨 의미지?"라는 일상의 작은 질문으로 시작한 사색과 고민만으로도 아이의 공부머리와 독서머리를 잡는 이성과 감성을 전방위적으로 자극할 수 있다. 그리고 질문머리는 일상적인 상황이나 표현에 의문을 품고 본질을 찾으려는 태도와 자세에서 무럭무럭 자란다.

03

지식이 아닌 지혜로 연결하는
4단계 관찰 질문법

✦

사람들은 존재하는 것만을 보고 '왜 그럴까' 생각하지만,
나는 존재하지 않는 것을 꿈꾸고 '왜 그러지 않을까' 생각한다.
- 조지 버나드 쇼

공부하면 지식을 쌓을 수 있지만, 관찰하면 공부만으로는 접근할 수 없던 지혜에 닿을 수 있다. 관찰은 일상의 체험이기 때문이다. 중요한 것은 순서다. 우리는 자꾸 순서를 제대로 지키지 않아서 배운 것을 쓸모없게 만든다. 공부가 아닌 관찰이 우선이다. 일상을 관찰로 채워 언제 어디서든 지혜를 찾아내는 아이는 모르는 부분을 발견하면 부모가 시키지 않아도 스스로 공부를 시작한다. 지식이 쌓여 지혜가 되는 것이 아니라, 하나의 지혜가 지식을 갈구하게 만드는 것이다. 그럼에도 부모들이 이 순서를 지키지 않는 이유는 첫째, 과정을 잘 모르기 때문

"무언가를 배웠는데 질문하지 못한다면
아무것도 안 쌓였다는 뜻입니다."

이고 둘째, 관찰로 지혜를 얻는 과정이 길고 복잡하다고 생각하기 때문이다.

이는 아이도 마찬가지다. 시험이라는 벽에 가로막힌 아이는 앞을 바라보지 못한 채 무언가를 관찰할 기회조차 얻지 못한다. 아이를 관찰하지 못하는 사람으로 만드는 데 결정적인 역할을 하는 것은 바로 점수라는 괴물이다. 그렇다면 이 점수라는 괴물은 언제 처음으로 아이 앞에 등장할까? 부모와 아이가 문제를 내고 답을 쓰는 '최초의 시험'은 아마 받아쓰기일 것이다. 처음에는 늘 이런 충돌이 생긴다.

"이건 틀렸어. 마침표를 찍지 않았잖아."

시험에 길들여진 아이가 아니라면, 냉정한 부모의 평가에 눈물을 흘리며 그냥 넘어가 달라고 부탁할 것이다. 부모는 고민에 빠진다. 비록 마침표를 빠뜨린 것에 불과하지만 틀린 것은 틀린 것이다. 이런 걸 그냥 넘어가면 사소한 것을 자꾸 쉽게 생각하는 버릇이 들까 걱정이 된다. 그래서 부모는 모진 마음을 먹고 빨간 줄을 긋는다. 그러나 이는 좋은 해결책이 아니다. 국어도, 수학도 모두 마찬가지다. 문제를 제대로 풀다가도 중간에 계산 하나만 잘못하면 다른 답이 나와서 엉뚱한 답을 써낼 수도 있다. 과정은 모두 맞았는데 고작 계산 하나 때문에 억울하게 0점을 받게 되는 것이다. 객관식 문항은 그런 경향이 더욱 두드러지고, 단답형 문항도 마찬가지다. 이런 시험 문제들의 공통점은 무엇일까? 지금까지 아이가 성실히 공부한 과정을 싹 지우고, 오로지 정답 여부만 본다는 것이다. 그런 시험에 익숙해진다는 것은 결국 '과정은 상관없고 답만 찍으면 된다'는 사고방식에 아이가 점점 길들여진다는 뜻이다.

물론 정확한 답을 써내는 것도 중요하다. 하지만 관찰하는 일상의 힘을 아이에게 가르치고 싶은 부모라면 이런 질문을 해봐야 한다.

'우리는 왜 배우는가?'

마침표 하나 때문에 오답 처리를 해야 할지 말아야 할지 고민하는 상황에 놓였을 때, 부모는 배움의 이유에 대한 근본적인 질문을 자신에게 던짐으로써 올바른 답을 찾을 수 있다.

우리가 배우는 이유는 물론 답을 찾아내는 것이지만, 답을 찾아가는 과정의 기쁨을 누리기 위함도 있다. 받아쓰기 시험을 보며 마침표 하나를 찍지 않아서 틀렸다고 0점을 주는 것은 기계도 할 수 있는 일이다. 반대로 말하면 그건 부모가 할 수 있는 행동은 아니다.

아이가 공부한 시간과 투자한 노력을 감안해 5점이나 7점을 주는 것은 어떨까? 이런 발상은 기계는 결코 상상할 수 없는 부모만이 실천할 수 있는 일이다. 답만 바라보지 말고 아이의 과정을 보라. 시험을 앞두고 한 시간이나 공부했지만 마침표 하나 때문에 0점을 받았을 때, 아이는 사랑하는 부모에게 "인생이 원래 그런 거야", "완벽하지 않으면 틀린 거야"라는 말을 듣고 싶을까? 다시 질문해보라.

"우리는 왜 배우는가?"

완벽해지려고, 답을 찾으려고, 점수에 맞춰 줄을 서려고 배우는 것이 아니다. 아이를 대하는 마음을 조금만 바꿔도 아이는 힘을 내 자기 앞에 놓인 일을 더 열심히 한다. '일을 더 열심히 한다'는 것은 그 일을 둘러싼 상황을 좀 더 자세하고 면밀히 관찰한다는 뜻이다. 이제 이 원리를 알았다면, 아이를 지식이 아닌 지혜로 접속시키는 '관찰 질문법'을 일상에서 실천해보자. 아이가 옆에 있나는 생각으로 상황을 머릿속에 구체적으로 그려가며 읽어보자.

멈추기 위해 움직여라

마트에서 아이와 함께 쇼핑을 하다가 한쪽 구석에 누군가 먹다가 버린 빵이 봉지와 함께 놓여 있는 것을 발견했다고 가정해보자. 관찰의 힘을 몰랐던 과거였다면 별 대수롭지 않게 여기며 그냥 지나쳤을 것이다. 하지만 이런 장면도 부모에게는 관찰의 대상이 되어야 한다. 관찰을 할 때 중요한 것은 아이와 어디에 가든 목적지에 도착하는 데만 연연하지 않고, 목적지까지 가는 여정을 즐기고 그 과정에서 무언가를 관찰하고 발견하는 데 집중하려는 마음이다. 그래야 중간에 멈춰서 아이와 관찰할 대상을 찾을 수 있다.

관찰의 대상이 유독 당신의 눈에만 잘 보이지 않는 이유는 사야 할 것을 빨리 사고 집에 가려는 조급한 마음 때문이다. 그러니 지금부터는 목적지와 목표에만 얽매이지 말고 아이와 함께 있는 모든 순간과 과정에 집중해보자.

배움에
대하여

대상의 이유를 다각도로 분석하라

알고 싶은 대상을 바라보며 대상의 말과 존재의 이유와 움직임의 원리를 자세히 관찰하면, 그 대상의 모든 것을 알 수 있다. 부모가 먼저 질문으로 다가가자.

"이 빵은 왜 여기에 있을까?"

그럼 아이는 바로 이렇게 답할 것이다.

"누가 계산하지 않고 몰래 먹은 것 같은데요."

이번에는 이런 질문으로 방향을 틀어보자.

"왜 몰래 먹었을까? 혹시 빵 하나도 계산하지 못할 만큼 가난한 사람이 아니었을까?"

차갑게 굳은 빵 하나를 관찰한 뒤 주고받은 질문이지만, 이런 질문을 통해 아이는 대상의 근원적 존재 이유에 대해 고민하게 되었으며 나아가 빵을 먹다가 길바닥에 버릴 수밖에 없었던 누군가의 마음을 상상할 수 있게 되었다.

발견할 때까지 공들여 기다려라

아이가 지혜에 닿지 못하는 이유는 아이가 모든 상황을 장악할 때까지 부모가 기다리지 못하기 때문이다. 만약 당신이 무언가 새로운 것을 발견했다면 그것은 머리에 쌓인 지식이나 타고난 재능 덕분이 아니라 오랜 시간 그것을 관찰했기 때문일 것이다. 충분히 기다리면 아이는 남겨진 빵을 관찰하며 이렇게 말할지도 모른다.

"돈이 없고 배도 고픈데, 왜 빵을 남겼을까?"

조금 더 기다리면 아이는 하나의 결론을 낼 수 있다.

"빵을 다 먹지 않고 이렇게 버린 것을 보니 아무래도 돈 없는 사람이 배고파서 먹다 남긴 빵은 아닌 것 같은데요? 아마 누군가 나쁜 마음을 품고 계산하지도 않은 빵을 몰래 먹다 버려둔 것 같아요."

4단계

이제 스스로 상황을 정리하게 하라

아이가 관찰한 지식과 정보를 지혜를 얻고자 하는 호기심으로 연결하려면 꼭 상황을 한 줄로 정리할 수 있어야 한다. 어떤 것을 한 줄로 정리할 수 있다는 것은 그것에 대해 완전히 자신의 것으로 소화했다는 뜻이기 때문이다. 이 상황에서는 법의 존재 이유를 끌어다 질문을 던져볼 수 있다.

"이렇게 규칙을 지키지 않는 사람이 있으니 뭐가 생기겠어?"

그럼 아이는 곰곰이 생각하다가 이런 답을 찾게 된다.

"맞아, 법과 규칙이 그래서 필요하구나!"

드디어 아이는 온전히 스스로 발견해낸 지혜를 한 줄로 정리한다.

법은 규칙을 지키지 않는 사람들 때문에 만들어진 것이다.

아이는 비로소 우리가 왜 법을 지켜야 하고, 법이 왜 생겼는지 짐작할 수 있게 된다. 법에 대한 호기심이 더 깊어지면 누가 시키지 않아도 해당 분야의 지식을 더 알아보려는 자발적인 노력도 하게 될 것이다. 이것이 바로 인문학 질문이 궁극적으로 추구하는 목표다. 일상적 질문을 통해 아이의 생각을 끊임없이 자극함으로써 아이가 평소 배운 지식을 스스로 연결해내 지혜를 발견하게 하는 것. 이런 일상이 반복되면 아이는 주입식 교육으로는 도달할 수 없는 지성의 영역에 들어설 것이다.

사랑하기 시작하면
무엇이든 쉽게 배운다

이 세상에서 가장 중요한 것은
내가 어디에 있는지가 아니라
어디로 가는지를 파악하는 일이다.
- 올리버 웬들 홈스

"어떤 질문이 내 아이의 성장을 도울 수 있을까?"

아이와 함께 지내다 보면 자꾸만 '답해야 하는 상황'에 놓이게 된다. 아이와의 시간은 결국 질문과 답변의 연속이다. 그런데 귀찮은 마음에 대충 대화를 마무리할 때가 있다. 하지만 질문을 가로막고 대화를 종결하는 표현은 아이의 지적 성장에 매우 안 좋은 영향을 미치는 나쁜 행동이다. 아이와 대화할 때는 다음 세 가지 방향을 기억해야 한다.

• 눈높이를 맞추자. 평가와 감상을 포함한 아이와의 모든 대화는 단언

이나 강요가 아닌 부드러운 질문 형식을 취해야 한다.

- 상상을 더하자. 신문기자처럼 사실 위주로만 상황을 설명하고 질문하면 아이의 생각을 자극하기 힘들다.
- 질문에 희망을 담자. 아이의 내일이 기대되는 질문을 해야 기대할 수 있는 내일을 맞이할 수 있다.

이 지향점을 잊지 말고 다음의 세 가지 팁을 활용해 질문을 재구성해보자.

하나, 의미 부여하기

아이가 피아노 연주를 마치고 당신의 감상평을 기대하고 있다. 이럴때 당신은 보통 어떤 말을 해주는가? 쉽다고 생각할 수 있지만 결코쉬운 일이 아니다. 혹시 이런 칭찬이 떠오르는가?

"피아노를 정말 멋지게 연주하네."

이런 평면적인 말이 아닌 입체적인 질문을 던져야 한다.

"정말 멋진 연주구나! 기분이 안 좋은 친구들에게 네 연주를 들려주면 얼마나 좋아할까?"

이렇게 평범한 감상평마저 질문의 형식으로 의미를 부여하면, 아이는 자기의 피아노 연주가 혼자만의 기쁨이 아닌 수많은 사람의 기쁨이 될 수 있다는 사실을 알게 될 것이다. 인간은 스스로 의미가 있다고 생각한 일에 더욱 몰입한다. 아이들도 마찬가지다. 위대한 지적 성장은 언제나 사소한 일상에서 아이가 의미를 발견하면서 시작된다. 아이가 움직이지 않는다고 불평하지 마라. 부모가 뗄 의미를 부여하면 아이는 뛰지 않을 수가 없다.

둘, 자신을 제대로 알게 하기

소설가 프란츠 카프카는 "책은 우리 안의 얼어붙은 바다를 깨뜨리는 도끼여야 한다"라고 말했다. 나는 그의 조언이 결코 독서에만 국한된 것이라고 생각하지 않는다. 넓게 바라보면 그는 '나를 안다는 것의 중요성'에 대해 말하고 싶었던 것이 아니었을까? 책으로 자신의 무지를 깨뜨리기 위해 우리는 먼저 자신이 무엇을 모르는지 알아야 한다. 아무리 좋은 도구도 그것을 사용할 곳이 어딘지 모르면 무용지물에 불과하다.

여기서 '노력'이라는 단어의 의미를 생각해볼 필요가 있다. 치열하게 노력해본 경험이 있는 자만이 누군가의 노력을 가장 잘 발견하고 진심으로 인정해줄 수 있다. 단 한 번도 제대로 노력해본 적이 없는 사람에게는 모든 성장이 한낱 운으로 보인다. 그런 사람에게는 자신을 진정으로 알수 있는 기회가 주어지지 않는다. 일상에서 자신과 타인을 연구하지 않기 때문이다.

아이들은 종종 자신이 열심히 만든 무언가를 갖고 와 부모에게 평가를 부탁한다. 또는 자신의 연주나 글을 선보이며 부모의 감상을 기다린다. 이럴 때 어떤 부모는 아이들의 기가 죽을까 봐 "우리 아이 참 잘했네"라고 말하며 현실을 외면하려고 한다. 물론 어느 정도 그런 배려도 필요하지만, 두 번에 한 번 정도는 현실을 자각할 기회를 주자.

"분명히 더 잘할 수 있을 것 같은데 엄마랑 같이 한번 해볼래?"

아이가 혼자 완성하는 게 힘들면 부모가 옆에서 도와주면 된다. 부모님과 함께해서 더 잘 만들어냈다는 희열감을 아이 가슴속에 심어주는 게 중요하다. 그런 아이는 노력의 가치를 알게 될 것이며, 자신의 수준을 알게 된 후엔 성장을 위해 누가 옆에서 시키지 않아도 스스로 분투할 것이다.

셋, 순간순간 행복하기

한 세기를 대표하는 농구 선수 마이클 조던은 선수로서 마지막 슛을 던진 후 이렇게 말했다.

> 힘든 상황이 언제 찾아올지 나는 모릅니다. 그래서 저는 연습을 실전처럼 하죠. 경기 중에 어떤 어려운 상황에 닥쳐도 나를 내 몸에 맡기면 됩니다. 그게 바로 우리가 열심히 연습해야 하는 이유입니다.

연습을 실전처럼 한다는 것은 참 어려운 일이다. 하지만 그 고된 과정을 거치고 나면, 예상치 못한 상황을 쉽게 헤쳐 나갈 수 있고 최고 수준으로 성장할 수 있다. 우리는 대개 저 멀리 떨어진 목표 지점만 바라보며 뛴다. 그런데 거기까지 가는 기나긴 과정 자체에는 전혀 신경을 쓰지 않는다. 목표 지점에 도착했다는 잠시의 희열을 느끼기 위해 아주 긴 시간을 인내하며 산다.

생각의 틀 자체를 바꿔야 한다. 1분의 희열을 위해 1년을 바칠 수는 없는 노릇 아닌가? 지적 성장을 거듭한 철학가와 과학자 등 위대한 지성인들의 공통점은 너무 멀리 있는 목표에는 집중하지 않았다는 것이다. 그들은 오히려 자신이 살아가는 그 짧은 순간에 무섭게 몰입했다.

이제부터는 아이가 무엇을 하든 늘 다음과 같은 세 가지 질문으로 시작하게 하자.

하나, 내가 지금 이걸 하는 이유는 무엇인가?
둘, 이 일은 나를 행복하게 하는가?
셋, 나는 사랑한다고 말할 수 있는 일을 하고 있는가?

무슨 일을 하든 어떤 지식을 배우든 그 대상은 중요하지 않다. 중요한 것은 그것을 바라보는 아이의 마음이다. 그것을 왜 하는지, 자신을 행복하게 하는 일인지, 진정으로 사랑하는 일인지 제대로 파악해야 한다. 사랑해야 성장하는 이유는 사랑하면 모든 것을 바치기 때문이다. 아이가 무언가를 시작할 때마다 지겨워도 반복해서 물어보자. "그 일을 사랑하는 이유가 무엇이니?”

부모가 아이의 일상에 사랑을 가득 담아 의미를 부여하고, 그 사랑의 힘으로 아이가 자신의 현재 수준을 제대로 파악할 수 있게 된다면, 아이는 그 누구보다 빠르게 성장할 것이다. 이제 아이가 무언가를 시도하거나 배울 때 늘 위에 나열한 세 가지 질문을 스스로 던지게 해보자. 그렇게 하면 부모와 아이가 존재하는 모든 공간이 지혜로운 교실이 될 것이다.

"무언가를 배웠는데 질문하지 못한다면
아무것도 안 쌓였다는 뜻입니다."

05
배움을 즐기는
삶의 전문가로 키우는 질문

배우지 않는 천재는 광산 속의 은이나 마찬가지다.
- 벤저민 프랭클린

삶의 전문가가 된다는 것은 어떤 의미일까? 세상이 아무리 변하고 환경이 달라져도 조건에 구애받지 않고 자신의 생각과 지식을 바탕으로 자유로운 삶을 산다는 것을 뜻한다. 이런 삶을 누리기 위해서는 일단 잘 배울 줄 알아야 한다.

　세상에는 아무리 많은 시간과 돈을 투자해도 배움의 깊이와 넓이를 확장시키지 못하는 사람이 있다. 아이도 마찬가지다. 우리 아이가 아무리 주변에서 도와주고 아이 스스로 열심히 배우려고 노력해도 좀처럼 나아지지 않는다면 이 이야기에 귀를 기울이기 바란다. 남들보다 유독 잘 배우는 사람들에게는 공통된 특징이 하나 있다.

잘 배우는 아이는 자신이 지금 배울 수 있는 것은 치열하게 배우지만,
도저히 배울 수 없는 것은 조용히 존경한다.

무언가를 배우기 위해서는 서두르지 말아야 하고, 또한 경쟁하려고
하지 말아야 한다.

'그 정도는 나도 충분히 할 수 있어.'

'두고 보자, 내가 금방 따라잡을 거야.'

이런 오만한 생각과 과도한 경쟁심으로 무언가를 배우는 사람은 참
된 성장에 도달할 수 없다. 배움에도 수준이 있다. 지금 배울 수 있는
것이 있고, 더 긴 시간이 지난 후에 도전할 수 있는 높은 경지도 있다.
만약 후자라면 존경하는 마음을 갖고 나중을 기약하는 것이 현명하다.
그래야 지금 당장 배워야 할 것에 집중할 수 있다. 지금 배울 것과 나
중에 배울 것을 스스로 구분할 줄 아는 아이가 삶의 전문가로 커나갈
수 있다.

샘이 많은 아이들은 좀처럼 상대를 인정하지 않는다.

"나도 얼마든지 할 수 있어!"

이렇게 주상하며 눈과 귀를 닫은 채 아까운 시간을 버린다. 피아노
를 10년간 친 사람과 이제 막 피아노 건반을 만져본 사람이 같은 수준
의 곡을 연주할 수는 없다. 만약 아이가 친구의 피아노 연주 실력을 보
고 질투를 내거나 열등감에 빠진다면, 먼저 친구와 아이가 피아노를

연주한 시간의 간극을 설명해주자. 그런 뒤 친구가 열심히 노력한 그 시간에 존경을 표하는 자세가 필요함을 알려주자.

그리고 이렇게 질문을 반복해서 자연스럽게 아이가 그 사실을 깨닫게 해보자.

"왜 너와 친구의 피아노 연주 실력이 차이가 날까?"

"친구가 훨씬 더 많은 시간을 피아노 연습에 투자했기 때문이 아닐까요?"

"그렇다면 지금 네게 가장 필요한 건 무엇일까?"

이런 질문을 반복해 던져 아이의 입에서 현명한 답이 나오게 유도해보자.

"저에게 지금 필요한 건 재능이 아니라 시간이네요."

아이가 이렇게 대답할 수 있다면 그때부터 아이는 배움을 거부하지 않는 자기 삶의 전문가로 성장하게 될 것이다.

어떤 일이든 그 나름의 수준과 차례가 있는 법이다. 시간과 노력을 투자해 하나하나 단계를 밟아 나가야 한다는 배움의 원리를 스스로 깨닫게 해야 한다. 이 단순한 진리를 받아들이는 과정이 바로 삶의 전문가가 되는 길이기도 하다.

나는 지금까지 배움에도 단계가 있다는 것을 강조했다. 내가 생각하는 마지막 단계는 배우는 과정을 예술로 승화하는 것이다. 뭐든 깊어지면 예술이 된다. 어렵게 생각하지 말자. 일단 아이와 나누는 연속적인 반응의 깊이가 매우 중요하다. 아이와 많은 시간을 함께 지내는 사람은 매우 의미 있는 사실 하나를 알고 있다.

이때 두 개의 사실을 기억하자. 하나는 '서로에 대한 반응은 조금씩 서로를 알게 만든다는 것'이고, 나머지 하나는 '예술은 인간의 이해력에서 나온 것'이라는 사실이다. 그런 마음으로 예술 작품을 감상하며 자연스럽게 나오는 서로의 반응을 나누면, 아이들에게 배우는 과정을 예술로 승화하는 것이 무엇인지 알려줄 수 있다.

먼저 아이들은 자신이 이해한 것만 볼 수 있다는 사실을 기억하며 접근하자. 작품의 정보를 들려주며 암기력을 시험하듯 정보를 묻지 말고, 또 즉각적인 느낌을 질문하며 당장 뭘 느끼고 있는지 묻지 말고, 몇 개의 작품을 보여준 후 시간이 조금 지나기를 기다리자. 아이의 생각이 조금 정리가 되었다는 느낌이 들었을 때 이런 질문으로 시작해 보자.

"가장 멋진 작품이 뭐였어?"

이때 중요한 건 세상의 기준에서 나온 질문은 아이의 생각을 전혀 자극하지 못한다는 사실이다.

"여기에서 가장 유명한 작품이 뭔지 알아?"

"사람들이 가장 좋아하는 작품이 뭘까?"

무엇도 함부로 정의하지 말고, 아이가 스스로 정의하게 하자. 아이가 어떤 작품이 멋지다고 생각한 이유는 그 대상에 대한 이해도가 다른 작품보다 깊다는 증거다. 이해하면 배울 수 있고, 세상에 표현할 수 있다. 유명한 작품을 보여주는 것보다 어떤 작품이라도 좋으니 아이가 자기 느낌을 자연스럽게 말하도록 돕는 것이 중요하다. 아이 스스로 바라보고, 느끼며, 가슴에 담게 하자. 더 많은 것을 이해할 수 있다면, 그만큼 아이는 배움이라는 공간에서 자유를 얻을 것이다.

06

공부 잘하는 아이는
언제 어디서나 거침없이 질문한다

의심스러운 것을 묻는 것을 부끄러워하지 마라.
잘못이 바로잡히는 것을 두려워하지 마라.
- 에라스뮈스

탁구는 하나의 공으로 두 사람이 싸우는 경기지만 누군가는 이기고 누군가는 진다. 주먹보다 작은 탁구공의 회전과 속도를 자유자재로 변주하는 자가 승리를 차지한다. 물론 노력도 중요하지만, 동일하게 주어진 조건 안에서 그 상황을 자신에게 유리하게 활용해 승리의 결과를 만드는 역량이 그 무엇보다 중요하다. 그런 의미에서 탁구 선수를 비롯한 모든 구기 종목 선수들은 코트 위의 창조자다.

자연도 마찬가지다. 인간에게 자연은 그야말로 모든 창조의 시작이자 영원히 사라지지 않는 생각의 재료다. 하지만 자연에서 무언가를 얻는

"무언가를 배웠는데 질문하지 못한다면
아무것도 안 쌓였다는 뜻입니다."

다는 것은 매우 어려운 작업이다. 변주할 수 있는 능력이 없는 자에게는 그저 지루한 녹색의 연속일 뿐이기 때문이다. 자연은 모든 영감을 니름의 방식으로 배치해두었다. 창조적인 질문가는 자연의 행간에 숨은 원리를 발견해 자신만의 방식으로 변주한다. 누군가의 마음의 눈에 담긴 뒤 다시 세상에 나온 자연은 이전과는 전혀 다른 형태가 되어 있다.

이를테면 뉴턴의 '만유인력의 법칙'이 그것이다. 그는 사과가 나무에서 떨어지는 너무나 평범한 사실을 그저 관찰했을 뿐이다. 하지만 뉴턴의 마음을 거쳐 세상에 나온 그 자연의 모습은 '모든 물체 사이에는 서로 끌어당기는 힘이 작용한다'는 역사상 가장 위대한 자연 법칙으로 변주됐다. 세상에 없던 것이 아니라 이미 존재하는 것을 다양한 각도로 변주해서 창조한 것이다.

공부를 잘한다고 해서 그 아이가 뛰어나거나 창조력이 우수하다고 말할 수는 없다. 이 세상 모든 부모들의 아주 오래된 슬픔이자 착각이 하나 있다.

"우리 아이가 머리는 좋은데 성적이 잘 안 나와요."

오랜 세월 반복되며 사라지지 않고 우리 곁에 떠도는 이 문장에는 어떤 의미가 있을까? 질문으로 문장을 해체하며 본질을 제대로 파악해보자. 문장을 질문 형식으로 바꾸면 본질을 쉽게 발견할 수 있다.

머리 좋은 우리 아이가 왜 성적이 잘 안 나올까?

냉정하게 답하면 이렇다.

"머리가 좋다면, 공부를 잘해야 한다."

그렇다면 이 질문을 던진 부모의 아이는 결코 머리가 좋은 것이 아니다. 대한민국의 수많은 부모가 "우리 아이가 머리는 좋다"라고 확언하는 이유는, 아이가 어린 시절 순간적인 암기력으로 높은 시험 점수를 받은 적이 몇 번 있었기 때문일 것이다. 그때의 기억이 '우리 아이는 마음만 먹으면 언제든 다시 잘할 수 있다'는 막연한 희망을 갖게 하는 것이다. 그리고 그런 착각은 후회와 함께 평생 이어진다. 너무나 큰 비극이다.

빨리 허상에서 벗어나자. 그래야 방법을 찾을 수 있다. 아이는 머리가 좋은 것이 아니라, 순간적인 암기력을 발휘했을 뿐이다. 학년이 올라갈수록 암기력만으로 해결할 수 없는 과목이 많아지기 때문에 성적이 떨어지는 것은 당연하다. 다시 말하지만, 머리가 좋다면 공부를 잘해야 한다. 그렇다면 머리가 좋다는 것은 무엇을 말하는 걸까? 나는 단순히 지능이 전부라고 생각하지 않는다. 바로 앞서 언급한 뉴턴처럼 '세상을 변주하는 힘'이 필요하다. 지식을 쌓는 것도 좋지만 그것을 주변 환경과 어떻게 결합해서 변주할 것인지를 파악할 수 있어야 한다.

이때 필요한 두 가지 덕목이 바로 도덕성과 사랑이다.

자신을 사랑할 수 있는 자만이 도덕을 실천할 수 있고,
도덕성을 가진 아이는
순리를 거스르는 행동을 하지 않고 정진하므로
끝이 없는 성장을 거듭한다.

공자의 말에 내 생각을 연결한 문장이다. 자신을 사랑할 수 있다는 것은 내면에 자신을 향한 믿음이 분명하다는 증거고, 도덕성을 실천한다는 것은 세상을 남다르게 관찰한다는 증거다. 그리고 이 두 가지를 관통하는 아주 뜨거운 물질이 바로 '질문'이다. 세상을 향해 질문할 수 있어야 불신을 믿음으로 바꿀 수 있고, 불행도 행복으로 만들 수 있다. 그러므로 이제 머리가 좋다는 말은 이렇게 바꿔야 한다. 그래야 우리가 그 말을 오해하지 않고 아이들 삶에 쉽게 적용할 수 있다.

"머리가 좋은 아이는 어떤 상황에서도 거침없이 질문을 던질 줄 안다."

자, 그렇다면 '거침없이 질문을 던질 줄 안다'는 것은 무엇을 의미할까? 질문의 진정한 힘은 '같은 재료를 다양하게 변주할 수 있다'는 것이다. 우리는 남이 차려준 밥상보다는 고작 라면 하나를 먹더라도 스스로 만든 음식을 먹을 때 더 큰 즐거움을 느낀다. 아무리 수준이 높은 지식일지라도 타인의 생각으로 이루어진 지식보다는, 자신이 탐구하고 발견한 지식을 흡수할 때 훨씬 더 큰 만족감을 느낀다. 그리고 이 탐구와 발견은 물론 질문에서 비롯한다.

수업 시간에 선생님이 "자, 질문하세요"라고 말하면 99퍼센트 이상이 손을 들어 질문하지 않는다. 왜 그럴까? 스스로 발견한 지식이 별로 없기 때문이다. 수동적으로 받아 적기만 해서는 질문거리를 찾아낼 수 없다. 하지만 희망은 있다. 이렇게 공부한 아이들도 집에만 가면 태도가 달라진다는 것이다.

아이들은 일상에서 무언가 특이하고 흥미로운 것을 관찰하면 조르

르 부모에게 달려가 자신의 발견과 탐구를 열심히 설명한다. 이때 부모가 적극적인 질문으로 아이의 생각을 자극하면 아이는 그 질문에 답하며 이미 자신이 알고 있던 사실과 새롭게 알게 된 사실을 연결하고 변주하며 스스로 성장한다. 이것이 바로 내가 말하는 작은 질문을 통해 아이가 자신의 일상을 자유자재로 변주하게 만드는 인문학 질문법의 핵심이다.

여기에서 가장 중요한 것은 아이가 무언가를 한참 바라볼 수 있도록 충분한 시간을 주어야 한다는 것이다. 그리고 발견한 것을 열심히 설명할 때 차분하게 경청해주는 것이다. 설사 이미 아는 이야기일지라도 전혀 몰랐던 이야기를 듣는 사람처럼 놀랍고 신기한 반응을 보이며 아이의 지성을 자극해줘야 한다.

모든 창조는 거침없는 질문에서 시작되었다는 사실을 잊지 말자. 이제는 정말 남과 다르지 않으면 살아갈 수 없는 세상이다. 어떤 상황에서도 당당하게 질문하며 자신에게 주어진 상황을 때에 맞게 적절히 변주할 수 있다면, 그 아이는 요동치는 세상 속에서도 묵묵히 자기 몫 이상을 하며 근사한 인생을 살 수 있을 것이다.

07

질문을 던질 수 있다면
자연에서도 배울 수 있다

사람은 호기심이 없어지면서 늙는다.
- 피터 드러커

우리는 '창조'와 '혁신'이 가장 중요한 가치인 시대에 살고 있다. 이런 시대에는 그 무엇보다도 '자기만의 삶의 방식'을 깨닫는 게 가장 중요하다. 많은 언론 역시 이렇게 살 줄 아는 사람만이 미래 시대에도 제대로 살 수 있다고 조언한다. 나는 언제나 본질이 중요하다고 생각한다. 독일의 위대한 작곡가 클라라 슈만은 작곡을 대하는 자신의 마음을 이런 글로 남겼다.

"작곡은 제게 큰 기쁨입니다. 세상에 창작의 기쁨을 능가하는 것은 없습니다. 시끄러운 소음이 가득한 생활 속에서 짧은 시간이라도 자신을 둘러싼 소리와 관계를 잊는 시간을 가질 수 있으니까요."

창조, 혁신, 질문 등 우리가 추구하는 모든 것의 본질은 결국 '기쁨'이다. 기쁨을 느낄 수 없다면 부모도 아이도 서로 힘을 낼 수 없고, 배우고 익힌 모든 것이 큰 의미를 가지기 힘들다. 기쁨을 느끼기 위해서 필요한 것이 바로 사물의 본질에 다가서는 과정이다. 이 부분은 매우 중요하니 커피 향기를 느끼는 것처럼 차분하게 읽기를 바란다.

쏟아지는 정보가 아이에게 아무런 영향도 주지 못하는 이유는 그 정보의 본질을 아이 스스로 발견하지 못했기 때문이다. 요즘 아이들은 일상에서 예전보다 훨씬 다양한 것을 자주 체험하며 살고 있다. 딸기 농장 체험, 유럽 인문학 체험, 치즈 만들기 체험 등 주변을 돌아보면 온갖 체험이 가득하다. 텃밭을 가꾸는 가족의 숫자도 부쩍 늘었다. 아이에게 자연을 보여주려는 부모가 점점 늘고 있다.

하지만 문제는 이것이다. '본질을 제대로 보여주고 있는가?' 깊은 생각 없이 체험만 해서는 아무것도 얻을 수 없다. 무엇을 발견할지, 무엇을 얻을지, 무엇을 느낄지에 대한 질문을 던진 뒤 시작해야 가장 값진 것을 얻을 수 있다. 어떤 상황을 통해 아이의 생각을 깨워 기쁨을 누리게 하려면 거기에 맞는 질문이 필요하다. 여기서는 텃밭 가꾸기를 예로 삼아 '사물의 본질에 다가가는 질문의 세 방향'을 설명할 테니, 아이의 일상에 반드시 적용하겠다는 강한 의지로 읽어보자.

첫 질문은 '사람'이다.

"우리 예쁜 아가, 텃밭 가꾸기 힘들었지?"

이런 질문으로 다가가 먼저 아이의 생각을 깨우자. 그럼 아이는 자신이 그간 힘들게 노력한 부분에 대해서 하나하나 언급할 것이다. 그렇게 말하며 아이는 스스로 자신의 소중한 경험을 마음속에 '저장'한다. 억지로 외운 지식은 세월이라는 바람에 날아가지만, 스스로 마음에 새긴 지식은 죽는 날까지 사라지지 않고 그 사람 곁에 남아 지적인 삶을 위한 평생의 재료로 쓰인다. 그래서 첫 질문이 중요하다. 다음 질문으로 이어지는 교두보 역할을 하기 때문이다.

두 번째 질문은 '공간'이 중심이다.

"네가 정말 열심히 노력한 거 잘 알지. 그런데 과연 네가 혼자 한 걸까? 무엇 때문에 농사가 가능했을까?"

이렇게 아이의 시선이 공간으로 향하게 만들자. 아이가 노력의 위대함을 깨달았다면, 이제는 공간을 중심에 둔 두 번째 질문으로 더 큰 존재에 대해 인식하게 해야 한다.

"밭이 있어서 가능했어요. 밭이 없었다면 아무리 사람이 많아도 농사를 시작할 수 없을 테니까요."

인간은 가끔 물을 주거나 비료를 뿌렸을 뿐, 24시간 내내 농작물을 돌보며 분투한 것은 밭이다. 그렇게 아이는 누군가의 노력 뒤에는 그를 돕는 더 큰 존재가 있음을 알게 되고, 이와 동시에 공간의 중요성도 깨우치며 더 넓은 세계로 생각을 뻗어나간다.

마지막 세 번째 질문의 주인공은 '시간'이다.

"맞아, 밭이야말로 정말 24시간 내내 농작물을 돌보며 수고했지. 하지만 그게 전부일까? 농작물이 성장하려면 마지막으로 무엇이 있어야 할까?"

아이의 입에서 햇볕과 비, 그리고 적절한 온도가 나올 수 있도록 질문하자. 그리고 그 모든 것을 하나로 통합할 문장을 하나 제시하자.

"사람이 한 게 아니라 밭이 한 것이고, 밭이 한 게 아니라 결국 시간이 해낸 것이다."

아이와 대화를 마칠 때는 이렇게 한 줄 요약으로 정리해주는 게 좋다. 나중에라도 아이가 그 한 줄 요약을 떠올리며 본질에 다가가기 위해 스스로 던졌던 세 가지 질문을 기억해낼 수 있기 때문이다.

자연을 구성하는 모든 것을 따로 생각하지 않고 하나로 존재하는 생명이라고 여겨야 비로소 그것들을 제대로 관찰할 수 있다. 1년이라는 시간이 밭에 따스한 햇볕과 적절한 온도를 내어주었기 때문에 밭도 인간도 농작물도 제대로 잘 자랄 수 있었던 것이다.

세상에 존재하는 모든 것의 본질은 '사람'과 '공간'과 '시간'이라는 이 세 단어 안에 존재한다. 어떤 상황에서도 아이에게 사물의 본질에 가닿는 기쁨을 느끼게 해주고 싶다면, 사람과 공간과 시간이 중심에 있는 질문들을 차근차근 던지며 아이 스스로 세상 이치의 근본을 발견하게 하자. 이제 아이는 자연에서도 생명의 원리를 배울 줄 아는 어른으로 성장할 것이다.

08

일상이 질문이 되는
괴테의 3가지 지적 태도

재능은 고요함 속에서 빚어지고,
인성은 세상의 급류 속에서 빚어진다.
- 요한 볼프강 폰 괴테

아이의 지성을 자극하려면 부모가 먼저 지성을 겸비해야 한다. 자기 안에 없는 것을 줄 수 있는 사람은 없다. 나는 지난 10년 이상 괴테가 쓴 책을 읽으며 괴테와 상상의 대화를 나누었다. 그 결과 괴테가 실천 하였던 지식인의 태도를 내 삶에도 적용할 수 있게 되었다.

20대 후반부터 시작한 독일 바이마르에서의 공직 생활에 염증을 느 낀 괴테는 서른일곱 번째 생일날 새벽에 몰래 집에서 빠져나와 이탈 리아 기행을 떠났다. 당시 괴테는 바이마르공화국의 재상으로 재직하 면서 바이마르를 유럽의 예술 중심지로 바꾸는 데 크게 일조했다. 그

랬던 그가 재상 자리를 박차고 나와 이름과 신분은 철저히 감춘 채 여행을 떠난 것이다. 그는 유럽을 떠돌며 완전히 새로운 사람으로 태어났다. 이미 지적으로 충분히 성숙했던 그가 이런 기행을 자처한 이유는 무엇일까? 괴테는 18개월간의 유럽 여행을 통해 깨달은 것과, 한 단계 성숙해진 자신의 모든 지혜를 총 세 편의 『크세니엔』(괴테와 실러가 함께 집필한 2행시 시집)에 담았다. 나는 괴테의 이 위대한 유산을 읽으며 괴테야말로 내가 주장하는 인문학 질문의 진정한 첫 번째 실천가라는 사실을 알게 되었다.

그는 당시 세상이 자신에게 던지는 질문의 방향을 틀었다. 그 결과 완전히 다른 답을 찾아낼 수 있었다. 이탈리아 기행을 떠나기 전에도 이미 괴테는 독일의 지성으로 많은 사람의 존경을 받았지만 그의 실상은 그렇지 않았다. 창작은 지지부진했고, 스스로 발전하지 못하고 있다는 생각에 끝없이 고뇌했다. 그때 그는 자신에게 이렇게 물었다.

"지성인은 누구를 말하는 걸까?"

"나는 내가 지성인이라고 당당하게 외칠 수 있나?"

그렇게 그는 지성인에 대한 다른 답을 찾아낼 수 있었다.

"가장 지적인 사람은 가장 배우기에 힘쓰는 사람이다."

지성인은 이미 많은 것을 배운 사람이 아니라, 지금 배움에 힘쓰는 사람이라는 생각이 그를 깨웠다. 그가 전하는 세 가지 삶의 태도를 실천한다면, 변화가 필요한 순간 그가 가장 적절한 질문으로 현실의 문제를 해결한 것처럼, 아이를 위한 지혜로운 질문을 던질 수 있는 부모로 다시 태어날 수 있을 것이다.

"무언가를 배웠는데 질문하지 못한다면
아무것도 안 쌓였다는 뜻입니다."

하나, 선한 의지에서 시작하라

지성과는 거리가 먼 아이의 삶을 변화시키고 싶은 부모라면, 자신 또한 성숙한 지혜를 갖출 수 있기를 바랄 것이다. 이런 마음을 가진 부모는 많지만 누구나 쉽게 지성을 갖추는 것은 아니다. 변화는 왜 이루어지지 않을까? 괴테는 「최후의 방법」이라는 글에서 이렇게 답한다.

> 위에 통찰이 없고 아래에서 선한 의지로 받아주지 않으면, 곧바로 폭력이 통치하거나 폭력이 분쟁을 종식시킨다.

아무리 아는 것이 많고 똑똑해도 선한 의지가 없으면 아이에게 지혜를 전해줄 수 없다. 선한 의지가 지식의 방향을 제대로 잡아줄 때 아이와 부모의 지성은 아름답게 성장한다. 간혹 '이것은 선한 의지에서 시작한 일이 맞나?'라는 의심이 들 때도 있을 것이다. 이때 아주 간단한 방법으로 자신의 의지가 선한 것인지 악한 것인지 구분할 수 있다. 다시 자신에게 질문하면 된다.

"이것은 단순하고 간단하게 이루어져 있는가?"

예를 들어 길에서 돈을 구걸하는 사람을 도와주며 힘든 사람을 돕는다는 것이 무엇인지 아이에게 알려주고 싶다면, 굳이 아이가 옆에 있을 때, 혹은 굳이 지나가는 사람을 의식하며 지폐가 아닌 동전 몇 개만 꺼내주는 것은 올바른 행동이 아니다. 그 안에 이미 다양한 욕망이 녹아 있기 때문이다. 그저 일상에서 나눔을 실천하는 자연스러운 행동을 보여주면 아이는 부모의 그런 '선한 의지'에서 값진 것을 배울 수 있다. 선한 것은 언제나 간단하지만 악한 것은 수많은 욕망이 섞여 있어 복잡하다. 그것만 제대로 구분할 수 있다면 언제나 선한 의지로 아이를 지성의 세계로 인도할 수 있다.

둘, 자유를 누릴 자격을 가져라

직장에서 업무를 마친 사람이 퇴근 후 비로소 자기 시간을 즐길 자유를 얻을 수 있는 것처럼, 그날 꼭 해야 하는 숙제를 끝낸 아이 역시 게임을 즐길 자유를 누릴 수 있다. 이처럼 자유를 누릴 수 있다는 것은 마치 숙제처럼 여기저기에 흩어져 있는 인생의 과제들을 스스로 온전히 책임지겠다는 의지를 품었다는 뜻이다. 진정한 자유란 도덕성, 인성, 가치관 등 내면에 흠결이 없을 때 비로소 날개를 펼친다. 지금은 불완전하지만 나아지려고 노력한다면, 자유라는 근사한 날개를 자기 삶에 달 수 있다. 괴테는 그 상태를 이렇게 표현한다.

자유는 모든 것 중에서 가장 아름다운 장식이지만
누구에게나 어울리는 장식은 아니다.

아이에게만 자유로운 삶을 강요하고 창의적인 아이디어를 요구하지 말고, 부모가 먼저 자신이 어디든 가고 싶을 때 갈 수 있는 인생을 살

라. 어디에도 속하지 말고, 타인을 구속하지도 말라. 그래야 그대의 자유가 힘을 얻을 수 있고 아이에게도 진실한 질문을 던질 수 있다.

셋, 시를 사랑하는 마음을 품어라

지성은 이성과 감성이 균형을 이룰 때 더욱 깊고 강해진다. 삶에 감성을 더하는 길은 시를 사랑하고, 궁극적으로 시처럼 사는 것이다. 하지만 가끔 사람들은 그게 무슨 소용이냐고, 대체 시가 인생에 어떤 도움을 주느냐고 묻기도 한다. 괴테는 이렇게 답했다.

시가 무슨 소용이 있냐고 묻는 너에게 이렇게 말하고 싶다.
그대여, 현실은 대체 무슨 소용이 있는가?

물론 현실도 중요하다. 그러나 여기에서 괴테가 말하려는 것은 더 나은 날을 향한 '아름다운 방황'일 것이다. 지성과 이성은 각자 방황하지 않고 서로를 도와야 한다. 감성이 이성을 이끌어야 할 때도 있고, 이성이 감성을 이끌어야 할 때도 있기 때문이다. 무언가를 제대로 배우려면 같은 것을 다르게 볼 줄 알아야 하는데 바로 이때 사물의 속을 들여다볼 수 있는 감성이 필요하고, 눈에 보이지 않는 그것을 글과 말로 표현하기 위해선 이성이 필요하다. 시는 바로 이러한 균형을 배우기 위한 가장 좋은 교과서다.

선한 의지를 가슴에 품고 시를 사랑하는 자유로운 일상을 즐길 때, 그 사람의 삶은 지성으로 빛날 수 있다. 물론 쉽게 가질 수 있는 것들이 아니다. 그래서 질문이 어려운 것이다. 적당한 질문을 찾는 일은 매우 어려운 작업이다. 그러나 최고의 희망은 우리 곁에 있다는 사실을 잊지 말자. 아이와 밥을 먹을 때, 영화를 볼 때, 여행을 갈 때 세 가지 키워드만 기억하면 된다. 선한 의지, 자유, 시. 이 모든 것이 일상에 녹아들어 그대의 모든 것이 될 때, 사랑하는 아이를 위한 가장 아름다운 질문을 적절한 때에 현명하게 던질 수 있다.

"무언가를 배웠는데 질문하지 못한다면
아무것도 안 쌓였다는 뜻입니다."

09

부모의 질문력이
아이의 공부를 완성한다

실험실에서 생기는 아주 작은 일도
절대로 소홀히 다루지 마라.

- 알렉산더 플레밍

"아이에게 무슨 책을 사줘야 할까?"

"어떤 책을 선택해야 아이에게 도움이 될까?"

부모는 늘 고민한다. 책 한 권을 선택하는 일에도 치밀한 관찰이 필요하다. 텍스트 행간에 숨은 의미를 파악하는 눈이 있다면 선택은 매우 쉬워진다. 이를테면 잘 팔리는 책의 리뷰를 읽으면 '잘 팔리는 책을 쓰려면 어떻게 해야 하는가?'에 대해 알 수 있다. 독자는 새로운 내용도 중요하게 생각하지만, 평소 자신이 옳다고 생각하던 내용을 책에서 확인하려는 성향도 강하다. 독자의 이러한 욕구를 만족시키면 좀 더 수월하게 '팔리는 책'을 쓸 수 있다.

"그래 맞아, 역시 내 생각이 옳았어."

이런 리뷰로 가득한 책은 어김없이 베스트셀러다. 사랑받는 책에는 독자가 남긴 공감의 문장으로 가득하다. 좋은 작가는 독자들의 이 모든 감상평을 꼼꼼하게 읽은 뒤 그 안에서 그들이 원하는 바가 무엇인지 정확하게 파악해낸다.

"그래요, 당신이 옳아요. 그러니 계속 힘을 내서 살아봐요."

마치 독자에게 이렇게 말을 하듯이 책을 써야 세상에 빛을 전할 수 있다. 교감이 있어야 마음을 전할 수 있다. 그런데 이 모든 과정은 반드시 '관찰'하려는 마음이 있어야 가능하다. 바로 위에 적은 "교감이 있어야 마음을 전할 수 있다"라는 한 줄의 문장 역시 저절로 나온 것이 아니라 책의 리뷰를 관찰하며 얻은 문장이다. 물건을 사기 전에 구매 후기를 꼼꼼하게 확인하고 구입하는 것처럼, 아이에게 줄 책을 선택할 때도 신중하게 리뷰를 살펴본 뒤 자신만의 결론을 이끌어내야 한다.

하지만 아이를 사랑하는 부모는 여기에서 생각을 멈추지 않는다. 관찰한 것을 교육에 연결한다. 바로 이것이 일상의 관찰이다. 그들은 이렇게 질문한다.

"독자에게 사랑을 받는 책처럼, 아이에게 사랑을 받는 부모는 어떤 사람일까?"

당연히 아이가 듣고 싶은 말을 들려주는 사람이다. 그리고 이 답을 발견해낸 부모는 자연스럽게 다음과 같이 실천할 것이다.

"무언가를 배웠는데 질문하지 못한다면
아무것도 안 쌓였다는 뜻입니다."

'지금도 아이는 내게 끊임없이 무언가를 말하고 있다. 자, 이제 아이의 이야기에 귀를 기울여보자!'

제 말을 조금 더 친절하게 들어주세요.
저는 제가 학교에서 배운 것을 부모님과 나눌 때 가장 행복해요.
제가 원하는 건 값비싼 음식이 아니라
온 가족이 함께 웃으며 식사하는 그 순간이에요.

부모와 아이 사이에서 일어나는 모든 일은 위대하다. 단, 그 위대함은 치열하게 관찰하는 부모에게만 허락된다. 일상에서 일어나는 모든 일을 '관찰하는 눈'으로 바라보는 사람과 '회피하는 눈'으로 바라보는 사람이 살게 될 미래는 많이 다를 것이다. 아마 이런 생각을 한 번쯤은 해봤을 것이다.

'왜 모든 기회가 늘 같은 사람에게만 집중되는 걸까?'

정말 그럴까? "기회는 준비된 자에게 온다"라는 격언은 "기회는 꾸준히 관찰하는 자에게 온다"라고 바뀌어야 한다. 무언가를 관찰하는 행동이 습관으로 정착된 사람은 일상에서 남들보다 훨씬 더 많은 기회를 누리며 사는 것과 같다.

무려 18개월간 이탈리아 기행을 떠난 대문호 괴테가 그 시간 동안 반복한 유일한 행동은 결국 관찰이었다.

"만약 내가 세상에 없던 멋진 것을 쓰고 말하고 남겼다면 그 비결은 오직 하나의 문장으로 요약할 수 있다. '나는 관찰했다'라고 말이다."

관찰하는 부모는 자연스럽게 아이를 공부하게 한다. '공부머리'라는 것은 아이 스스로의 노력으로만 가질 수 있는 것이 아니다. 교과서만 읽어도 세상 만물을 앉아서 깨닫는 아이가 있고, 아무리 학원을 다니고 개인 과외를 받아도 아무것도 깨닫지 못하는 아이가 있다. 이 둘의 공부는 전혀 다르다.

진짜 공부란 책상 앞에 앉아 심각하게 하는 공부가 아니라,
괴테처럼 그냥 일상을 살며 저절로 깨우치는 공부다.

암기는 누군가 이미 만들어놓은 것을 그대로 배우는 강압적이고 수동적인 공부지만, 관찰은 존재하지만 누구도 발견하지 못한 새로운 지식을 스스로 깨치는 자율적이고 적극적인 공부다. 당연히 후자의 공부를 선택한 아이는 어떤 상황에서도 무언가를 주의 깊게 살펴보고 배우며 그것을 현실에 적용해 성장을 거듭할 것이다.

10
사물 뒤에 놓인 천만 가지 다양성을
꿰뚫어보는 아이

길을 잃었다는 것은 곧 새로운 길을 알게 된다는 뜻이다.
- 동아프리카 속담

"거봐, 목도리를 하지 않고 나가니까 감기에 걸렸잖아."

겨울만 되면 가정에서 흔히 들리는 대화다. 부모는 늘 아이가 중무장을 하고 밖에 나가기를 바라고, 아이는 귀찮고 움직이기 힘들어서 최소한의 옷만 입고 나가길 원한다. 끝끝내 목도리를 하지 않았던 아이가 콧물을 흘리며 귀가하면 부모는 기다렸다는 듯 이렇게 야단을 친다.

"내가 너 그럴 줄 알았지. 그러니까 목도리를 하고 나가라고 몇 번을 말했니?"

배움에
대하여

몸이 아프거나 생활에 어떤 문제가 생기면 부모는 '기회는 이때다' 싶어 자신이 평소 주장했지만 아이가 실천하지 않았던 것들을 꺼내며 잔소리를 한다. 숙제를 하지 못해 선생님에게 혼났다면 어젯밤에 숙제를 마치고 놀라는 말을 지키지 않았기 때문이고, 길을 걷다가 넘어졌다면 앞을 똑바로 보고 걸으라는 말을 어겼기 때문이다. 물론 어느 정도 맞는 말이다. 그러나 그물을 치고 먹이를 기다리는 사냥꾼처럼 아이가 어떤 잘못을 하면 기다렸다는 듯 잔소리를 하고 억지로 꿰맞추는 것은 아이의 성장에 결코 좋은 영향을 끼치지 못한다. 각각의 문제에는 부모가 생각하는 각각의 원인이 있지만, 부모는 마치 그것만이 모든 원인이라고 생각하며 자신의 말이 정답이라고 우긴다. 하지만 그런 나날이 이어지면 이제 아이는 반대로 이렇게 생각하게 된다.

'내가 감기에 걸리면 또 부모님은 목도리를 하지 않아서 그랬다고 훈계를 하시겠지?'

'내가 길을 걷다가 넘어지면 또 앞을 잘 보지 않고 걸었다고 혼을 내시겠지?'

모든 현상의 원인을 하나로 몰아 교육을 하면, 이처럼 아이는 하나의 결과가 수많은 원인에 의해 발생한다는 중요한 사실을 영영 배우지 못하게 된다. 더 안타까운 것은 아이의 생각을 편협하게 만들어놓고선 정작 부모는 아이에게 생각이 짧다고 꾸중한다.

"넌 왜 그렇게 단순하게 생각하니?"

입체적인 생각을 하지 못하는 아이의 현실을 한탄하지만, 정작 그 현실은 오래전부터 부모가 잘못 쌓아온 결과물이다. 마치 학교에서 실컷 주입식 교육을 해놓고선 아이들에게 창의성을 발휘하라고 요구하는 것과 같다. 사물의 다양성을 발견하려면 먼저 다양성이라는 표현을 자기 안에서 인정해야 한다. 세상의 모든 결과는 수많은 작은 요인이 모여 이루어졌다는 사실을 받아들일 줄 알아야 한다. 콧물을 흘리며 귀가한 아이에게 "목도리를 하지 않더니 결국 이게 뭐야, 감기에 걸렸잖아?"라고 묻지 말고 이렇게 질문을 던져 함께 생각할 수 있는 '사색의 공간'을 만들어보면 어떨까?

"우리 아이가 왜 감기에 걸렸을까?"

그 어떤 대답도 용납되고 그 어떤 불가능도 가능이 되는, 부모와 아이만 존재하는 이 따스한 공간에서 세상의 다양한 빛깔을 배우고 가르치자. 아이는 이와 같은 부모의 질문을 듣고 인터넷을 검색해서 감기에 대한 새로운 지식과 정보를 스스로 찾을 수도 있다.

- 감기는 200여 개 이상의 서로 다른 바이러스로 인해 발생한다.
- 성인은 1년에 2~4회, 소아는 6~10회 정도 감기에 걸린다.
- 감기 바이러스는 사람의 코나 목을 통해 들어와 감염을 일으킨다.
- 그래서 실내에서 생활하는 시간이 많은 가을과 겨울에 감기에 더 잘 걸린다.

이렇게 자발적으로 검색해서 찾은 공부는 온전히 아이 것이 되며, 오랫동안 사라지지 않고 머릿속에 남아 든든한 '지적 지원군'이 된다. 모든 문제에는 다양한 이유가 존재한다. 이 단순한 사실을 안다는 것은 대상을 존중하는 마음을 가지게 되었음을 의미한다. 그런 마음이 없다면 검색도 관찰도 할 수 없기 때문이다. 다음 두 가지 조언을 일상에서 실천하며 사물의 다양성을 발견할 줄 아는 아이로 자라게 도와주자.

위대한 실수 기록장을 만들자

'실수하는 아이'와 '독창적인 아이'는 같은 말이다. 실수를 했다는 것은 세상이 정한 기준에서 벗어났다는 뜻이지, 아이의 기준에서 보면 틀린 것은 아니다. 오히려 아이는 자기만의 독창적인 방법을 하나 찾아낸 것이다.

그러나 어른들이 전파하는 세상의 기준에 익숙해지면서 아이들은 점점 '세상에서 벗어난 생각'을 하지 못하게 된다. 지식의 역사를 돌아보면, 때론 정반대에 있는 말이 하나의 몸에서 나오는 경우가 적지 않다. 그 사실을 깨우친 아이는 다른 아이는 모르는 새로운 세상을 하나 얻게 되는 것이다. 멋진 실수가 독창적인 아이로 자라나게 한다. 만약 아이가 실수를 저질렀다면, 혼자만의 새로운 방법을 찾아낸 아이의 하루를 축복하며 그 내용을 한 주에 한 번이라도 짧게 기록하자. 그 순간의 기록은 아이 생각의 역사가 될 것이다.

당장 도전하지 않아도 괜찮다는 사실을 알려주자

'도전하지 않는 아이'는 '관찰하는 아이'와 같은 말이다. 아이가 새롭게 무언가를 시작하지 않는 이유는 두렵기 때문이고, 두려운 이유는 위험 요소를 아직 완전히 제거하지 못했기 때문이다. 그래서 도전하지 않는 아이는 반대로 말하면 모든 위험 요소를 하나하나 신중하게 관찰한 뒤 그것들이 모두 사라져야 발을 내딛는 차분한 아이라고 할 수 있다. 아이가 도전하지 않는다고 질책하지 말고, 더 깊게 관찰하려는 아이의 모습을 바라보며 격려하자. 모든 순간을 그냥 지나치지 않고 세심히 관찰하는 아이는 세상을 조금 더 섬세하게 바라보는 어른으로 성장할 것이다.

그리고 이때 가장 중요한 것이 부모의 역할이다. 부모가 먼저 세상과 사물을 대하는 시선의 폭을 넓혀야 한다. 사물의 다양성을 발견하려면 어떻게 해야 할까? 다음의 '다섯 가지 생각의 오류'를 바로잡으려는 노력이 필요하다.

하나, 많은 사람의 생각을 그대로 따라간다.

둘, 내 생활 방식을 아이가 그대로 따라 하도록 요구한다.

셋, 더 좋은 방법을 생각하지 않고 시간의 흐름에 맡긴다.

넷, 자신이 모르는 것은 모두 틀렸다고 말한다.

다섯, 작은 만족을 추구하며 실패할 가능성이 높은 일은 시도하지 않는다.

이런 잘못된 삶의 방식을 버린 뒤, 부모가 먼저 분명한 기준으로 단호하고 유연하게 세상과 사물에 대응하며 사는 모습을 보여주자. 하나의 답을 요구하는 질문에서 벗어나 1000개의 답을 열어두고 질문하자. 아이의 사색 공간이 1000배로 확장될 것이다.

이황이 자녀에게 전한
자기주도 공부 원칙

"어떻게 질문을 던져야
아이가 시키지 않아도
알아서 공부할까요?"

조선의 대학자 이황이 위대한 이유는 모든 배움에 앞서 주도적으로 자기 일상을 지배했다는 사실에 있다. 그는 일상을 주도하며 사람이 갖춰야 할 도덕과 학문을 특별한 스승 없이 혼자 익혔다. 세계 역사에서 그처럼 살았던 사람은 찾아보기 힘들다. 이황은 언제나 자기만의 방법으로 질문을 던지고 지식을 깨쳤다. 공부에 필요한 넉넉한 자료가 별로 없던 안동에서 태어난 그는 조선의 어떤 학자도 이루지 못한 학문적 성과를 거뒀으며, 이후에는 문하에 수많은 제자를 키우며 평생 성장을 거듭했다. 그의 공부를 관통하는 키워드는 바로 '자립'이다.

그가 삶에서 보여준 자기주도 학습의 기본은 '교학상장敎學相長'이었다.

교학상장: 서로 가르치고 배우면서 성장한다.

이황이 실천한 교학상장의 공부는 두 사람이 하는 공부가 아니라 자기 내면에서 홀로 수행하는 공부였다. 그는 언제나 <u>스스로 가르치고 스스로 배웠다.</u>

배운 다음에야 자신의 부족함을 알게 되고,
가르친 다음에야 자신이 깨친 지식의 문제점을 알게 된다.

그래서 이황은 늘 무언가를 배운 뒤 자신의 무지를 절감했으며, 제자들에게 무언가를 가르친 뒤 자신이 아는 지식을 늘 의심했다. 그렇게 그는 더 정확하고 올바른 지식을 찾기 위해 평생을 바쳤다. 그 치열한 마음이 바로 대학자 이황을 만들었다.

마흔두 살이 된 이황이 아들에게 편지 한 통을 보냈다. 과거를 보라고 권한 이황의 말에 아들이 "아직 공부가 부족해 용기가 나지 않습니다"라고 대답한 직후였다.

실망스럽구나. 네가 지금 부지런히 공부하지 않으면 세월은 쏜살같이
흘러가서 뒤쫓기가 쉽지 않다. 끝내 원하는 것을 이루지 못한 삶을 살
것이냐? 천 번, 만 번 마음에 새겨 소홀함이 없어야 할 것이다. 가을 추

수 따위의 집안일은 아예 신경도 쓰지 말고 공부하는 사람은 공부에만 몰두하라.

공부에는 때가 있다는 것을 그 누구보다 정확히 간파했던 그가, 자식에게 권한 자기주도 학습법의 핵심은 무엇이었을까? 그는 스스로 공부하는 지성인이 되기 위한 방법을 다음 네 가지 키워드로 정리했다.

{ 순리 }
"네가 지금 해야 할 것을 하라"

그는 "없으면 없는 대로 살자"라는 태도를 강조했다. 포기할 것은 빨리 포기하고 내가 지금 갖고 있는 것에 충실하면 된다는 것이다. 순리를 따르는 처신, 그리고 자기 할 일을 다한 뒤 하늘의 뜻을 기다리는 자세를 갖는 것만으로도 모든 배움을 자신의 것으로 만들 수 있다고 말했다.

{ 경계 }
"할 수 없다는 마음이 가장 큰 죄악이다"

'할 수 있다'고 생각하면 결국 하게 될 가능성이 높아진다. 하지만 불가능의 두려움에 파묻힌 채 살면 충분히 할 수 있는 일도 시도조차 못하고 포기하게 된다. 이황은 아직 일어나지도 않은 일을 두려워하는 어리석음이야말로 스스로 가능성을 파괴하는 지름길이라고 여기며 늘 경계했다. 그는 자식들이 공부에 소홀한 태도를 보일 때마다 "구차하게 '이제 틀렸다'는 탄식은 하지 말라"라고 조언하며 언제나 다시 시작할 수 있다는 사실을 알려줬다.

쏠모

"가장 중요한 일이 무엇인가?"

먼저 무엇을 해야 할까? 그는 쏠모를 가장 중요하게 생각했다. 이황은 공공연하게 "잡무에 휩쓸려 정작 중요한 공부를 하지 않으면 쏠모없는 사람이 될 뿐이다"라고 말했다. 가장 쏠모없는 일을 하느라 가장 소중한 일을 제쳐두지 않도록 늘 삶의 우선순위를 현명하게 정하라고 강조하면서, 지금 쏠모없는 일만 하는 것은 결국 자신의 내일을 쏠모없게 만드는 것과 같다고 늘 강조했다.

반복

"배우고 가르치며 완벽해진다"

이황이 실천한 '내면의 교학상장'은 마침내 우리가 도달해야 할 자기

"무언가를 배웠는데 질문하지 못한다면
아무것도 안 쌓였다는 뜻입니다."

주도 공부의 마지막 경지다. 배우면서 우리는 가르칠 힘을 얻고, 가르치며 다시 배울 힘을 얻는다. 이 중 한 가지만으로는 진정한 지성인의 삶에 도달하기 힘들다. 골방에 틀어박힌 채 배우고 가르치는 공부를 일상에 적용하지 않으면 세상에 도움을 줄 지식을 얻을 수 없다.

지금까지 언급한 이황의 자립 원칙은 아이가 한 번에 이해하기 쉬운 것은 아니므로 먼저 부모가 일상에서 실천하는 모습을 보여주는 게 가장 좋다. 부모가 일상에서 아이에게 자기주도 공부법을 가르치려면 어떻게 해야 할까? 아이 주변에서 일어나는 모든 일이 좋은 소재가 될 수 있다.

요즘에는 가족들이 텃밭을 가꾸는 게 유행이다. 아이가 부모와 함께 농사를 지으면 감자, 고구마, 옥수수, 양파 등 식탁 위에서 쉽게 접하던 각종 농작물을 키우는 일이 실은 쉬운 일이 아님을 깨닫게 된다. 그런데 이렇게 힘들게 농사를 짓는 사람의 마음을 더욱 아프게 하는 사실이 무엇인지 아는가? 농작물이 세상에 나오는 계절이 되면 그것이 제철 식재료라는 이유로 1년 중 가장 싸게 팔린다는 사실이다.

1년 가까이 땀 흘리며 정성을 쏟아 키운 농작물이 시장에서 그렇게 싸게 팔리는 모습을 보면 아이는 절로 '내가 왜 이런 고생을 하며 텃밭을 가꿨을까?'라는 생각을 할 것이다. 이때 아이에게 이런 질문을 던져보자.

"우리는 정말 고생하며 키웠는데 사람들은 편하게 저렴한 가격에 사서 먹네?"

그럼 아이는 공감하며 이렇게 답할 것이다.

"공평하지 않은 것 같아. 다음부터는 이렇게 힘들게 농사짓고 싶지 않아요."

그때 이런 질문을 던지며 다른 의견을 제시해보자.

"이렇게 생각하면 어떨까? 저 사람들은 편하게 사서 먹지만 우리는 힘들게 키워서 먹고 있잖아. 그럼 이런 상황을 어떻게 표현할 수 있을까? 만약 직접 키워보지 않았다면 감자와 고구마가 이렇게 어렵게 수확된다는 사실을 알 수 있었을까?"

그럼 서로 이런 결론을 낼 수 있다.

"맞아, 우리는 직접 키워봤기 때문에 그저 마트에서 야채와 과일을 사서 먹는 사람들은 꿈에도 모를, 감히 가치를 정할 수 없는 농작물을 먹을 수 있지!"

스스로 생각할 여지를 주는 질문을 다양하게 받아본 아이는, 텃밭에서 마음처럼 자라지 않는 농작물을 바라보며 자신의 부족함을 알게 된다. 그리고 그렇게 재배된 농작물이 너무나 저렴한 값에 시장에 팔린다는 슬픈 사실을 알게 되지만, 타인이 함부로 가치를 정할 수 없는 온전한 '우리의 것'을 자기 손으로 직접 만들어냈다는 기쁨을 누리며 자립의 진정한 가치를 온몸으로 체감한다.

이것이 이황이 강조한 네 가지 지혜를 아이에게 경험하게 할 최선의 방법이다. 누구든 일상에서 일어나는 다양한 일을 천천히 응시하면 이 네 가지 키워드를 곳곳에서 관찰할 수 있을 것이다. 그리고 이 관찰을 더 자주 시도하는 부모가 아이의 멈추지 않는 성장을 도울 자기주도 공부법에 시동을 걸 수 있다.

"무언가를 배웠는데 질문하지 못한다면
아무것도 안 쌓였다는 뜻입니다."

"부모의 질문 깊이가
아이의 언어 수준을
결정합니다."

4장
언어에 대하여

"물을 사용하지 않을 때는 꼭 수도꼭지를 잠궈야 한다." 물을 틀어둔 채 이를 닦는 아이에게 늘 하는 잔소리다. 하지만 이는 아이의 생각을 자극할 수 없는 너무나 단순한 대화다. 일상에서 아이의 창의력과 상상력을 키우기 위해서는 역발상의 질문이 필요하다. "이도 닦고 세수도 하고 머리도 감고 샤워까지 동시에 해야 하는데 수도꼭지는 딱 한 번만 잠궈야 한다면 어떻게 해야 할까?" 그럼 이제 아이는 평소 반복하던 수동적이고 기계적인 반응에서 벗어나 색다른 방안을 모색한다. 머리에 샴푸를 바른 채 양치질할 수도 있고, 샤워를 하면서 다른 것을 동시에 할 수도 있다. 아이를 틀에 가두지 않고 키워야 한다고 말을 하는 건 쉽다. 그러나 실제로 그렇게 키우는 데는 적절한 질문이 반드시 필요하다. 그리고 틀에서 벗어나는 창의력과 상상력은 독서와 글쓰기에 질문이 결합될 때 비로소 폭발한다.

01
세상의 모든 언어를
자기 것으로 소화하는 아이

나의 언어의 한계는 나의 세계의 한계를 의미한다.
- 루트비히 비트겐슈타인

아이의 일상을 바꿀 적절한 질문을 던지려면 부모가 먼저 다양한 단어를 장악하고 있어야 한다. 즉, 세상의 기준이 아닌 자신만의 기준으로 단어를 해석하고 정의할 수 있어야 한다. 자신만의 기준으로 한 단어를 장악한다는 것은 어떤 뜻일까? 한 가지 예를 들어보겠다.

우리는 왜 '공평'을 외치는 걸까?

"세상이 공평하지 않아서"라는 대답은 누구나 할 수 있다. 좀 더 본질에 다가가야 한다. 사람들이 공평을 외치는 이유는 삶이 경쟁의 연속이기 때문이다. 각자 다른 곳에서 달리면 애초에 경쟁할 일이 없으므로 공평을 외칠 필요가 없다. 이처럼 공평이라는 단어를 제대로 이해하기 위해선 우선 '경쟁'이라는 단어를 정의해야 한다.

타인이 아닌 어제의 나와 겨루는 경쟁은 아름답다. 그러나 타인과의 경쟁은 우리를 자꾸만 세상의 틀에 가둬버린다. 고등학교를 졸업하면 바로 대학교에 입학해야 하고, 대학교를 졸업하면 바로 취업에 뛰어들어야 한다. 중간에 한 번이라도 경쟁에서 밀리면 정상에서 낙오된 뒤처진 사람으로 취급당한다.

이 끔찍한 과정을 머릿속에 그려보며 스스로에게 질문해보자.

'우리는 왜 스스로를 나쁜 경쟁의 늪에 빠뜨리는가?'

이유는 간단하다. 모두가 같은 곳을 향해, 같은 시간에, 비슷한 능력을 갖고 뛰기 때문이다. 오히려 경쟁을 하지 않을 수가 없는 상황이다. 비슷하니까 더 치열하게 경쟁한다. 고만고만하니 내상도 더 심하다.

그러나 그 틈에서 나와서 조금만 멈춰 생각하면 또 다른 길이 있다는 사실을 알게 된다. 지루하고 따분한 일상에서 잠시 벗어나, 평소 진정으로 하고 싶었던 좋아하는 일을 해보는 것이다. 용기 있는 사람들은 과감하게 그 길을 선택해 또 다른 용기 있는 사람들과 '착한 경쟁'을 벌인다. 타인과 세상을 의식하지 않고 자신만을 위한 일상을 보내며 끝없는 성장을 이어가는 것이다.

다시 한번 물어보겠다.

"우리는 왜 공평을 외치는가?"

언어에
대하여

이 질문에 "그것은 우리가 지금 고만고만한 실력으로 아등바등 경쟁할 수밖에 없는 현실에 있기 때문이다"라고 답할 수 있는 사람은 많지 않다. 왜냐하면 병소 제대로 된 질문을 던져본 적이 없기 때문이다. 이처럼 단어 하나만 스스로 정의할 수 있어도 삶의 관점을 완전히 뒤바꿀 수 있다. 일상을 완전히 재배치할 기회를 얻을 수 있는 것이다.

최근에 미국에서 이런 일이 있었다. 한 택배 기사가 대문 밖에서 택배를 던져, 안에 있던 유리 컵과 잔이 모두 깨져버렸다. 현관까지는 무려 10미터가 넘는 거리였다. 이 일을 겪은 고객은 택배 기사에게 이렇게 말했다고 한다.

"바쁜 시즌에 일하면서도 행복을 느끼지 못한다면, 새로운 일자리를 찾아보는 게 좋을 것 같습니다."

이 말을 조금 더 길게 풀면 이렇다.

"일감이 없어 먹고살기 힘든 요즘에 이렇게 일을 많이 하면서도 감사함을 느끼지 못하고 늘 불행하다면, 차라리 일을 줄이고 당신에게 행복을 줄 수 있는 다른 일을 구하는 게 어떨까요?"

이 긴 문장은 결국 세상을 긍정적으로 바라보는 사람의 시선에서 탄생한 것이다. 한국의 온라인 쇼핑몰 홈페이지 게시판을 보면 사람의 마음속을 헤집고 난도질하는 욕설과 비난의 말이 가득하다. 그런 것을 가르치는 학원이 있는 게 아닐까 싶을 정도로 비참하다. 만약 그들이 위의 상황을 겪었다면 이런 식의 말을 던졌을 것이다.

"일이 많으니 일이 소중하지 않지? 어디 한번 백수로 평생 살아봐라. 내가 회사에 당장 항의할 테니까."

"부모의 질문 깊이가
아이의 언어 수준을 결정합니다."

191

상대에게 불안감을 주고 직업을 비난하고 인생까지 폄하하는 문장이다. 그런데 관점만 약간 비틀면 쉽게 긍정의 문상으로 바꿀 수 있다. "일이 많으니 일이 소중하지 않지?"라는 부분은 "일이 많지만 행복하지 않다면"이라고, "회사에 항의할 예정이니 어디 한번 평생 백수로 살아봐라"라는 부분은 "당신을 행복하게 할 다른 일을 구하는 게 좋겠어요"라고 바꾸면 아무리 미운 상대일지라도 화를 가라앉히고 좋은 기운을 전할 수 있다.

요즘 방송을 보면 '너무'라는 표현을 너무 남발한다.

"여기 너무 좋다. 너랑 와서 너무너무 좋아. 여기 좀 봐, 이거 너무 예쁘지 않아? 네가 사용하면 너무 예쁠 것 같아."

텔레비전, 인터넷, 유튜브 등 매체를 가리지 않고 '너무'가 문장을 지배하고 있다. 물론 이제는 '너무'라는 단어를 긍정적인 맥락과 부정적인 맥락에서 모두 사용할 수 있도록 표준어 규정이 바뀌었지만, 막상 긍정적인 뜻으로 사용해보면 여전히 잘 어울리지 않는다. "너무 좋아", "너무 행복해" 등의 표현보다는 "너무 싫어", "너무 불행해" 등의 표현이 아직도 훨씬 잘 어울린다.

그리고 가장 중요한 것은 '너무' 같은 표현이 아이들의 창의적인 생각과 발상을 가로막아 단어를 정의할 수 없게 만든다는 사실이다. "너무 행복해!"라는 표현은 그 사람이 대체 얼마나 행복한지 알 수 없는 표현이다. 예능 프로그램에서는 모든 출연자가 좋은 일이 생기면 "대박!", "쩔어!" 같은 말을 연거푸 외친다. 그야말로 모든 일이 '대박'으로 귀결된다.

자신만의 언어관을 가꾸고 단어를 스스로 정의하려면 표현의 소중함과 다양성을 존중해야 한다. '너무'와 '대박'이라는 지름길 대신 조금 돌아서 가더라도 다채롭게 표현하려고 노력하는 게 중요하다. 그래야 아이에게 조금이라도 더 분명한 표현을 할 수 있다. 물론 힘든 일이다. 나도 강의를 할 때 가끔 입에서 '너무'라는 단어가 튀어나온다. 그럴 때마다 꾹 참고 얼른 다른 표현으로 정정한다. 부모도 늘 실패할 수 있다. 그러나 그때마다 포기하지 않고 스스로의 언어를 돌아보며 다시 시작하면 된다.

세상에 유행하는 온갖 언어는 우리의 생각을 멈추게 만든다. 생각 없이 그 언어에 휩쓸리다 보면 어느새 '생각하지 않는 인간'이 되어 그저 그런 삶을 살게 된다. 아이를 사랑하는 부모라면 수시로 세상의 언어에 질문을 던지며 스스로 정의한 말과 글을 써야 한다. 그래야 아이도 자신만의 언어를 익혀 이 세상에 단 하나밖에 없는 인생을 살 수 있다. 인생은 자신의 언어로 만드는 하나의 세상이다. 자신의 세상을 자기만의 언어로 칠하는 것보다 더 멋진 일은 없다는 것을 기억하자.

02

아이의 언어관을 새로 쌓는
일상의 질문들

말 한마디가 세계를 지배한다.
- 쿠크 아몰드

포털 사이트 뉴스 댓글을 보면 이런 내용의 글이 꽤 많다.

이런 것도 기사라고 쓰네?
기자로 일하기 참 쉽구나!
이러니 기자들을 '기레기'라고 부르지.

세상을 바꾸려면 세상을 바꿀 위치에 올라가야 한다. 신문사 기자가
되는 일은 쉬운 일이 아니다. 까다로운 시험을 통과해야 하고 각종 자

격을 갖춰야 한다. 오직 순간의 감정으로 누군가의 오랜 노력을 무시하는 말을 던져선 안 된다. 그런데 부모가 이런 일방적인 폄하와 비난을 일상에서 반복하면, 그 모습을 보고 자랄 아이에게 매우 안 좋은 영향을 미칠 수 있다. 다음의 문장을 반드시 명심하기 바란다.

부모의 말은 아이 삶의 철학이 된다.

"식탁이 없어서 불편한데 하나 살까?"
"지금도 거실이 좁은데 그걸 어디에 놓게!"
"냉동 새우를 한 봉지 사려고 하는데 어때?"
"지금 냉동고 꽉 차서 안 들어가. 사지 마!"
이 대화의 공통점이 뭘까? 만약 아이가 옆에서 듣고 있다면 절대 해서는 안 되는 말들이다. 창조의 통로를 막고 안주의 늪에 빠지게 만드는 언어이기 때문이다. 뭔가를 하려고 시도할 때 "아냐, 지금은 불가능해!"라고 말하는 사람이 있고 "그래, 한번 방법을 찾아볼까?"라고 묻는 사람이 있다. 당연히 전자와 후자는 전혀 다른 삶을 산다. 현실에 안주하는 사람과 끝없이 방법을 찾으려는 사람이 사는 곳은 같을 수가 없다.

가치 있는 것을 창조하는 아이로 키우고 싶다면, 무언가를 '좋다', '나쁘다' 혹은 '된다', '안 된다'로 평가하지 말고, '어떻게 하면 더 좋은 것을 만들 수 있을까?'라는 시선으로 세상을 바라보게 해야 한다.

"부모의 질문 깊이가
아이의 언어 수준을 결정합니다."

모든 것을 가능과 불가능으로 판단하는 사람들의 공통점은 상황을 언제나 단정한다는 데 있다.

"우리 집 거실은 좁아서 뭘 더 놓을 수 없어."

"냉동고가 꽉 찼으니 이제는 아무것도 사면 안 돼!"

물론 정말로 집이 무척 좁고, 냉장고 안이 가득 찬 상태일 수도 있다. 하지만 세상 모든 사람이 거기서 멈춰버렸다면 요즘 유행하는 직업인 '정리 전문가'는 탄생하지 못했을 것이다. 모두가 지금이 최선이라고, 변화는 힘들 것이라고 단정할 때 누군가는 '기존에 있던 물건을 정리해서 새로운 공간을 만들어낼 방법이 없을까?'라고 생각했다. 결국 이 사람은 자신의 삶을 바꾸는 동시에 다른 사람의 삶도 바꾸는 '정리 전문가'가 되었다.

유럽에 아이와 여행을 떠나보면 부모의 질문에 따라 아이가 생각하고 배울 것이 정말 많다. 가령 건물 몇 채를 비교하게 하면서 한국의 건물과 무엇이 다른지 질문하는 것도 좋은 방법이다. 유럽의 건물 모양은 매우 특이하다. 이와 반대로 한국의 건물 모양은 모두 비슷하다. 왜 그럴까? 한국의 건축물은 대부분 고도 제한이 걸려 있어서 그 높이가 일정하지만, 유럽은 그런 제한이 없다. 호텔 건물도 폭은 좁지만 높이는 한국보다 훨씬 높아서 내부가 시원시원하고 웅장하다. 폭은 건물 디자인에 큰 영향을 줄 수 없지만 높이는 다르다. 천장에 다양한 장식을 설치할 수도 있고, 아름다운 돔 형태의 건축 양식을 구현할 수도 있기 때문이다. 이런 인테리어는 유럽의 건축물에서 자주 볼 수 있다. 이런 해석을 따르면, 유럽이 아시아보다 문명을 더 빠르게 발달시킨 이

언어에
내하어

유를 건물 높이에서 찾을 수도 있다.

물론 가설은 더 다양해질 수 있다. 과거의 일에는 정해진 답이 없다. 논리적으로 입증할 수 있다면 누구나 그 분야의 전문가가 될 수 있다. 이런 다양한 추론을 통해 아이와 함께 '높이로 시작하는 인류의 발전', '문명의 성장은 높이에 있다'라는 제목의 글을 써본다면 어떨까? 공간을 바라보는 아이의 시야를 넓힐 매우 특별한 시간이 될 것이다.

이 세상의 모든 새로운 꿈과 희망은 그것이 가능하다고 생각하는 자의 몫이다. 직업도 마찬가지다. 취업할 곳이 없다고 불평하는 것보다는 차라리 내가 새로운 직업을 하나 만들자는 생각을 하는 편이 훨씬 생산적이다. 그런 창조적인 아이로 키우려면 부모가 먼저 그런 사람이 될 수 있는 언어를 사용해야 한다. 언어는 어떤 전염병보다 강력해서 가장 빠르게 주변 사람을 변화시킨다.

'언어'나 '창조' 같은 단어는 괜히 우리의 마음을 힘들게 한다. 어렵고 복잡할 것이라고 생각하기 때문이다. 하지만 창조적인 언어 습관은 따로 배우거나 연구한다고 해서 길러지는 것이 아니다. 사소한 것을 위대하게 바라보는 시선과 내 아이를 사랑하는 마음을 연결할 때 비로소 길러질 수 있다. 그렇게 하면 모든 것이 새롭게 느껴질 것이고, 입에서 나오는 말도 이전과는 달라질 것이다. 한 사람의 철학은 결국 그가 창조한 언어의 역사이며, 그 언어는 부모의 사랑을 먹고 자란다.

03
독서는 아이가 홀로 존재하는 유일한 시간이다

책을 볼 때는 눈만 책에 붙이고 마음을 두지 않으면 이득이 없다.
- 『여매현서』

질문을 통해 아이의 마음속에 인문학을 온전히 뿌리내리려면 독서에 대한 분명한 생각을 부모와 아이 모두 품고 있어야 한다. 근본적인 질문부터 시작하자.

아이들은 왜 책을 읽지 않을까?

답은 간단하다. 글을 읽는 게 즐겁지 않기 때문이다. 무언가를 읽는 행위가 재미있는 아이들은 부모가 옆에서 시키지 않아도 온종일 책만 읽는다. 활자가 가득한 책일지라도 밥 먹는 것도 잊은 채 신나게 읽는다. 아이들은 좋아하는 일이라면 누가 막아도 반드시 하게 되어 있다. 그러나 반대로 좋아하지 않는 일은 아무리 시켜도 정을 붙이지 못한다. 잠깐 읽는 시늉만 하고 금세 책을 덮어버린다. 바로 이때 부모는 그런 아이를 바라보면서 이렇게 질문할 수 있어야 한다.

"우리 아이는 왜 독서를 좋아하지 않는 걸까?"

아이가 성장을 멈출 때마다 적절한 질문을 던져야 한다. 그래야 정확한 답을 찾을 수 있다. 좋은 질문을 찾기 위해서는 먼저 그 질문을 찾아낼 '세부 질문'이 필요하다. 세부 질문은 어떻게 발견할까? 그 대상의 기능과 과정에 대해 곰곰이 생각하면 수월하게 발견할 수 있다.

'독서는 어디에서 누구랑 하는 놀이인가?'

독서는 고요한 공간에서 혼자 하는 놀이다. 그럼 답은 간단하다. 아이가 독서를 좋아하지 않는 이유는 '혼자서 고요한 공간에 오랜 시간 머물지 못하기 때문'이다. 이 발견이 매우 중요하다. 혼자 있는 시간을 견디지 못하고 자꾸만 딴짓을 하고 친구를 찾는 이유는, 아이가 유달리 활발하기 때문이 아니라 혼자 자신을 마주하는 시간에 대해 부담감을 느끼기 때문이다.

'활동적인 것'과 '자신을 사랑하지 않아 자꾸만 타인에게 의존하고 산만한 행동을 보이는 것'을 제대로 구분할 줄 알아야 한다. 자존감이 낮은 아이들은 홀로 오래 독서하는 데 부담감을 느낀다. 독서는 결국 자신과 하는 놀이인데, 놀이의 대상인 자신을 사랑하지 않으니 그 혼자만의 공간을 도저히 버틸 수가 없는 것이다. 그러므로 아이가 혼자서도 책을 즐겁게 잘 읽을 수 있다면 스스로를 충분히 사랑하고 있다는 증거다. 이때 단순히 아이가 혼자서 책을 읽는다는 것에만 만족하지 말고, 좋은 글을 꾸준히 읽을 수 있도록 적절히 지도해주는 것이 매우 중요하다.

좋은 글을 읽는 아이는 따로 문법을 배울 필요가 없다. 이미 매끄러운 문장을 수천 번 넘게 읽으며 몸으로 익혔기 때문이다. 누구도 가르치지 않았지만 더 이상 가르칠 필요가 없는 아이로 성장한다. 단단하고 아름다운 글을 읽으며 정확한 어휘력과 풍부한 표현력을 갖추게 된다. 늘 충분히 숙성한 형태의 말을 내뱉기 때문에 언제나 실수가 적고 주변 분위기를 차분하게 정돈해준다. 이 중에서도 가장 멋진 사실은 침묵하며 스스로 배우는 법을 깨닫게 된다는 것이다.

고대 그리스 철학자 피타고라스는 제자들이 학교에 입학하면 매우 특별한 방법으로 수업을 시작했다. 이들은 반드시 2년간 '이것'을 지켜야만 했다. 바로 '침묵'이다. 피타고라스의 제자들은 반드시 첫 2년은 침묵하며 배워야 했다. 그가 침묵을 가르쳤던 이유는 무엇일까? 그가 남긴 말이 대답을 대신한다.

그대 침묵하라. 아니면 침묵보다 더 가치 있는 말을 하라. 쓸데없는 말을 하며 시간을 보내는 것보다 차라리 진주를 위험한 곳에 던지는 게 낫다. 많은 단어로 적게 말하지 말고, 적은 단어로 많은 것을 말하라.

그는 침묵을 통해 세상과 사람 그리고 자연을 관찰하는 방법을 제자들이 스스로 터득하길 바랐다. 그는 왜 진주를 위험한 곳에 던지라고 말했을까? 차근차근 생각해보자. 진주는 귀한 것이다. 당연히 공개된 장소에 던지면 수많은 사람이 몰려들어 서로 가지려고 싸울 것이다. 너무나 뻔한 결과다. 그는 진주를 가지려고 다른 사람들과 쓸데없는 언쟁을 벌이는 것보다, 차라리 값비싼 진주를 버리고 침묵을 지키는 것이 시간을 유용하게 쓰는 길이라고 여긴 것이다. 아이들은 읽으면서 침묵한다. 그리고 그 시간이 자신에게 깨달음을 준다는 사실을 인지한다.

그래서 책은 멈추기 위해 읽는 것이다. 멈추지 않고 끝까지 읽었다는 것은 느낀 것이 하나도 없다는 것을 의미한다. 독서를 즐기는 아이로 키우고 싶다면 "다 읽었니?"라는 질문을 버리고 "어디에서 읽다가 멈췄니?"라는 질문을 던져야 한다. 아이들이 멈추지 않았다면 그저 책의 스토리에 빠져 매몰되었다는 것이다. 한번 보기 시작한 드라마를 끝날 때까지 멈추지 못하고 보는 것처럼 말이다.

생각하는 아이는 자주 멈춰 질문한다.

'일시 정지'는 아이가 생각하고 있다는 증거다. 읽다가 멈출 수 있다는 것은 얼마나 근사한 지성인의 풍모인가! 독서가 왜 중요할까? 여기까지 읽었다면 이제는 제대로 답할 수 있을 것이다. 혼자 있는 시간을 자기만의 감각으로 채워 넣을 수 있는 기회가 되기 때문이며, 배우고 싶은 것을 스스로 찾아 익히는 아이로 변화시키기 때문이다. 좋은 글은 결국 그들을 자신이 머무는 공간의 주인으로 살게 한다. 그 주변에 존재하는 모는 것이 아이의 섯이기 때문이다.

언어에
대하어

아이의 언어 능력을 도약시키는
1달 1권 질문 독서법

고기는 씹을수록 맛이 난다.
그리고 책도 읽을수록 맛이 난다.

- 세종

세상에는 참 책이 많다. 아이를 위한 책은 더 그렇다. 다양한 분야에서 계속 책이 쏟아지고 있어서 매번 읽어야 할 책이 늘어나는 상황이다. 부모는 그 수많은 책 속에서 늘 방황한다. 방황의 끝에서 부모들은 항상 똑같은 선택을 한다. 주변에서 좋다고 추천하거나 기관에서 선정한 필독서를 구입해 살며시 아이 책상에 올려둔다. 그러나 순서와 방법이 모두 틀렸다. 독서로 아이의 변화를 이끌어내고 싶다면 먼저 이 질문에 답해야 한다.

"나는 왜 아이가 책을 많이 읽기를 바랄까?"

이유는 명확하다. 일단 독서는 좋은 것이고, 독서를 통해 쌓은 지식을 바탕으로 아이가 더 다양한 생각을 하며 살길 바라기 때문이다. 하지만 이 부분을 명확하게 알아야 한다. 내가 『사색이 자본이다』라는 책에서 수없이 강조했지만, 결코 많은 독서가 많은 생각을 만드는 것은 아니다. 게다가 많은 생각이 좋은 생각을 만드는 것도 아니다. 오히려 다독은 생각을 창조하는 일과 전혀 상관이 없다. 자신만의 언어 능력을 깨우지 못한 채 억지로 시작한 독서는 삶에 별 영향을 줄 수 없다. 공식도 모른 채 응용을 할 수는 없는 노릇 아닌가.

다양한 분야에서 월등한 능력을 발휘한 대가들 역시 몇몇 천재를 제외하곤 어릴 때는 자신이 읽은 것을 삶과 배움으로 연결하지 못했다. 한 가지를 제대로 이해하지도 못한 상태에서 자꾸만 다음 단계로 넘어가는 학습 과정에 지루함을 느꼈기 때문이다. 그들은 이러한 지루함 탓에 독서 자체에 흥미를 잃었고, 결국 '이대로는 안 되겠다'고 생각하며 각자의 방식으로 책을 읽고 지식을 습득해나갔다. 그렇다면 과연 그들은 어떻게 독서를 했을까? 어떻게 세상의 지식을 자신의 것으로 만들었을까?

세상이 추천하는 책을 아무리 읽혀도 아이의 일상이 변하지 않으면, 또는 아이의 읽고 쓰고 말하는 언어 능력이 획기적으로 늘지 않으면 지금부터 제시하는 인문학 대가들의 다섯 가지 독서법을 아이에게 딱 한 달만 적용해보자. 분명 아이가 구사하는 언어의 결이 확 달라질 것이다.

하나, 다독의 욕심을 버려라

먼저 세상의 시선에서 벗어나자. 아무 생각 없이 읽는 백 권의 책보다 충분히 이해하며 읽은 한 권의 책이 아이의 언어 능력을 훨씬 더 크게 자극한다. 아이에게는 이미 언어 능력이 잠재되어 있다. 그것을 사용할 충분한 시간이 주어지지 않았을 뿐이다. 부모가 차분해져야 아이가 조용히 내면을 들여다볼 수 있다. 책을 사는 데에만 열을 올리지 말고, 단 한 권을 읽더라도 아이가 충분히 꼭꼭 씹어 먹는 데 집중하자.

둘, 한 달에 한 권이 좋다

나는 지난 10년 이상 1년에 한 권 읽기를 반복하고 있다. 그러나 아이들에게는 한 달에 한 권 읽기가 딱 좋다. 1개월 동안 책 한 권을 읽히는 일은 매우 지루한 반복으로 느껴질 수도 있다. 하지만 모든 새로운 생각은 평범한 일상에서 나온다는 사실을 기억하자. 그 시작은 질문에 있다. 같은 책을 아이가 매일 반복해서 읽게 하자. 읽는 시간은 중요하지 않다. 하루 5분이라도 같은 책을 반복해서 읽는 행위 자체가 강력한 힘이 되기 때문이다. 왜 그럴까? 매일 같은 책을 반복해서 읽으며 지루해진 아이는 결국 지루함을 이길 최선의 방법을 자기 안에서 찾아낸다. 바로 질문이다. 한 달간 30개의 새로운 질문을 떠올리면서 읽다 보면, 비록 똑같은 책일지라도 한 달 내내 다르게 읽을 수 있다는 사실을 스스로 깨치게 된다. 이러한 독서법은 내가 이 책에서 강조하는 '인문학 질문'의 핵심과도 맥을 같이하는 매우 중요한 내용이다.

셋, 매번 다르게 읽게 하자

질문을 통해 아이는 '한 달 한 권 읽기'의 재미를 느낄 것이다. 그러나 이것이 더 넓게 퍼지기 위해서는 다른 시각이 하나 더 필요하다. 모든 책에는 주인공과 그를 둘러싼 수많은 조연이 있다. 가령 총 10명의 인물이 등장하는 책이라면 매일 다른 사람을 주인공이라고 생각하며 읽게 하자. 이를 통해서 아이는 매번 다른 사람의 인생을 바라보는 다양한 시각을 배울 수 있다. 이건 매우 중요한 부분이다. 우리는 언제나 아는 만큼만 세상을 관찰할 수 있기 때문이다. 언어 능력도 마찬가지다. 세상과 그 안에 속한 사람을 더 많이 이해할수록 아이가 구사할 수 있는 언어의 종류도 다채로워진다.

넷, 경험으로 남겨야 한다

언제나 우리는 발견한 것을 어떤 형태로든 현실에 남겨야 한다. 모든 영감은 우리의 머릿속에서 호시탐탐 사라질 기회를 노리고 있다. 아이가 매일 다르게 책을 읽는다고 해도 그걸 기록으로 남기지 않으면 아이의 내면에는 아무것도 남지 않는다. 긴 기록은 필요하지 않다. 딱 한 줄이면 된다. 매일 독서한 느낌을 한 줄의 기록으로 남기게 하자. 길게 쓰자고 하면 지속하기 어렵다. 그리고 오히려 자신의 감상을 딱 한 줄로 요약하는 연습까지 동시에 할 수 있어 언어 능력을 단련하고 발전시키는 데 좋다. 긴 글은 누구나 쓸 수 있지만, 오히려 그걸 짧게 압축하는 데는 평균 이상의 언어 능력이 필요하다.

다섯, 책 속 지식을 아이의 것으로 만들어주자

이제는 읽고 경험한 모든 것을 아이의 것으로 만들어줘야 한다. '모든 등장인물을 주인공이라고 생각하며 읽기'를 마쳤다면 이제 아이와 함께 '네 쪽 그림'을 그리자. 종이와 풀로 간단하게 네 쪽짜리 노트를 만든 뒤, 책을 읽은 감상을 네 개의 그림으로 표현하는 것이다. 아이에게 글쓰기는 멀고 어렵지만 그리기는 가깝고 쉽다. 책을 읽은 느낌을 그림으로 먼저 그리게 하고, 그림을 완성하면 만화처럼 옆에 말풍선을 넣고 대사를 직접 쓰게 해보자. 스스로 책을 만들었다는 뿌듯한 마음이 아이의 자존감을 높여줄 것이다.

여섯, 한 폭의 풍경화로 남아라

마지막 과정이다. 모든 배움은 아이의 머릿속에 하나의 장면으로 기억되는 게 가장 좋다. 독서의 순간이 아이와 부모가 함께 존재하는 가장 근사한 풍경화가 되려면, 아이가 직접 만든 책을 함께 읽으며 질문과 답을 반복하는 게 좋다.

"여기에서 왜 하늘을 검게 그렸니?"라는 구체적인 질문보다는 "이 그림에서 네가 가장 중요하게 생각하는 부분이 어디니?"라는 식으로 아이가 자신이 바라보는 세상을 스스로 말할 수 있도록 돕는 것이 중요하다. 그렇게 두 사람의 모습은 세상에서 가장 행복한 풍경화가 될 것이다.

모든 독서는 정답고 아름다운 풍경이 될 수 있다. 무언가를 익히고 배우는 과정은 억압이나 주입이 아닌, 따뜻한 사랑으로 이루어지는 것이기 때문이다. 단순히 '많이' 읽는 게 목적이 되어선 안 된다. 남들보다 적게 읽더라도 아이의 잠자는 언어 능력을 깨워 생각을 자극하는 게 핵심이다. '한 달 한 권 읽기'로 이 여섯 과정을 반복한다면 아이는 스스로 생각하며 다양한 시선으로 세상을 바라보는 힘을 기를 것이다.

05
주체적으로 세상을 읽어내는
능동적 질문법

모든 인생은 실험이다.
더 많이 탐구하고 질문할수록 더 나아진다.

- 랠프 월도 에머슨

지금 우리가 사는 세상에는 정보를 얻을 수 있는 창구는 많지만 정작 가슴에 품을 만한 콘텐츠가 없다. 책도 마찬가지다. 수많은 책이 나오지만 읽을 만한 책은 드물다. 콘텐츠를 발견할 수 없으니 방황하게 된다. 사는 게 계속 힘들어지는 이유가 바로 거기에 있다. 제대로 읽을 줄 아는 사람만이 세상을 제대로 읽을 수 있고, 뜻하는 대로 살 수 있다.

아이들에게는 눈에 보이는 모든 것이 텍스트다. 도로 위의 교통 안내판도, 가게의 간판도, 길거리에서 나눠주는 광고 전단도 아이 눈에는 모두 흥미진진한 텍스트다. 이때 세상의 모든 텍스트에서 가치를 발견하려면 능동적으로 질문을 던지는 방법을 알아야 한다.

조금 어렵게 느껴질 수 있지만 생각보다 간단하다. '능동적 질문법'의 첫 번째 방법은 어떤 상황에 놓였을 때 "어떻게 될까?"라고 묻지 말고 "어떻게 하면 좋을까?"라고 질문하는 것이다. 세상을 향해 던지는 질문의 중심에 언제나 '나'를 둔다고 생각하면 쉽다.

"내가 어떻게 하면 좋을까?"

이 질문을 가슴에 품고 세상을 읽어나가는 것이다. 이런 '읽기'를 반복적으로 실천하며 성장한 아이들은 신뢰할 수 없는 이야기를 알아서 척척 거를 수 있고, 의도가 깔려 있는 악의적인 정보에 속지 않을 수 있다. 그런 점에서 독서는 대단히 지적인 게임이다. 미지의 세계를 탐험하며 함정과 속임수를 피해 원하는 것을 찾아내는 간접 경험을 할 수 있기 때문이다. 미로에서 길을 잃지 않기 위해선 끝없이 속으로 '내가 어떻게 하면 좋을지' 자문해야 한다. 독서는 게임과 마찬가지로 돈을 적게 가진 사람도, 규칙을 잘 모르는 사람도 열심히 노력만 하면 더 큰 기회를 빠르게 얻을 수 있다. 독서는 마법이다. 우리를 어디든 가게 할 수 있고, 페이지를 넘기면 넘길수록 지식이라는 보석을 화수분처럼 계속 쏟아내기 때문이다. 물론 모든 사람이 그런 특권을 누리는 건 아니다. 시간과 정성을 투자한 만큼 결실을 거두고, 투자하지 않으면 아무것도 얻을 수 없다. 그래서 독서는 지적인 게임이다.

주체적으로 세상을 읽어내는 두 번째 방법은 이것이다. 독서를 시작할 때 언제나 "나는 무엇이 되려는가?"라는 질문 대신 이 질문으로 시작하자.

"나는 어떤 감각을 갖고 싶은가?"

부엇이 되려는 마음은 편협한 독서를 하게 만든다. 학교 교육은 세상이 보기에 정상적인 사람은 양산할 수 있지만, 특출한 사람은 만들어내지 못한다. 최고의 성적으로 고등학교와 대학교를 졸업한 이들 중 대다수가 무난히 좋은 기업에 입사한다. 하지만 그들 중에서 정해진 길 바깥에서 자신만의 길을 걸으며 최고의 기업을 만들어내는 사람은 거의 없다. 오히려 엄청나게 높은 성적을 거둔 사람보다는 평범한 성적을 거둔 사람이 그런 기적을 이루는 경우가 더 많다.

무엇이 되려고 읽지 말고,
원하는 감각을 끌어올리기 위해 읽어라.

무언가를 창조하는 사람들은 다양한 분야를 섭렵하고 있다. 그들은 글쓰기, 음악, 자연과학, 건축, 미술, 요리 등 거의 모든 분야에서 평균 이상의 감각을 갖추고 있다. 모든 것에 특출한 재능을 발휘하고 있는 것은 아니지만 자기 내면에 잠재된 다양한 감각을 끊임없이 자극하며 성장 가능성을 계속 열어둔다.

만약 그들이 자신이 지닌 수많은 재능 중 하나만 골라 몰두했다면, 그러니까 처음부터 어떤 대단한 존재가 되려고 독서를 했다면 최고의 음악가, 최고의 건축가, 최고의 직장인이 되는 데 그쳤을 것이다. 다양한 세상을 만날 수 없었을 것이며, 편협한 독서로 좁은 세상에서 그것이 세상의 전부라고 착각하며 살아갔을 것이다. 그러므로 아이에게 무언가가 되라고 함부로 강요하지 말고, 지금 필요한 감각이 무엇인지 생각하며 텍스트를 읽게 하자.

능동적 질문을 던지는 마지막 방법은 평소 사용하던 단어를 다른 단어로 바꿔 말하는 습관을 들이는 것이다. 단어를 바꾸면 창조할 수 있는 질문의 크기가 그만큼 확장된다. 예를 들어 이런 글이 있다고 생각해보자.

나는 '너'를 사랑한다.
스치는 '바람'마저 너를 아프게 할까 걱정된다.
가장 좋은 '마음'만 너에게 주고 싶다.

이런 익숙한 단어와 표현으로는 별 감흥을 주지 못한다. 그 어떤 질문도 떠올리게 하지 못한다. 그렇다면 여기에서 '너', '바람', '마음' 등 익숙한 표현을 다르게 바꿔보자. 문장 속에 담긴 단어 하나만 바꿔도 완전히 다른 새로운 글을 만나게 된다. 단어가 바뀐다는 것은 글자 몇 개만 달라지는 게 아니라, 문장 자체와 세상을 바라보는 관점과 세상에 던지는 질문의 방향이 뒤바뀌는 것이기 때문이다.

자, 이런 방식으로 단어를 바꾸면 전혀 다른 글을 만날 수 있다.

나는 길에서 돌아다니는 '고양이'를 사랑한다.
스치는 '자동차 매연'마저 너를 아프게 할까 걱정된다.

가장 좋은 '향기'만 너에게 주고 싶다.

　사랑을 표현했던 평이한 글이 선혀 다른 주제와 시선이 녹아 있는 독창적인 글로 바뀌었다. '고양이'와 '매연'과 '향기'라는 단어가 유기적으로 연결돼 하나의 풍경을 만든 것이다.

　아이와 함께 이런 식으로 단어를 바꾸며 기존의 글을 다른 글로 바꾸는 놀이를 하면 자연스럽게 자신을 상황의 중심에 두고 생각할 수 있기 때문에 세상을 향해 언제나 능동적인 질문을 하는 아이로 키울 수 있다. 동시처럼 짧고 운율이 있는 글을 읽을 때마다 아이의 눈에만 보이는 단어나 평소 아이가 좋아하는 단어를 활용해 글을 바꾸는 놀이를 즐겨보자. 그러다 보면 자연스럽게 아이는 세상이라는 텍스트를 거침없이 읽어나갈 것이다.

06

독서는 적절한 질문을
찾았을 때 끝난다

글을 읽다가 잘 모르는 대목이 있으면
반복해서 봐야지 그냥 넘어가선 안 된다.
- 『열하일기』

로마 유적지를 방문하면 늘 길거리에서 무언가를 불법으로 판매하는 사람들이 곁에 달라붙어 말을 건다. 한번은 누군가 내게 다가와 자꾸 이런저런 말을 걸었다. 나는 도시 곳곳에 역사의 흔적이 남아 있는 로마의 영속성에 흠뻑 취해 그의 말소리를 제대로 들을 수 없었다. 하지만 딱 세 마디는 기억에 남아 있다. 그는 내 어깨를 툭툭 치며 말했다.

"너 왜 웃지 않냐? 날 보며 웃어라."

"너 일본인이냐?"

"빠가야로."

나는 그를 유심히 지켜보았다. 안타깝게도 그는 매우 긴 시간 물건을 팔지 못했다. 그러나 옆에 있던 한 사람은 달랐다. 그도 같은 물건을 팔고 있었지만 판매량에서 엄청난 차이가 났다. 그 비결이 무엇일까? 매우 간단했지만 분명한 차이가 있었다. 내게 욕을 내뱉은 사람은 자신을 보며 웃으라고 강요했지만, 그의 옆에 있는 사람은 만면에 밝은 웃음을 지은 채 마치 오래 알고 지낸 지인처럼 내게 다가왔다. 그는 먼저 제대로 인사를 한 뒤 자신이 파는 물건에 대해 이야기를 들려주었다. 나는 그의 말을 조용히 경청했다.

멀리서 보면 모든 사람이 같은 상황에서 비슷한 무기로 살아가고 있는 것처럼 보이지만 실상은 전혀 다르다. 어떻게 사는지에 따라 완전히 다른 미래를 맞이한다. 깊은 사색이 우리가 살아갈 자본이 된다. 생각하고 또 생각하면 반드시 문제를 해결할 방법을 찾을 수 있다.

사색의 대가들은 어린 시절 많은 책을 읽지 않았다. 물론 집에 책이 많다는 것은 나쁜 일이 아니다. 하지만 잘 생각해보자. 지난 1년 동안 집에 있는 책 중에 꺼내 읽은 책이 몇 권이나 되는가? 그리고 읽었지만 내용을 기억하지 못하는 책이 얼마나 많은가? 나는 한 권의 책을 모두 읽기 전에는 다른 책은 거들떠보지도 않는다. 구구단을 암기할 때도 마찬가지다. 5단을 익혀야지 6단을 익힐 수 있는 것처럼 모든 일에는 순리가 있고 적절한 차례가 있다.

"책은 쇼핑하듯 일단 구입한 뒤에 그중에서 마음에 드는 책을 골라 읽으면 된다."

이렇게 말하는 사람도 있다. 하지만 나는 이렇게 묻고 싶다.

"책을 쌓아만 두고 읽지 않는다면, 서점 매대에 누워 있는 책과 무슨 차이가 있을까?"

책은 구매할 때 내 것이 되는 게 아니라, 읽을 때 비로소 내 것이 된다. 만약 이런 내용의 글을 읽었다고 생각해보자.

> 친구와의 약속을 어기면 우정에 금이 가고,
> 자식과의 약속을 어기면 존경이 사라지며,
> 기업과의 약속을 어기면 거래가 끊어진다.

이 글을 쓴 사람의 마음을 느끼려면 어떻게 해야 할까? 먼저 단어 하나까지 제대로 감각하겠다는 마음으로 섬세하게 읽은 뒤 글의 중심 키워드인 '친구'와 '자식'과 '기업'을 이어나갈 다른 키워드로 무엇이 좋을지 생각해봐야 한다. 여기에서는 세 가지를 예로 들었지만 얼마든지 더 길게 글을 이어나갈 수 있다. 이를테면, '연인'과 '이웃'이라는 새 키워드로 문장을 연결해보자.

> 연인과의 약속을 어기면 추억이 무너지고,
> 이웃과의 약속을 어기면 믿음이 사라진다.

책을 사는 재미에 정신이 팔려 정작 읽는 일에는 소홀했다면 다시 생각하라. 열 권의 책을 한 줄씩 읽는 것보다 한 줄을 열 번 생각하는 게 낫다. 전자는 그저 읽는 것에 그치는 독서지만, 후자는 열 개의 질문을 창조하는 독서이기 때문이다.

독서에는 다섯 단계가 있다. 첫째, 가장 낮은 단계는 읽는 데 급급해서 자신이 무엇을 읽었는지 기억조차 못하는 독서다. 둘째, 책의 내용을 완전히 암기해서 줄줄 외울 수 있는 독서다. 하지만 둘 다 수준 높은 독서라고 말할 수는 없다. 그저 글을 읽은 것에 불과하기 때문이다. 셋째, 읽은 내용을 주제로 글을 쓰거나 대화에서 인용할 수 있는 독서다. 이쯤 되면 약간 수준이 높아졌다고 할 수 있다. 넷째, 지금 자신이 고민하는 문제에 대한 해결책을 발견할 수 있는 단계다. 이게 가능하다면 꽤 높은 수준에 도달했다는 증거다. 다섯째, 모든 감정의 본질과 세상의 이치를 정확하게 파악해서 어떤 급한 일이 있거나 상황이 변해도 흔들리지 않고 사물과 현상을 바라볼 수 있는 독서다. 이런 혜안을 갖추게 되었을 때 비로소 최고 수준의 독서에 도달했다고 말할 수 있다.

다시 로마 여행으로 돌아가자. 내게 물건을 판매하려고 했던 두 사람의 결정적 차이는 무엇이었을까? 나는 이렇게 생각한다.

'자신이 파는 물건과 고객에 대해 몇 번이나 생각했는가?'

자신이 무엇을 팔고 있는지, 어떻게 해야 잘 팔 수 있는지, 상대하고 있는 고객은 어떤 사람인지 치열하게 고민하고 상상해본 사람과 그저 기분 내키는 대로 파는 사람의 결과는 다를 수밖에 없다. 그러니 아이와 책을 읽을 때 기계적인 완독에만 연연하지 말고, 단 한 줄을 읽더라도 그 안에서 끊임없이 생각하게 하자. 한 번 생각하면 풀리지 않는 문제도 열 번 생각하면 다른 답이 나올 수 있다는 사실을 필사와 낭송으로 깨닫게 하자. 한 줄의 글귀로도 열 번을 생각할 줄 아는 아이는 사색이라는 무기로 인생을 지혜롭게 살아갈 것이나.

07
질문으로 3개월 만에 완성하는
아이와 부모의 글쓰기

말은 마음의 소리요, 글은 마음의 그림이다.
- 『법언』

책을 읽어서 지식을 쌓는 일도 중요하지만, 모든 독서는 글을 써야 비로소 완성된다. 자신만의 언어로 글을 남겨야 나의 것이 된다. 부모들은 이렇게 묻는다.

"왜 아이들은 글을 쓰기 싫어할까?"

정말 아이들만 그럴까? 글은 누구나 쓰기 어렵고 힘들어서 미루고 싶은 일이다. 우리가 글을 쓰는 것을 자꾸 미루는 이유는 입이 있기 때문이다. 즉, 말로 쉽고 편하게 의사를 표현하려는 마음이 우리를 쓰지 못하게 만든다. 아이에게 일방적으로 글을 쓰라고 강요하는 방식은 제대로 통할 수가 없다. 우리도 어릴 때 부모님에게 그런 강요를 수없이 받았지만 글을 쓰지 않았다. 다른 방법이 필요하다. 글은 자세를 갖추고 정색하며 쓰는 게 아니라, 일상에서 마치 물을 마시듯 자연스럽게 이루어져야 한다. 그래야 편안한 마음에서 좋은 글이 나온다. 그 마음의 원칙을 기억하며 실천법으로 들어가자.

　글을 쓰기 위해 필요한 것은 몰입과 의지, 그리고 내용을 채울 콘텐츠다. 나는 부모와 아이가 함께 방송을 시청하며 글을 쓰는 방식을 권한다.

⌇1단계⌇
아이와 함께 시청할
방송 프로그램 하나를 선정하자

아이가 좋아하는 프로그램을 선정하는 게 가장 좋다. 어른도 마찬가지지만 우리가 글을 잘 쓰지 않는 이유는 관심 있는 주제에 대해 쓰지 않기 때문이다. 주제가 흥미로울수록 쓰기에 대한 호감도 커진다. 아이가 매일 생각하는 것들을 주제로 삼으면 좋다. 인간은 자신이 자주 생각하는 주제일수록 더 창의적으로 사고한다. 영상 길이는 60분을 넘지 않는 게 좋다. 너무 길면 내용이 많아 글을 쓰는 게 벅차다. 철저하게 아이의 시각에서 생각하자.

방송이 끝나면 바로 짧게 감상을 쓰자

노트와 연필을 준비하자. 그리고 방송이 끝나면 바로 방송을 시청하며 느낀 부분을 글로 쓰자고 제안하자. 중요한 것은 부모도 기쁜 마음으로 참여해야 한다는 사실이다. 아이는 어떤 힘든 일도 부모와 함께하면 두려움을 버리고 즐겁게 시작한다. 그리고 시청 중간에는 부모가 먼저 틈틈이 메모를 시작하라. 아이가 이유를 물으면 이렇게 답하자.

"나중에 글을 쓸 때 참고하려고 생각나는 것들을 미리 기록해두는 거야. 그럼 훨씬 쓰기 편하거든."

처음에는 방송에만 집중하던 아이도 시간이 지나면 부모를 따라 기록을 시작할 것이다. 매우 중요한 변화다. 아이는 이제 자기 일상을 기록하기 시작한 것이다.

글을 다 쓴 다음에는 '5분 대화'를 하자

별다른 장치 없이 감상만 쓰고 마무리를 하면 아이들이 대충 글을 쓰고 마칠 수도 있다. 하지만 글을 다 쓴 다음에 5분 정도 대화를 나누면 아이들은 방송에 더 집중할 것이고, 글을 잘 쓰려고 더 노력할 것이다. 중요한 것은 '좋은 글의 탄생'이 아니라, '쓰는 일상의 탄생'이다. 귀찮고 힘들어도 서로 글을 다 쓴 후에는 다음과 같은 질문을 던지며 '5분 대화'를 나누자.

"그렇게 생각한 이유가 뭐니?"

"엄마는 왜 이렇게 생각한 것 같아?"

"네가 주인공이라면 어떤 방법을 택했을까?"

아이는 다른 사람의 생각을 들으며, 더 많은 사람의 마음을 자기 안에 담는 법을 깨닫게 될 것이다. 글은 결국 사람의 마음을 담는 일이다. 그래서 타인의 처지와 마음을 헤아리는 것은 매우 중요하다.

이제 아이들은 글을 쓰기 위해 지금까지 꺼내지 못한 자신의 능력을 다양하게 활용하기 시작한다. 수동적으로 영상을 시청하는 데 머무르지 않고, 내용의 중요도와 흥미도에 따라 주체적으로 영상을 소비할 것이다. 광고가 나오거나 재미가 없는 부분에선 과감하게 다른 일을 할 수도 있다. 아이는 두 가지 이상의 일을 동시에 처리하는 방법을 스스로 배우며, 아무리 시간이 부족하고 할 일이 많아도 현명하게 대처한다면 이 세상에서 할 수 없는 일은 없다고 생각할 것이다. 아이들은 질문하는 방향에 따라 생각하고 실천하는 방향도 바뀐다.

수많은 사람이 정의를 외치지만
세상이 여전히 정의롭지 않은 이유는 뭘까?

아이와 함께 일상의 글쓰기를 3개월 정도 반복한 후 이런 질문을 해보자. 초등학교 4학년 이상이라면 아마 깜짝 놀랄 답을 내놓을 것이다. 실제로『아이를 위한 하루 한 줄 인문학』을 처음부터 끝까지 필사하며 읽은 한 초등학생은 이런 답을 내놓았다.

"정의는 내가 생각한 것들이고, 도덕은 내가 실천한 것들이다."

말로만 외치는 정의는 세상에 아무런 영향을 줄 수 없고, 실천하는 도덕이 먼저라는 뜻이다. 이 놀랍고 멋진 답이 아이의 입에서 나올 수 있었던 이유는 일상의 글쓰기를 통해 질문하는 법을 깨달았기 때문이다. 질문을 바꿔야 자기 글을 쓸 수 있다. 내가 사색에 대한 글을 매일 쏟아낼 수 있는 이유는 단 하나, 질문의 틀 자체를 완전히 바꿨기 때문이다. 하나의 주제로 다양하게 글을 쓰지 못하는 사람들은 대개 사색에 대해서 쓰라고 하면 이런 질문으로 글쓰기를 시작한다.

주변에서 일어나는 일 중에서 사색에 대한 것이 뭐가 있을까?

그러나 내 질문은 전혀 다르다.

사색은 어떻게 세상을 창조했는가?

사색을 세상에 존재하는 작은 부품이 아닌 세상을 처음부터 지금까지 창조한 주체로 바라보는 질문을 하는 것이다. 그럼 눈에 보이는 모든 것에서 서로의 연결점을 발견할 수 있고 그 점들을 사색이라는 주제로 끌어올 수 있다. 일상의 글쓰기와 필사를 3개월 이상 매주 5회 정도 반복한 초등학교 고학년이라면 아마 이 느낌을 알 수 있을 것이다. 그 아이들에게는 강아지 소리도, 벌레가 기어가는 모습도, 평범한 건물의 외관도, 자신을 사랑하며 아끼는 사람의 마음도 모두 근사한 글의 재료가 된다.

08
읽기와 쓰기를 연결하는
3단계 예능 질문법

독서할 때 당신은 항상 가장 좋은 친구와 함께 있다.
- 시드니 스미스

글쓰기에서 가장 중요한 것은 '무언가를 써야 한다는 것'이다. 매우 당연한 이야기지만 동시에 너무나 어려운 일이기도 하다. 자기 생각을 글로 적는 방법을 제대로 배워본 적이 없기 때문이다. 답은 '질문'에 있다. 글쓰기를 가능하게 하는 가장 강력한 원동력은 질문에서 나온다. 글쓰기와 질문은 대체 어떻게 연결될까?

첫째, 질문은 글쓰기의 이유다. 우리가 무언가를 쓸 수 있는 이유는, 아니 무언가를 쓰고 싶다는 강한 열망이 드는 이유는 질문에 대한 답이 생각났기 때문이다. 우리는 무언가를 발견할 때 반드시 쓰고 싶다는 열망에 사로잡힌다. 따라서 질문에 답한 자는 반드시 쓰게 된다. 둘째, 독창적인 글쓰기는 질문에서 시작한다. 세상은 우리에게 "님과 다른 글을 써야 한다"라고 말한다. 남과 다른 글은 어떻게 쓸 수 있을까? 앞의 첫 번째 이유를 제대로 읽을 수 있는 사람이라면 쉽게 답할 수 있을 것이다. 남과 다르게 질문하면 다른 글을 쓸 수 있다. 다르게 질문해야 다른 글이 나온다.

이처럼 '쓰기'는 늘 '질문'과 이어져 있다. 그렇게 쓴 글을 부모와 아이가 함께 읽으며 또 다른 질문을 탄생시킨다. 이것이 바로 질문을 중심에 둔 쓰기와 읽기의 연결이다. 질문에서 출발한 쓰기가 읽기로 이어지고, 읽기는 다시 질문으로 이어지는 이 끊임없는 순환 속에서 아이의 생각은 무럭무럭 자라고 울창한 숲을 이룬다.

일상에서 아이와 부모가 질문, 쓰기, 연결을 잇는 가장 손쉬운 방법은 바로 '예능 읽기법'이다. 여기서 주의할 점은 단순히 '눈과 귀로 감상하는 시청'이 아니라, '몸과 정신의 모든 감각을 동원하는 읽기'를 실천해야 한다는 사실이다. 텔레비전의 예능 프로그램은 인간의 모든 욕망이 집약된 콘텐츠다. 미움, 분노, 슬픔, 질투부터 사랑, 우정, 행복, 그리움까지 거의 모든 감정이 담겨 있다. 그래서 멍하니 시청만 하다간 아이가 아무것도 발견하지 못하고 시간만 흘러갈 수 있다.

자, 한국 최고의 음식 방송이 시작한다. 시간이 30분 정도 지나면 서서히 반응이 온다. 지금 당신은 무슨 생각을 하는가? 맛있는 음식을 자꾸 보니 배가 고파지는가? 음식 방송을 보며 그저 '먹고 싶다'는 생각을 하는 사람은 '1차원적 시청자'이다. 그런데 아쉽게도 80퍼센트

언어에
대하여

이상이 이 수준에 머무르고 있다. 물론 그것이 나쁘다는 것은 아니다. 더 좋은 방향으로 나아가지 못한다는 게 안타까울 뿐이다.

모든 예능 프로그램은 정교한 대본으로 작동되는 한 편의 드라마다. '실제 상황'이라고 포장하지만 출연자마다 캐릭터가 있고, 미리 정해진 대사와 행동을 제한된 공간 안에서 연기한다. 이를 수동적으로 감상하지 말고 방송 속 캐릭터들을 분석하며 내용을 읽으면 더 재밌다. 연출자가 설정해놓은 다음 시나리오를 예측하고 캐릭터들의 반응을 예상하면서 스스로 방송국 PD가 되어 자신만의 예능 프로그램을 창조할 수도 있다.

이렇게 일상에서 늘 머릿속으로 자신만의 세상을 하나 창조할 수 있는 사람은 다른 세상에 기웃거리며 자신이 앉을 빈자리를 찾아보지 않아도 된다. 세상이 어떻게 변하는지 초조하게 신경을 쓸 필요도 없다. 가슴속에 또 다른 세상이 있기 때문이다. 그런 공간을 평생 품고 산다는 것은 자신에게 해줄 수 있는 최고의 축복이다. 자, 그럼 방금 시청한 예능 프로그램을 주제로 글을 씀으로써 이 '예능 질문법'을 완성해보자. 다음의 세 가지 질문으로 누구나 멋진 글을 완성할 수 있다.

1단계
분석하기

"이번에 읽은(꼭 '읽는다'는 표현을 사용하자) 예능이 사람들의 인기를 끄는 이유는 뭘까?"

무엇을 쓰든 언제나 지금까지 읽은 것을 분석하며 시작하는 게 좋다. 인기를 끄는 모든 것에는 그 나름의 이유가 있다. 단지 그것을 비난하거나 인정하지 못하는 자만 있을 뿐이다. 발견하는 자가 되면 다른 세상이 보인다. 최대한 자세하게 분석하는 게 좋다. 조명은 왜 저렇게 썼는지, 촬영 기법은 신선했는지, 왜 저런 캐릭터를 등장시켰는지, 사회자의 진행 능력은 어땠는지, 자막 활용은 어땠는지 등 눈에 보이는 모든 것을 발견해서 분석의 도마 위에 올려야 한다. 재료가 많아야 맛이 풍부해진다.

2단계
내 삶에 연결하기

"내가 프로그램을 만든다면 구성을 어떻게 바꿀까?"

방송을 시청하며 그저 비난과 조롱으로 일관하며 남이 잘한 것을 인정하지 못하는 자는 이 단계까지 올 수 없다. 발견한 것이 없으므로 자기 삶에 연결할 재료 또한 없기 때문이다. 보고 듣고 느낀 것을 자기 삶과 일에 연결해야 한다. 분석을 넘어 새로운 프로그램을 구상하는 일이 아이에게는 쉬운 일이 아닐 것이라고 함부로 단정하지 말자. 아이에게는 아이만의 세계가 있다. 그 세계 안에서 어른과는 다른 시각으로 충분히 색다른 프로그램을 구성할 수 있다.

세상과 소통하기

"내가 만든 예능 프로그램에 누가 출연하면 좋을까?"

마지막 단계는 배역을 스스로 정하는 과정이다. 알고 있는 연예인을 넣어도 좋고, 단짝 친구나 가족을 넣어도 괜찮다. 중요한 것은 그렇게 캐스팅을 한 이유까지 쓸 수 있어야 한다는 것이다. 누군가를 캐스팅하는 것은 비교적 간단한 일이다. 하지만 그 이유를 글로 설명하는 것은 세상을 설득하는 일이다. 그러므로 이 작업은 아이가 세상과 소통하는 연습을 자연스럽게 시작하는 매우 중요한 단계다.

아이가 예능 프로그램을 수동적으로 소비하는 데 그치지 않고, 하나의 '읽기'로 접근할 수 있다면 이제부터 아이는 세상의 모든 다채로운 빛깔을 바라볼 수 있게 될 것이다. 질문이 쓰기를 부르고 쓰기는 읽기로 이어지고 읽기는 다시 질문이 되는 자연스러운 일상을 통해 아이는 공부머리는 물론이고 창의성과 인성과 자존감까지 자기 안에 차곡차곡 쌓아간다. 이렇게 아이는 끝없이 변하는 세상에서 그 어떤 바람 앞에서도 끄떡없는 강인한 하나의 세계로 성장해나간다.

창조의 '그레이존'에 접속하는 3가지 독서법

"아이의 창의력을 자극하려면
아이와 어떻게 책을 읽어야 할까요?"

어느 영역에 속하는지 불분명한 부분을 '그레이존Gray Zone'이라고 부른다. 이 그레이존에 익숙한 일상을 보내는 것이 창조력을 키우는 가장 중요한 조건이다. 어둠 속에서는 어둠을 볼 수 없고 빛이 가득한 곳에서는 빛을 볼 수 없지만, 그레이존에서는 세상의 양면을 동시에 볼수 있다. 이 안에서 아이들은 글쓰기와 독서, 몰입과 관찰, 공부와 예술등을 더욱 풍성하게 즐길 수 있다. 그렇다면 일상에서 그레이존에 접속하려면 어떻게 해야 할까?

안도현 시인이 쓴 「너에게 묻는다」라는 짧은 시가 있다. 시인은 인간의 눈에 보이는 연탄의 세상을 표현했다. 시인은 스스로를 부숴가며 뜨겁게 달아올라 자신의 열정을 세상에 보여준 연탄의 시선으로 우리에게 묻는다.

당신은 그렇게 뜨겁게 무엇을 갈망한 적이 있는가?

정말 멋진 표현이다. 그러나 그레이존에서 세상을 바라보는 사람에게는 또 하나의 사물이 보인다. 바로 화로다. 연탄은 화로 없이는 자신의 온도를 높일 수도, 유지할 수도 없다. 번개탄으로 불을 붙여서 단숨에 열을 낼 수는 있지만, 그 온도를 오래 유지하거나 더 뜨겁게 달아오르게 하는 것은 오직 화로만 할 수 있다. 그 순간 그레이존에서 바라보는 사람은 이런 생각을 하게 된다.

누구나 시작은 할 수 있다. 하지만 자신의 열정을 세상에 보이려면 화로처럼 자신의 모든 것을 희생하는 누군가가 곁에서 도와줘야 한다. 그러므로 결코 혼자서 모든 일을 다 할 수는 없다. 너의 뒤를 돌아보라. 너를 위해 자신의 모든 것을 희생한 사람의 손을 잡으라. 세상은 그렇게 함께 살아가야 하는 것이다.

이 근사한 관찰은 주변의 일상적인 공간과 자신이 처한 상황, 그리고 지금 품고 있는 마음을 연결하려는 태도에서 비롯한다.
그레이존에서 관찰할 수 있는 일상의 재발견은 또 무엇이 있을까?

밥을 예로 들어보자. 그냥 반찬과 함께 곁들여 먹을 때는 밥이지만, 물에 넣어 끓이면 죽이 되고 조금 더 시간이 지나면 누룽지가 된다. 같은 밥이지만 시간과 방법에 따라 전혀 다른 이름으로 불리게 되는 것이다. 그레이존에서 바라보면 그런 변화의 과정이 선명하게 보인다. 나는 '인문학 질문법'을 지난 10년 넘게 연구하며 더 많은 아이가 그레이존에 접속할 수 있도록 돕는 독서법을 꾸준히 고민했다. 그리고 이 방법을 통해 수많은 아이가 이전과는 다른 수준으로 생각하고 상상하는 기적을 지켜봤다. 이 방법은 초등학생 이상이라면 누구나 실천할 수 있으니 지금부터 함께 시작해보자.

하나, 가장 빠르게 그러나 누구보다 천천히 읽게 하라

아이들이 책을 읽을 때 사람들은 이런 조언을 한다.

"한 글자씩 천천히 읽어야 한다."

맞는 말이지만 약간 수정이 필요하다. 아이가 책을 읽을 때 빠르게 읽는다는 것은 한꺼번에 몇 줄을 눈에 넣고 읽을 수 있다는 뜻이다. 시야가 넓다는 증거이기도 하다. 그러므로 굳이 천천히 읽으라고 강요할 필요는 없다. 그러나 내가 천천히 읽으라고 말한 이유는 같은 책을 최소 다섯 번 이상 읽어야 하기 때문이다. 아무리 빠르게 책을 읽는 아이도 반복해서 읽으면 횟수가 늘어날수록 속도가 느려진다. 속도가 느려진다는 것은 아이가 생각을 시작했다는 뜻이고, 이해의 넓이와 깊이가 이전과 비교해 눈에 띌 만큼 넓고 깊어진다는 뜻이다.

둘, 사전을 곁에 두지 마라

아이가 따로 찾는 게 아니라면 국어사전을 곁에 두지 말자. 사전이 없으면 아이는 의미를 추론하는 법을 스스로 배울 것이다. 세상이 정한 의미를 아는 것은 중요하지 않다. 더 중요한 것은 단 하나를 알더라도 스스로 깨닫고 창조하는 것이다. 아이들의 추론 능력이 부족한 이유는 부모가 충분히 기다려주지 않기 때문이다. 만약 추론에 도달하기까지 다섯 단계가 필요하다면, 대다수의 부모는 자꾸 두세 번째 단계에 끼어들어 아이가 무언가를 발견하고 스스로 답을 내놓을 기회를 빼앗는다. 끝까지 기다리지 못하고 강제로 멈추게 해 지식을 주입해버리는 것이다.

부모의 기다림 속에서 사전 없이 스스로 답을 찾아내는 아이는 능동적으로 자신의 길을 걸어간다. 부모는 아이의 사전이 아니다. 아이가 질문하면 바로 답을 내놓지 말고 또 다른 질문을 던져 아이가 스스로 답을 찾게 하자. 물론 쉽지 않다. 하지만 교육은 가장 먼 길로 가 가장 현명한 답을 찾아내는 과정이다. 걷다 보면 알게 되기 때문이다.

"부모의 질문 깊이가
아이의 언어 수준을 결정합니다."

셋, 암기왕을 만들려고 하지 마라

"이 소설의 주인공 이름이 뭐니?"

"1950년에 프랑스에서 일어난 사건이 뭐지?"

"이탈리아에서 유명한 역사 유적지를 다 말해볼래?"

책을 다 읽었다는 아이에게 부모가 주로 묻는 것들이다. 아이의 독서보다 중요한 것은 아이가 독서를 마쳤을 때 부모가 던지는 질문의 내용이다. 책을 통해 내면에 쌓인 지식을 단단하게 다져, 그 위에 또 다른 지혜를 쌓아올릴 수 있는 결정적인 순간이기 때문이다. 그래서 항상 부모의 질문은 단순한 정보를 묻는 것에 그치지 않고 책을 읽은 느낌을 묻는 방향으로 나아가야 한다. 누구나 아는 사항을 굳이 한 달 혹은 1년 먼저 암기한다고 아이 인생이 변하지는 않는다. 아이는 결국 모든 책을 교과서로 생각하며 독서에 대한 흥미를 잃게 될 것이다.

"안중근 의사가 무엇을 강조했지?"라는 교과서적인 질문에서 벗어나 "안중근 의사가 삶의 마지막 순간까지 책을 손에서 놓지 않았다는 이야기를 듣고 나니 어떤 생각이 드니?"라고 물어보자. 이처럼 정보를 확인하는 질문이 아니라 느낌을 자극하는 질문을 던지자. 아이의 독서를 퀴즈로 만들지 마라. 감각을 끌어올리고 자기만의 생각을 정립하는 독창적인 시간으로 만들어줘라.

세상이 알려준 지식 100개를 암기하는 것보다, 책을 읽고 스스로 추론해서 얻은 '나만의 지식' 하나를 깨닫는 게 좋다. 설령 그것이 세상

언어에
녹아내

의 기준에서 볼 때 틀렸을지라도 말이다. 암기는 무언가를 외우며 그 지식을 머리에 주입하는 과정이지만, 추론은 상황을 입체적으로 감각하며 그 깨달음을 마음에 담는 과정이기 때문이다. 잊지 말자. 지식은 '담는 것'이 아니라 자연스럽게 '담기는 것'이다. 그레이존에 접속한 상태로 세상을 바라보면 이해할 수 있는 문장이다. 억지로 짜내는 교육으로는 아이를 근사한 창조의 세상으로 인도할 수 없다.

"아이의 가능성에
불을 댕긴 것은
단 하나의 질문이었습니다."

5장
변화에 대하여

아이가 모든 배움을 마친 뒤 어디서든 자신의 몫을 해내는 '쓸모' 있는 어른으로 성장하려면 부모의 도움이 필요하다. 아이가 차분하게 자신의 일을 할 때 기품 있는 표정과 말로 아이를 안아주어라. 아이가 예의 없이 말하고 행동할 때도 기품 있는 표정과 말로 아이를 대하라. 아이는 상대가 예의 없이 행동할지라도 한결같은 태도를 유지하는 삶이 얼마나 근사한지 절로 깨닫게 될 것이다. 자신의 가치를 정확히 인지하고 그것을 빛낼 줄 아는 쓸모 있는 어른이 되려면 기품을 갖춰야 한다. 그리고 그 기품은 부모가 적절한 순간에 던져준 위로와 충고의 질문으로 완성된다. 제대로 된 질문을 먹고 자란 아이는 어디서든 빛을 내뿜으며 내일이 더 기대되는 사람으로 성장할 것이다.

01
질문 근육을 키우는
'낭독'과 '필사'의 힘

독창성이란 사려 깊은 모방에 불과하다.
- 볼테르

'이 글이 과연 제대로 쓴 글일까?'

'사람들이 내가 쓴 글을 읽으면 어떻게 생각할까?'

이런 생각 때문에 정말 많은 사람이 글쓰기를 시작하지 못한다. 글쓰기뿐만이 아니다. 영어도 마찬가지다.

'이렇게 말하는 게 맞나?'

'내 말을 저 사람이 알아들을 수 있을까?'

수천 단어를 외웠지만 정작 머릿속에서 꺼낼 수 있는 단어는 몇 개 없다. 평생 학원을 전전하며 암기만 하다 포기한다.

사람들은 왜 이렇게 영어를 두려워할까? 이유는 간단하다. "나는 당신을 사랑합니다"라는 간단한 표현부터 배우면 되는데 "내가 당신을 사랑하는 마음은 태양보다 뜨겁고, 공기처럼 허공에 둥둥 떠다니고 있습니다"부터 말하고 싶어 하기 때문이다. 아이가 글을 쓰거나 외국어를 배울 때 부모가 해야 할 첫 번째 일은, 기본적인 것도 제대로 하지 못하는데 계속해서 다음 단계로 넘어가려는 마음에서 아이를 빨리 벗어나게 해주는 것이다. 남의 이목을 신경 쓰지 않고 그저 지금 할 수 있는 것을 계속하도록 돕는 것. 그게 부모가 아이를 위해 할 수 있는 최선의 일이다.

타인의 시선을 지나치게 의식하는 태도는 스스로의 창의력을 망치는 최악의 적이다. 무언가를 창조하려면 하나의 일을 아주 오래, 그리고 깊이 파고들어야 한다. 그래야 그 안에서 사람들의 욕구를 알게 되고, 자신의 방향이 옳다는 믿음도 가질 수 있다. 때로는 믿어서 움직이는 것이 아니라 꾸준히 밀고 나가다 보니 믿게 되는 경우도 있다. 멈추지 않고 묵묵히 나아가는 사람이 더 단단한 믿음을 발견한다.

그래서 혼자 있는 시간이 중요하다. 앞으로 이 세상에 자신이 어떤 의미를 남길지 고민하고 결정하는 시간이기 때문이다. 혼자서도 오랜 시간 행복하게 머물 수 있는 아이는 둘이 모여도, 셋이 모여도 즐겁게 지낼 수 있다. 내면이 강하기 때문에 타인에게 의지하지 않고 눈치를 보지 않는다. 혼자서도 강한 아이는 세상에 결코 헛된 기대를 하지 않는다.

아이에게 혼자 보내는 시간의 중요성을 깨닫게 하려면 가장 먼저 무엇을 해야 할까? 일단 혼자 남는 두려움을 사라지게 해야 한다. 세상에 홀로 존재한다는 것이 '혼자 남는 것'이 아니라 '혼자를 선택하는 것'이라고 알려줘야 한다. 인간이 느끼는 부정적인 감정의 90퍼센트 이상은 상상일 뿐이라는 사실을 아이에게 가르쳐주자.

'저 사람이 나를 미워하는 게 아닐까?'

'왜 나랑 놀지 않는 거지? 내가 밉나?'

이런 고민은 사실 가치가 없는 것들이다. 대개는 오해일 가능성이 높고, 설사 사실이라 할지라도 상대가 나를 미워하는 마음은 내가 어찌할 수도 없기 때문이다. 관계에서 상처 받지 않고, 소중한 사람에게 따스한 마음을 전할 줄 알며, 언제 어디서든 무리와 잘 어울릴 수 있는 아이로 키우려면 틈틈이 혼자 시간을 보낼 여유를 줘야 한다.

혼자의 힘을 키우고 실감하기 위한 가장 좋은 방법은 '낭송'과 '필사'다. 혼자 있는 시간을 잘 보내지 못하거나 필사가 힘든 아이에겐 먼저 낭송을 권한다. 읽을 수만 있다면 누구나 쉽게 시작할 수 있기 때문이다. 부모가 책을 읽으며 틈틈이 좋은 문장을 모아두자. 그래야 아이도 그 문장이 소중하다는 것을 깨닫고, 결국엔 자신의 것으로 만들고 싶다는 강렬한 마음을 갖게 된다. 처음에는 일주일에 두 번, 한 번에 10분 정도 아이와 함께 부모가 메모한 문장을 낭송하자. 부모가 먼저 한 번 읽고, 다시 아이가 낭송하는 방식으로 진행하면 된다. 중요한 것은 서두르지 말아야 한다는 것이다.

아이의 낭송이 끝난 후에는 꼭 생각을 물어야 한다. 아이가 빨리 대답하지 않는다고 부모가 먼저 자신의 생각을 꺼내는 건 좋지 않다. 아이가 부모의 생각에 영향을 받을 수도 있기 때문이다. 부모가 일상에서 좋은 문장을 고르고, 그렇게 메모한 문장을 아이와 번갈아 낭송하고, 마지막으로 아이의 생각을 묻고 기다리는 것이 중요하다.

다음에는 필사다. 필사를 하는 이유는 비로소 혼자의 힘을 실감할 수 있기 때문이다. 낭송한 문장을 아이가 독립적인 공간에서 혼자 필사하도록 하자. 방에서 몰래 게임을 하거나 스마트폰을 보는지 걱정이 된다고 함부로 문을 열지 말고, 아이가 스스로 시작해 스스로 끝낼 수 있도록 충분히 기다리자. 자신의 의지로 시작과 끝을 결정하는 '작은 경험'을 자주 반복하면서 아이는 혼자서 무언가를 해내는 성취의 기쁨을 느낄 것이고, 그 어떤 사소한 일을 하더라도 반드시 '혼자만의 시간'이 필요하다는 단순한 사실을 깨닫게 될 것이다. 게다가 좋은 문장을 스스로 필사하면 일상에서는 얻지 못할 수많은 지혜를 쌓을 수도 있다.

낭송하고 필사하는 과정을 통해 아이는 비로소 '혼자의 힘'을 절감하게 될 것이다. 아무리 부모가 옆에서 도와준다고 해도, 무언가를 따라 읽고 받아쓰는 행위만큼은 아이 혼자 해낸 일이기 때문이다. 타인을 의식하지 않고, 언제나 즐거운 마음으로 한 가지 일에 전념할 줄 아는 아이로 크게 하려면 지금부터 좋은 문장을 낭송하고 필사하게 하자. 낭송은 근사한 미래를 스스로 부르는 일이며, 필사는 살고 싶은 내일을 일상에 쓰는 일이다. 좋은 문장이 입에 머물고 다시 손으로 기억할 수 있을 때 아이는 혼자서도 고요히 오래 머무를 수 있는 어른으로 성장한다. 그리고 자신의 상상력으로 세상 어디든 갈 수 있게 된다. 비로소 이때 때와 장소를 가리지 않고 질문을 던질 수 있는 '질문 근육'이 길러진다.

이 모든 것을 제대로 실천하려면 주변 친구나 사람들을 의식하지 않게 하는 것이 가장 중요하다. 아래 글을 자주 읽어주거나 낭송하게 하는 것도 좋은 방법이다.

부끄러움은 대가의 몫이다. 부끄러움은 정말 잘하는 사람이 가끔 실수할 때 느끼는 감정이지, 이제 막 시작한 사람이 느끼는 감정이 아니다. 대가가 아니라면 지금 할 수 있는 것을 지금 말하고 써야 한다.

우리는 모두 작은 실수마저 부끄러워할 정도로 대단한 능력을 소유하지 않았다. 나도 마찬가지다. 따라서 오늘도 나는 자신 있게 쓴다. 글을 쓰면 그 순간에는 누구나 자기 삶의 작가가 된다. 실수가 부끄러워질 때마다 아래 문장을 기억하자.

그게 글이든 외국어든 각종 지식이든
세상의 평가를 바라지 말고,
자신의 창조물이 최고라고 생각하고 계속 나아가라.

02

'생각의 틀'을 바꾸는
일상의 질문 습관

강력한 이유는 강력한 행동을 낳는다.

- 윌리엄 셰익스피어

뷔페에 가면 많은 사람이 이런 생각을 한다.

'뭘 먹어야 본전을 뽑을 수 있나?'

단가가 높은 음식만 골라 배가 부를 때까지 먹는 행위는 식사를 마친 후 허망한 기분만 준다. 이유가 뭘까? '세상의 기준'을 '자신의 기준' 위에 뒀기 때문이다. 뷔페에 가면 본전을 뽑아야 한다고 믿는 사람들의 머릿속에는 오로지 남들보다 더 많이 먹고 더 비싼 음식만 먹어야 한다는 '생각의 틀'이 잡혀 있다. 그 틀 안에서 비롯된 모든 행동은 스스로에게 만족을 주기 힘들다. 이럴 때는 생각의 틀을 '본전'에서

'자기만족'으로 바꿔야 한다.

'나는 지금 무엇을 먹고 싶은가?'

이 질문을 염두에 두고 식당에 가면 과식하거나 단가를 계산하며 먹을 필요가 없다. 눈앞의 식사에 집중하며 적당히 배가 부른 상태에서 쿨하게 일어설 수 있다. 아이의 생각의 틀을 바꾸려면 이렇게 부모가 먼저 기존 생각의 틀을 바꾸며 달라지는 일상을 경험해보는 게 좋다. 그 과정을 전체적으로 조망할 안목을 가져야 아이의 행동을 바꿀 질문을 생각할 수 있기 때문이다.

"우리 아이는 제 말을 안 들어요."

"어떤 방법으로 아이 행동을 바꿀 수 있나요?"

아이의 행동 때문에 고민하는 부모가 많다. 공부하는 습관을 들이고 싶고, 만화책보다는 글이 많은 책을 읽히고 싶고, 식당에서 차분하게 식사를 즐기는 아이의 모습을 보고 싶은 게 부모 마음이다. 하지만 역시 쉽지 않다.

이런 일들은 왜 쉽게 이루어지지 않을까? 답은 역시 부모의 말에 있다. 아이의 행동에 변화를 요구했던 지난 말들을 다시 떠올려보자. 아마 이런 식의 표현이지 않았을까.

"게임 그만하고 책 읽자."

"하루에 2시간 이상 공부하리고 했지!"

"식당에서는 자리에 앉아서 조용하게 식사하자."

별 생각 없이 읽으면 특별하지 않은 말이다. 하지만 공통적으로 이런 문제가 있다. 게임하는 아이를 독서하는 아이로, 노는 아이를 공부하는 아이로, 떠드는 아이를 조용한 아이로 바꾸려고 했다는 것이다. 세상 모든 일이 그렇다. 바꾸려고 하면 반빌이 생기고 대개 쉽게 이루어지지 않는다. 강요와 힘으로 이루려고 하기 때문이다.

부모는 설득이라고 생각하겠지만, 아이는 설득이 아닌 강요로 느낄 뿐이다. 설득은 말처럼 그렇게 쉽지 않다. 세상에 설득당하는 걸 좋아하는 사람은 없다. 그러니 설득하려는 마음을 버리자. 그 대신 새로운 생각의 틀을 만들어주자. 학습만화만 읽던 아이를 그림이 거의 없고 글이 위주인 책을 읽게 하는 과정을 예시로 삼아 '생각의 틀을 바꾸는 방법'을 설명해보겠다.

하나, 아이와 의논해서 함께 '틀'을 만들자

부모가 원하는 책은 그림이 적고 글이 가득한 책이다. 하지만 그림책만 보던 아이, 학습만화만 보던 아이는 웬만해선 그림을 끊기 힘들다. 그럴 땐 서점에 함께 가서 아이 스스로 책을 고르게 하자. 이렇게 하나의 '틀'을 부모와 아이가 함께 새롭게 만드는 것이다. '글이 많으면 좋겠다'는 부모의 마음과 '그래도 그림이 좀 있으면 좋겠다'는 아이의 마음이 적절히 반영된 책을 아이가 직접 고르게 해서 자유와 책임감을 동시에 느끼게 하자. 생각의 틀이란 대단한 것이 아니다. 그저 아이와 부모가 대화로 정한 하나의 원칙일 뿐이다. 그러니 최대한 가벼운 마음으로 접근하자.

변화에
대하여

둘, 아이와 '틀' 안에서 함께 지내자

이제 아이와 부모 사이에는 이런 생각의 틀이 생겼다.

'읽고 싶으면서 동시에 배울 수 있는 책을 읽자.'

이제부터 중요한 건 부모의 삶이다. 아이의 일상을 바꾸려면 부모도 뭔가 보여줘야 한다. 나는 학습만화는 드라마와 같다고 생각한다. 아이가 계속 만화의 다음 시리즈를 사달라고 조르는 마음과 부모가 드라마 다음 편 예고를 보며 '드라마는 늘 중요한 장면에서 끝나네' 하고 아쉬워하는 마음은 별반 다르지 않다. 그러므로 아이를 변화시키려면 부모도 응당 자신의 일상을 바꿔야 한다. 평소 즐겨 보던 드라마 시청을 줄이고 그 시간에 책을 읽거나 다큐멘터리 같은 지식을 다루는 프로그램을 시청해보면 어떨까? 그게 바로 틀 안에서 함께 지내는 방법이다. 아이는 그렇게 바뀐 부모를 바라보며 일종의 동질감을 느낄 것이고, 자신과 부모가 함께 변화하고 있다는 사실을 생각하며 미래에 대한 긍정적인 확신을 갖게 될 것이다.

셋, 이제 '틀' 안에서 아이 혼자 지낼 수 있게 하자

결국엔 아이가 혼자 자기 틀을 지킬 수 있어야 한다. 누가 옆에 있지 않아도 스스로 그 틀에서 생각을 움직여야 진실로 행동을 바꿨다고 말할 수 있다. 내가 그간의 연구로 판단했을 때, 학습만화에 중독된 아이가 거기에서 빠져나와 글로 가득한 책에 익숙해지는 데 필요한 기간은 최대 2개월이다. 빠르면 한 달로도 가능하다. 이 기간은 방금 제시한 두 번째 단계에서 부모의 '실천'이 얼마나 잘 이루어지는지에 따라 변할 수 있다. 부모가 스스로 바뀐 모습을 꾸준히 보여주면 아이의 행동도 빠르게 변할 것이다.

만화가 무조건 나쁘다고 말하는 게 아니다. 드라마도 나쁜 것은 아니니까. 중요한 건 무언가에 '중독'이 되면 안 된다는 것이다. 거기에서 언제든 빠져나올 수 있다면 만화를 읽어도 괜찮지만 아이들은 그게 쉽지 않다. 그래서 언제 어디서나 아이의 일상을 지켜줄 튼튼한 생각의 틀을 함께 만든 뒤, 아이가 그 안에서 새로운 행동을 실천하며 중독에서 자유를 얻도록 돕는 게 중요하다. 중독에 대한 내성이 강한 아이일수록 언제든 자신이 원하는 일을 시작할 수 있고, 빠르게 세상에 적응할 수 있다. 부모와 아이가 함께 만든 생각의 틀은 부모가 곁에 없어도 아이 인생을 든든히 지켜줄 것이다.

03

스스로 위기를 돌파하는
아이로 키우는 질문

✦

실수하지 않는 유일한 사람은
아무것도 하지 않는 사람뿐이다.
- 프랭클린 루스벨트

위대한 질문이란 무엇일까? 부모가 먼저 자신의 언어와 의도를 정의할 수 없다면 그 어떤 좋은 글과 말도 아이의 삶에 영향을 주지 못한다. 내가 이 책에 반복적으로 강조하는 인문학 질문은 이런 고민의 과정을 거쳐 탄생한다.

'이떤 질문을 힐 깃인가?'보다 중요한 깃은 '어띤 아이로 키울 것인가?'이다. '어떤 아이로 키울 것인가?'보다 중요한 것은 '왜 그런 아이로 키우는가?'이다. '왜 그런 아이로 키우는가?'보다 더 중요한 것은, 그리고 가장 중요한 질문은 '그 아이를 키우는 나는 누구인가?'라는

"아이의 가능성에 불을 댕긴 것은
단 하나의 질문이었습니다."

근원적 질문이다.

내가 누군지 알아야 나를 통해 아이를 제대로 키울 위내한 질문을 발견할 수 있다.

세상에는 서로 전혀 다른 자녀 교육 전문가가 있다. 부모의 고민에 "괜찮아요, 당신은 충분히 잘하고 있어요"라고 말하며 포근하게 안아주는 전문가와 "당신은 지금 이것을 잘못하고 있고, 앞으로 이렇게 하셔야 합니다"라고 말하며 냉정하게 현실을 짚어주는 전문가가 있다. 그들의 방법은 통할 수도 있고 안 통할 수도 있다. 중요한 건 그들의 방법이 아니라 '나만의 방법'이다. 방법이 있다는 것은 스스로 생각할 수 있다는 증거다. 스스로 생각하는 사람에게는 자신만의 방법이 생긴다. 그래서 '생각'이 중요하다.

부모는 아이들과 무엇을 하든 자꾸 교훈을 남기려고 한다. 산책길에서도, 식사를 하다가도, 집에서도 이러쿵저러쿵 자꾸만 억지로 교훈을 '공급'하려고 한다. 하지만 인성은 그런 식으로 길러지지 않는다. 인성은 가만히 있어도 저절로 퍼지는, 그 사람이 가진 향기다. 향기가 없는 사람은 살아 있어도 살아 있다고 말할 수가 없다. 자신만의 향기가 없기 때문이다. 향기란 개성이다. 다시 말해, 스스로 생각할 수 있다는 증거다. 스스로 생각할 줄 아는 아이는 자기만의 향기를 가질 수 있고, 자신이 원하는 것을 스스로 찾아 그것을 이루려고 최선을 다해 노력한다.

무작정 아이의 두뇌에만 주입하지 말고 생각을 자극하라. 만약 아이가 쓰레기를 길바닥에 아무렇게나 버렸다고 쳐보자. 그럴 때 보통의

변화에
내하녀

부모들은 쓰레기를 아무 데나 버리면 어떤 일이 생기는지, 왜 그렇게 하면 안 되는지 등의 가르침을 아이의 머릿속에 주입시킨다. 그러지 말고 이런 식의 간단한 질문으로 아이의 생각만 자극하라.

"네가 지금 버린 휴지는 앞으로 어떻게 될까?"

버려진 휴지의 삶을 스스로 상상하게 하면, 아이는 조금씩 스스로 생각하는 힘을 기를 것이고, 스스로 생각을 자극하며 더 넓고 깊은 배움의 바다에 뛰어들 것이다. 스스로 생각하는 아이는 결코 성장을 멈추지 않는다.

'생각이 바른 아이가 인성도 바르다.'

수학, 영어, 국어… 이런 것들은 '생각 교육'에 비하면 아주 사소한 부분에 불과하다. 스스로 생각할 수 있는 아이는 올바른 것을 실천하기 위해 멈추지 않는 법이니까. 그러나 아이를 기르다 보면 간혹 이런 불안한 생각에 휩싸인다.

'왜 내 아이만 모든 게 느린 걸까?'

이는 부모의 착각이다. 아이가 느리게 성장한다면, 아이가 아니라 부모 자신에게서 원인을 찾아야 한다. 아이들은 매일 부모의 질문에 답하며 스스로 성장하는 삶을 반복한다. 오직 부모의 질문만이 아이를 성장시킬 수 있다. 만약 아이가 성장을 멈춘 것 같다면, 부모가 질문하지 않았기 때문이다. 묻지 않는 데 답하는 사람은 없다.

영국의 시인 앨프리드 테니슨은 "아이를 낳고 기르는 것은 여성의 지혜에 달려 있다"라고 말했다. 이 말에 담긴 뜻은 아이를 기르는 게 여성의 일이라는 게 아니라, 여성의 힘이 그만큼 아이에게 큰 영향을 준다는 것이다. '지혜'라는 단어에 주목하자. 여기서 말하는 지혜란 '아이의 성장을 돕는 질문을 발견해내는 능력'을 뜻한다. 좋은 답은 위대한 질문의 결과다. 여기에 더 보태거나 덜어낼 말은 없다. 부모는 아이와의 일상에서 뻔한 '정답'이 아닌 특별한 '질문'을 발견해야 한다.

하지만 많은 부모가 내가 아닌 타인에게서 질문의 답을 찾으려고 한다. 싹이 내 안에 있는데, 왜 엉뚱한 곳에서 꽃을 피우려고 하는가? 질문을 발견할 수 있는 모든 싹은 이미 내 안에 있으니, 타인에게서 답을 찾지 마라.

독일의 철학자 쇼펜하우어는 이렇게 말했다.

남이 가르쳐준 진리는 바로 의수요, 의족이요, 의치요.
밀랍이나 남의 살로 만들어 붙인 코처럼
다만 너희에게 붙어 있을 따름이다.
그러나 자기 자신의 사색으로 얻은 진리는
진짜 손발과 같은 것이다.
오직 그것만이 진짜 우리의 것이다.

최고의 요리사는 식재료가 부족하다고 변명하지 않는다. 아무리 재료가 형편없어도 자꾸만 새로운 '질문'을 던져 위기를 돌파한다. 즉, 조리법을 바꾸는 것이다. 이렇듯 언제나 상상 이상의 성과를 내는 사람들은 환경을 탓하지 않는다. 다른 질문은 다른 답을 만들어낸다. 위대한 창조자들은 타고난 천재가 아니라, 다르게 질문하는 사람들이다.

변화에
대하여

아이가 원하는 게 무엇인지 모르겠다고 함부로 말하지 마라. 사랑하는 마음만 있으면 아이가 가야 할 길이 보인다. 사랑은 아이가 그동안 보지 못한 세상을 열어주는 둘만의 비밀번호니까.

04

질문은 언제나
'나'에서 출발해야 한다

내 인생은 물음표와 느낌표 사이를
시계추처럼 오가는 삶이었다.
- 이어령

질문을 제대로 던지려면 질문의 본질을 알고 있어야 한다. 우리가 질문하는 이유는 무엇일까? 그 누구도 현실에 안주하려고 질문을 던지진 않는다. 현실에서 벗어나기 위해 질문을 던지는 것이다. 따라서 질문은 '정해진 삶을 바꾸기 위해 인간 스스로 창조한 위대한 발명품'이라고 할 수 있다. 현실에 머문 생각으로는 현실을 벗어날 질문을 던질 수 없다.

예전에 나는 '자기가 좋아하는 일을 하면서 살기 위해서는 일상의 우선순위를 바꿔야 한다'라는 취지의 글을 쓴 적이 있다. 그 내용을 요

변화에
대하여

약하면 다음과 같다.

매일 밤늦게까지 야근을 하는 사람이 있다. 그는 어차피 평일에는 저녁 늦게 집에 들어가니 그냥 속 편하게 취미나 여가는 주말에 몰아서 해야겠다고 생각한다. 하지만 이렇게 살면 특별히 야근을 하지 않아도 되는 날에도 일을 계속 뒤로 미루며 어떻게든 밤늦게 퇴근하는 일상을 반복하게 된다.

야근을 밥 먹듯이 하는 일상의 관성은 일이 없는 날에도 야근을 하게 만든다. 이렇게 저녁이 없는 평일을 보내다 보면 주말에 몰아서 마치 일을 하듯 '취미 노동'을 하게 된다. 그러니 차라리 새벽에 30분 정도 일찍 일어나서 좀 더 빠르게 일을 시작하거나, 일주일 중 며칠은 억지로라도 정시에 자리에서 일어나 저녁 시간을 즐기자고 제안했다.

이 글을 쓰면서 나는 현실의 굴레에서 벗어나지 못하는 사람들의 반론을 예상했다.

"작가님은 야근을 해야만 하는 회사에 안 다녀봤군요."

"세상에 야근을 좋아서 하는 사람이 어디 있나요?"

충분히 일리가 있는 반박이다. 하지만 나라면 이런 방식으로 질문을 바꿨을 것이다.

"나는 야근을 좋아하는가?"

"야근을 좋아하지 않는다면, 야근을 해야만 하는 회사에 다니는 이유는 대체 무엇인가?"

"행복해지기 위해 일을 하는 것인데, 야근 때문에 삶이 불행해진다면 굳이 그 회사에 다녀야만 하는가?

"그렇다면 내가 원하는 대로 살게 해줄 회사에 다니려면 무엇이 필요한가?"

질문의 시작이 내가 아닌 타인이나 세상이 되면 현실에서 벗어날 수 없다. 벗어나야 할 대상은 남이 아닌 자신이다. 질문은 언제나 자신에게서 시작해야 한다. 그래야 현실을 직시하고 생각의 한계에서 벗어나는 질문을 던질 수 있다.

내가 던진 질문에 다시 이의를 제기하는 사람이 있을 것이다.

"정시 퇴근하는 회사에 다니고 싶지 않은 사람이 누가 있나요?"

"애들도 키워야 하고, 목돈도 마련해야 하고, 빚도 갚아야 하니 야근을 많이 해도 월급을 조금 더 주는 회사에 다니는 거죠. 작가님은 갚을 빚이 없군요?"

나는 다니던 직장을 그만두고 전업 작가가 되어 글을 쓰기 시작할 당시에는 빚이 전혀 없었지만, 책 한 권을 쓰기 위해 1년이라는 시간을 투자하느라 나중에는 빚이 생겼다. 하지만 당시에 나는 이런 생각을 갖고 있었다. 그때의 생각을 지인과 나눴던 대화로 풀면 이렇다.

"요즘 왜 이렇게 책을 안 내요?"

"이번에는 시간을 조금 더 투자하려고 합니다."

"열심히 쓴다고 누가 알아주나요?"

"독자가 알아주겠죠."

전업 작가가 되기 전에 내가 썼던 책은 독자의 마음을 얻지 못했다. 그래서 잘 다니던 직장을 그만두고 작가가 되기로 결심했던 것이다. 그렇게 나는 1년 이상을 오로지 책 한 권에 투자했다.

만약 내가 현실에서 벗어나지 못하고 안주하려는 마음으로 살았다면 어떻게 됐을까? 아마 지인과 이런 대화를 나눴을 것이다.

"요즘 왜 이렇게 책을 자주 내요?"
"하도 책이 안 팔리니까 그냥 막 내는 거죠."
"그럼 누가 알아주나요?"
"뭐, 언젠가 하나는 걸리겠죠."

생각만으로도 답답하고 무서운 대화다. 현실에서 벗어나 생각의 한계를 극복하는 것이 이렇게 중요하다. 그러나 자신의 현실을 냉정하게 진단하지 못하면 질문은 한 발도 앞으로 나갈 수 없다. 그게 바로 질문이 어려운 이유다. 자신의 현재를 직면함으로써 겪게 되는 고통을 이겨내야 현실을 바꿀 온전한 질문이 탄생하기 때문이다.

아이의 생각을 자극하려면 부모가 먼저 현실을 바꿀 생각을 할 수 있어야 한다. 질문은 결국 생각하는 자에게서만 나올 수 있다. 그런데 내가 '생각의 한계를 벗어날 수 있는 질문을 해보자'라고 사람들에게 말하면 대다수의 사람이 그저 자신의 어려운 처지에 대한 이야기를 들려준다. 그리고 이 세상이, 자신을 둘러싼 상황이 무척 힘들다고 구구절절 설명한다. 하지만 그런 단순한 하소연만으로 현실은 나아지지 않는다.

누군가 무언가를 새로 발명하거나 발견히면 사람들은 속으로 이렇게 비아냥거린다.

'에이, 나도 그거 생각한 적 있는데!'

이렇게 투정에만 그치는 사람은 결코 성장할 수 없다.

'나는 왜 실행하지 않고 생각만으로 그쳤을까?'

현실을 받아들이고 질문의 중심에 나를 둘 줄 아는 사람은 언제나 더 나은 미래를 꿈꾼다. 이것이 아이와 자신의 근사한 내일을 믿는 지혜로운 부모의 삶의 태도다.

물 한 잔을 마실 때조차
그 의미를 찾는 질문

사막이 아름다운 것은 어딘가에 샘이 숨겨져 있기 때문이다.
- 앙투안 드 생텍쥐페리

나는 아이에게 미식美食의 즐거움을 알려주는 것을 매우 중요하게 생각한다. 미식이란 무엇일까? 아이에게 이렇게 한번 질문해보자.

"미식가는 어떤 사람을 말하는 걸까?"

아마도 "비싸고 맛있는 음식을 찾아 먹는 사람이죠"라고 대답할 가능성이 높다. 그럼 이 대답에서 힌트를 찾아 다음 질문을 던져보자.

"비싸다는 것과 맛있다는 것이 같은 말일까?"

아이는 아마도 "그렇지 않다"라고 답할 것이다. 학교 근처에서 파는 떡볶이, 어묵, 튀김 등은 비싸지 않아도 맛있기 때문이다. 이 두 번의 질문으로 우리는 아이에게 '미식가는 비싼 음식을 먹는 사람이 아니라 지금 내가 가장 먹고 싶은 음식을 찾아서 즐기는 사람이다'라는 사실을 깨닫게 할 수 있다. 이제 아이는 전과 똑같은 음식을 먹더라도 더 맛있게 즐기는 방법을 스스로 생각할 것이다.

미식의 즐거움을 아는 것은 아이 교육에도 매우 중요하다. 같은 식재료일지라도 조리법을 다르게 하면 다양한 맛을 낼 수 있다. 어떻게 조합하는지에 따라 재료의 맛을 살릴 수도 있고 죽일 수도 있는 것이다. 이러한 미식의 원리는 세상의 모든 것에 적용할 수 있다. 그 어떤 사소한 일이나 지식도 서로 잘 조합하기만 하면 근사한 결과를 만들어낼 수 있다는 사실을 아이가 일상에서 느낄 수 있게 해주자.

이를테면 차갑게 식은 크루아상은 그냥 먹기보다 오븐에 낮은 온도로 타지 않게 5분 정도 데워서 먹으면, 같은 빵도 더 근사하게 즐길 수 있다는 사실을 알게 된다. 미식의 원리를 깨달은 아이는 남들과 같은 상황, 같은 재료가 주어져도 이 조건 안에서 더 좋은 답을 찾아내는 아이로 성장한다. 평범한 일상 속에 숨어 있는 다양한 가능성을 연결하는 지혜를 터득하게 되는 것이다. 이런 아이에게는 모든 상황이 무언가를 찾아내 배울 수 있는 놀이터다.

아이에게 어떻게 미식의 즐거움을 깨우쳐줄까? 모든 것은 과정을 즐기는 마음에서 시작한다. 뜨거운 햇살이 비치는 사막에서 며칠을 아무것도 먹지 못하다가 우연히 물을 발견했다고 생각해보자. 당신이라면 어떻게 물을 마실 것 같은가? 아마도 '벌컥벌컥'이 답일 가능성이 높다. 무언가 부족할 때 그것을 채울 것이 나타나면, 메마른 땅이 물을 흡수하듯 누구나 정신없이 닥치는 대로 빈 곳을 채우기 마련이다. 물론 인간의 본능일 수도 있다. 하지만 채워지는 속도가 빨라질수록 대상을 느낄 감각 신경의 작동이 둔해져 정작 중요한 맛과 향을 즐기지 못하게 된다. 차분히 한번 생각해보자. 우리가 인간인 이유는, 그리고 우리에게 생명이 있는 이유는 본능을 거부하는 일이 아무리 힘들지라도 그 수많은 충동 속에서 더 나은 것을 하나하나 선택해나갈 수 있는 자제력이 있기 때문이 아닐까?

아이들은 언제나 본능에 충실한 삶을 산다. 그렇게 살지 않아야 할 이유를 아직 모르기 때문이다. 반대로 그 이유를 알려주면 그 순간부터 아이는 전혀 다른 일상을 보내게 될 것이다. 자신이 맞이하는 모든 일상이 근사한 책의 한 페이지가 되는 아이로 산다는 것. 생각만 해도 얼마나 행복한 일인가? 외출을 했다가 집으로 돌아와 물을 찾는 아이에게 이번에는 그냥 주지 말고, 이렇게 한마디를 덧붙이며 건네주자.

"우리 이번에는 물을 천천히 마셔볼까?"

모든 새로운 시도는 반드시 부모가 함께하는 것이 좋다. 부모가 먼저 천천히 물을 마시는 시범을 보여주자. 그럼 아이도 조금은 즐겁게 따라 할 것이다.

그런 다음 질문을 통해 아이 안에 잠든 생각을 자극하자.

"이때? 평소처럼 빌긱빌긱 마실 때와는 나른 게 느껴시니?"

처음에는 아이가 차이점을 느끼지 못할 수도 있다. 미세한 차이를 느끼는 것이 처음이기 때문이다. 하지만 그런 시도가 계속 이어지면 아이는 결국 자신이 좋아하는 생수의 종류를 알게 되고, 그 생수가 다른 물과 무엇이 다른지도 설명할 수 있게 될 것이다.

"대박 맛있어요!"

"와, 존맛!"

이와 같은 세상의 언어가 아닌 자기만의 언어로 물의 맛을 표현하는 아이의 모습을 상상해보자.

"이 생수는 다른 물보다 신선해. 음, 이슬을 마시는 기분이야."

이는 매우 위대한 일이다. 아이가 자기 안에 존재하는 내면과 대화를 시작했다는 뜻이기 때문이다. 자신만의 기호를 발견한 아이는 이제 세상의 모든 것을 자신만의 기준으로 바라볼 것이며 자신만의 방식으로 스스로를 표현할 것이다.

아이의 단점을
성장 무기로 바꾸는 질문

나는 유별나게 머리가 똑똑하지 않다.
다만 변하고자 하는 마음을 질문으로 옮겼을 뿐이다.
- 빌 게이츠

운동으로 성공한 사람들의 어린 시절 이야기를 들어보면, 운동을 시작한 이유가 매우 독특했던 사람이 분야와 상관없이 많다는 사실을 알게 된다. 거대한 몸의 보디빌더, 누구보다 빠른 단거리 달리기 선수, 그라운드를 누비는 축구 선수 등 모든 운동선수가 처음부터 실력이 대단했던 것은 아니다. 어떤 달리기 선수는 학교에서 친구들에게 느림보라고 놀림을 받아서 운동을 시작했고, 어떤 보디빌더는 어렸을 때부터 몸이 허약하고 왜소해서 꾸준히 근력 운동을 하다 보니 그 누구보다 탄탄한 몸을 갖게 되었다.

"아이의 가능성에 불을 댕긴 것은
단 하나의 질문이었습니다."

하루는 공중파 뉴스에서 앵커로 활동하는 지인에게 내가 학창 시절에 국어를 가장 못했다고 고백하자, 그가 놀라운 이야기를 들려주었다.

"작가님, 저는 어릴 때 말을 더듬어 놀림을 많이 받았습니다."

모든 사람이 자신의 장점을 무기로 삼아 사는 것은 아니다. 오히려 삶의 무기는 자신의 단점에서 비롯될 가능성이 더 높다.

"너는 몸이 좋지 않으니 머리로 하는 일을 하자."

"너는 수학에 재능이 없으니까 다른 과목에 시간을 투자하자."

대개 부모들은 이렇게 아이를 지도한다. 하지만 자기 분야에서 이름을 남긴 대가들의 어린 시절은 이와 정반대였다. 그들은 건강이 좋지 않아서 시작한 운동을 평생의 일로 삼았고, 말하기에 재능이 없어 시작한 말하기 훈련으로 스피치의 대가가 되었다.

이런 사례는 우리 주변에도 흔하다. 어떤 운동을 남들보다 월등히 잘했던 아이가 나중에는 선수가 아니라 그 운동을 취미로 즐기게 되는 경우를 여럿 보았을 것이다. 반대로 어떤 운동을 유독 못해서 그 단점을 극복하기 위해 본격적으로 운동을 시작한 아이가 결국 최고의 운동선수가 되기도 한다. 참으로 놀랍고 신비롭다. 세상에는 수많은 전문가가 있다. 그들은 어떻게 그 분야를 선택해서 그 분야의 전문가가 되었을까? 그들의 시작도 사실은 자신의 '단점'을 극복하려는 시도였다.

이해하기 쉽게 말하면, 상담이 필요한 자가 상담가로 성장한다. 마음의 고통이 큰 사람이 마음을 치유하는 전문가로, 관계에서 괴로움을 겪는 사람이 관계를 회복하는 전문가로 이름을 알린다. 이유가 뭘까?

그 일에 대해 치열하게 아파한 사람만이
가장 뜨겁게 고민하기 때문이며,
가장 뜨겁게 고민한 사람이
현실의 고통을 해결할 답을 찾기 때문이다.

지금까지 우리는 아이의 장점에서 그들의 미래를 발견하기 위해 애를 썼다. 글을 잘 쓰면 작가로, 그림에 소질이 있으면 화가로, 공부를 잘하면 학자로 키워야 한다고 생각했다. 즉, 아이들이 당장 보여주는 것에 초점을 맞춰 미래를 구상했다. 하지만 지난 장구한 역사를 돌이켜보면 그런 접근이 옳았던 사례는 많지 않다. 오히려 부족한 부분을 채우고자 노력한 사람들이 그것을 평생의 업으로 삼아 성공했고, 그렇게 살았던 사람이 스스로도 훨씬 더 큰 행복을 느꼈다.

지금은 단점이지만 아이가 스스로 극복하려는 의지가 있다면, 그 일을 열정적으로 할 수 있도록 옆에서 돕자. '재능'보다는 포기하지 않는 '의지'가 아이의 미래에 더 큰 영향을 주기 때문이다. 지금이라도 당장 아이의 약점이 무엇인지 파악한 뒤 그것을 미래에 무기로 삼을 만한 현실의 일과 어떻게 연결할지 고민해보자. 다음과 같은 질문으로 시작해보면 어떨까?

"지금 내 아이는 무엇으로 아파하는가?"

"어떤 문제로 고민하며, 어떤 일에 재능이 없는가?"

"무엇을 쉽게 포기하고, 무엇을 끈기 있게 하는가?"

만약 지속적으로 아이를 괴롭히는 것이 있다면, 이제는 그 고통에서 아이의 미래를 봐도 좋다. 아파봤던 경험이 누군가의 고통을 해결하는 가장 큰 자원이 된다. 울었던 나날이 지금 울고 있는 사람을 이해할 근거가 된다.

아이는 고통을 겪는 것이 아니라,
살아갈 자본을 쌓고 있는 것이다.

아이가 자신의 단점을 고민할 때마다 이런 이야기를 들려주자.
"우리 너무 아프다고, 울고 싶다고 함부로 주저앉지 말자. 너의 단점은 네가 성장할 최고의 근거니까."

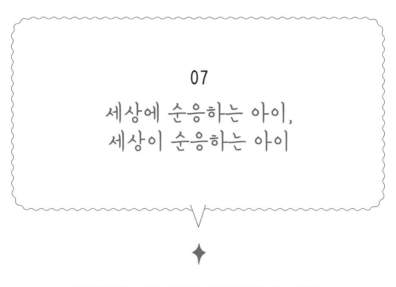

07
세상에 순응하는 아이,
세상이 순응하는 아이

질문하지 않는 삶은 사람으로서 살 가치가 없는 삶이다.

- 소크라테스

간혹 주변을 보면 전혀 다른 방식으로 사물과 상황을 바라보며, 신비할 정도로 독창적인 글과 말로 사람들을 경탄하게 만드는 아이가 있다. 나는 이 아이가 어떤 천재적 능력을 갖췄다고 생각하지 않는다. 그저 사물과 상황을 바라보며 독창적인 질문을 일상적으로 던질 수 있는 탁월한 관찰력을 지닌 덕분이라고 생각한다. 사방에 어지럽게 흩어져 있던 언어와 문화가 그 아이 눈에는 뚜렷한 윤곽으로 보이는 것이다. 바라보는 것만으로 마치 호령을 하는 것처럼 주변이 일사천리로 정돈되어 하나의 완벽한 형태를 갖춘다.

"아이의 가능성에 불을 댕긴 것은
단 하나의 질문이었습니다."

그러나 우리의 현실은 이상과 너무나 큰 차이가 있다. 숙제 하나도 부모의 도움 없이는 해결하지 못하고, 일기 한 페이지 쓰는 일도 힘들어해서 옆에 앉아 방법을 알려주지 않으면 진도가 나가지 않는다.

"오늘은 밥이 맛있었다."

이 한 줄로 일기 쓰기를 마무리한 아이를 다시 자리에 앉혀서 "너 제발 한 줄이라도 더 쓰면 안 되겠니?"라고 사정하면 아이의 일기장에는 이 한 줄이 더 적힐 뿐이다.

"내일도 맛있겠지."

지극히 평범한 수준의 사고방식에서 벗어나지 못하는 아이의 생각과 글의 수준을 접할 때마다 부모는 두렵고 불안하다.

'내 아이만 이런 건 아닐까?'

불안에 떨고 있는 모든 부모에게 나는 이렇게 말하고 싶다.

지식을 더 많이 아는 것은 중요하지 않습니다.
핵심은 현실의 문제를 풀 가장 적절한 지식이 무엇인지
구분하고 선택하는 능력입니다.

우리 아이에게 필요한 것은 지식이 아니라, 지금 내가 쓴 이 글귀를 현실에 접목하게 할 인문학 질문의 실천이다. 이를 위해선 폭넓은 교양도 중요하지만, 상황을 자신만의 시선으로 바라보는 내면의 힘이 훨씬 더 중요하다. 세상의 기준에 순응하지 않고 살아가는 아이의 일상은 인문학 질문에 익숙하다. 내가 정의하는 인문학은 '세상과 사람을

변화에
대하여

사랑하는 마음을 실천하며 사는 것'이다. 거기에 질문을 더하면 이렇게 정리할 수 있다.

사랑하는 세상과 사람을
행복하게 할 질문을 멈추지 않는 사람.

그래서 인문학 질문을 일상적으로 주고받는 아이들은 언제나 긍정적이고, 어떤 상황에서도 배움을 추구하며, 도전 앞에서 망설이지 않는다. 모든 질문은 결국 사랑하는 모든 것에 도움을 주기 위한 것이므로 아무리 힘들고 어렵다고 해서 쉬이 멈추지 않는다.

"오늘 뭐 배웠니?"

이런 질문이 중요한 게 아니다.

"오늘 배운 것에 대한 네 생각은 무엇이니?"

단순히 무언가를 배우는 것은 남의 지식을 그대로 가져오는 것일 뿐이므로, 학교나 학원에서 공부한 지식을 자신의 것으로 연결하는 질문이 반드시 필요하다.

그리고 아이의 일상을 질문으로 채울 때는 아이의 기준에서 익숙한 방법으로 접근하는 게 좋다. 이를테면 가족이 매주 시간을 정해 농구를 함께한다고 가정해보자. 구성원 모두의 농구 실력이 같을 수는 없다. 실력 차이는 곧 재미의 반감으로 이어진다. 이런 일을 겪으면 어떻게 대응해야 할까?

세상에 순응하는 사람은 농구에 대한 흥미가 떨어지는 상황이 당연한 일이라고 생각하며 입을 꾹 다문 채 그냥 재미없는 시간을 보낸다. 또 다른 사람은 주변을 살피기 시작한다. 다른 사람은 이렇게 농구를 하는지 관찰하고 분석한다.

그러나 세상이 정한 논리에 순응하지 않는 사람은 매주 적지 않은 시간을 재미없게 보내야 한다는 사실에 분노한다. 그리고 외친다.

"왜 재미없는 농구를 하며 시간을 버려야 하지?"

그리고 자신에게 묻는다.

"가족이 함께 즐겁게 농구를 하려면 어떤 방법이 필요할까?"

그렇게 질문은 현실을 바꾸려는 시도로 이어지고 다양한 방법을 떠올리게 만든다. 따로 시간을 내서 농구 연습을 하는 건 무리가 있으니, 실력이 좀 부족한 구성원은 각자 스마트폰으로 농구 관련 유튜브 영상을 보자고 권할 수도 있다.

지금은 당연하다고 생각하는 모든 것은 과거 어느 순간에 세상이 정한 법칙을 거부하고 과감하게 결단한 사람들이 만들어냈다. 하지만 누구나 쉽게 혁신가가 될 수는 없다. 첫째, 달려가던 속도를 늦출 용기를 내지 못하기 때문이고 둘째, 늘 하던 방식을 쉽게 버리지 못하기 때문이며 셋째, 순응을 거부할 질문을 창조하지 못하기 때문이다. 앞서 언급한 두 가지 문제는 스스로 의식하고 속도를 줄이며 차분해지려는 마음을 가지면 어느 정도 변화가 가능하지만, 마지막 문제는 반드시 누군가에게서 배워야 실천할 수 있다.

세상에서 가장 보석이 많은 곳은 보석상이 아니다. 세상을 거부하며 살다 죽은 사람들의 무덤이다. 누구나 세상을 흔들 멋진 아이디어를 갖고 있지만, 그걸 꺼내지 못한 채 세상을 떠났기 때문이다. 끊임없이 관찰하고 치열하게 질문하는 아이가 결국 자기 안에 존재하는 보석을 발견할 수 있다. 지금도 빛나고 있는 그대 아이의 보석을 바라보자. 그리고 그 귀한 것을 스스로 꺼낼 수 있게 도와주자.

08

일의 우선순위를
분별하도록 돕는 질문

질문을 잘하는 사람은 마치 단단한 나무를 다듬듯이
먼저 쉬운 것을 하고 어려운 것은 나중에 한다.
- 『예기』

질문의 힘은 어떻게 아이의 경쟁력과 연결될까? 매일 아침 아이를 학교에 보내는 것도 여간 어려운 일이 아니다. 부모의 아침은 분 단위로 정신없이 흘러간다.

오전 7시 30분에는 식사 준비를 마친 뒤 아이를 깨워야 하고, 화장실에 갖다온 아이가 7시 33분에는 식탁에 앉아야 하고, 8시 10분에는 양치질을 시작해야 한다. 그래야 8시 23분에 출발해서 8시 40분에 학교에 도착할 수 있다. 그런데 아이가 늦게 일어나 자꾸 책을 읽거나, 옷이 마음에 들지 않는다고 옷장 앞에서 투정을 부리며 시간을 보내면 부모 입에서 어떤 말이 튀어나올까? 고운 말이 나오긴 쉽지 않을 것이다.

"지금 시간이 몇 시야! 네가 옷을 고르고 있을 때니? 몇 번을 말했어, 늘 시간을 보고 움직이라고!"

아이가 스스로 문제를 해결할 가능성은 이렇게 사라져버린다.

세상에 존재하는 모든 일은 '중요도'에 따라 세 가지로 분류할 수 있다. 하나는 지금 꼭 해야 할 일이고, 또 하나는 지금 하면 좋은 일이고, 마지막은 하지 말아야 할 일이다.

아이를 키우다 보면 이런 말이 쏟아지는 순간이 있다.

"넌 지금 그걸 꼭 해야겠니?"

아이가 '지금 꼭 해야 할 일'을 하게 하려면, 그 일이 왜 중요하고 그렇게 살면 무엇이 달라지는지 알려줘야 한다. 일상에서 자주 겪는 간단한 숙제를 통해 설명해보자. 영어 시험에서 아이가 틀린 단어를 모아 암기 공부를 함께 해본 적이 있을 것이다.

"너 틀린 단어 열 번씩 노트에 써."

이렇게 다짜고짜 명령하지 말고, 조금 다른 방향으로 접근해보자.

"한 단어를 몇 번씩 써야 네가 외울 수 있을까?"

그럼 아이는 이렇게 답할 것이다.

"음, 열 번이요."

자신이 생각하기에 적당한 횟수를 말한 아이에게 다시 이렇게 질문하자. 일의 중요도를 스스로 파악해 실천하는 아이는 이런 질문에서 탄생한다.

"모든 단어를 다 똑같이 열 번씩 쓸 필요가 있을까? 암기하는 데 필요한 횟수는 단어마다 다 다르지 않을까? 어떤 단어는 다섯 번만 써도 외울 수 있고, 어떤 단어는 스무 번을 써도 외우기 어려울 수도 있으니까 말이야. 그렇지 않니?"

지금까지의 교육이 아이를 힘들게 다그치면서도 정작 효과는 낮았던 이유가 무엇일까? 아이의 개별적 특성과 문제의 난이도를 하나하나 살피지 않고 획일적인 지시와 일관된 내용으로 이루어졌기 때문은 아닐까? 그런 단순하고 무책임한 교육으로는 일의 우선순위를 스스로 파악할 수 있는 능력을 길러줄 수 없다.

만약 일상에서도 이런 식의 교육을 고집한다면, 아이는 당장 시간이 없을 땐 스무 번을 써야 외울 수 있는 단어를 고작 서너 번만 쓴 뒤 넘어갈 것이다. 반대로 시간이 넉넉할 때는 다섯 번만 써도 외울 수 있는 단어를 스무 번이나 쓰며 소중한 시간을 낭비할지도 모른다.

모든 단어는 암기하는 데 필요한 '시간'과 '쓰기 횟수'가 전부 다르고, 그걸 아이가 스스로 인지할 때 학습 효과가 가장 높아질 수 있다.

이 원리를 아는 아이와 모르는 아이가 중학생이 되고 고등학생이 될 때 얼마나 큰 격차를 만들어낼지는 자명하다. 이것이 바로 늘 의문을 품고 질문을 던질 수 있는 아이와 그렇지 않은 아이가 거머쥐게 될 경쟁력의 차이다.

그리고 우리는 이 모든 깨달음을 일상에서 찾아낼 수 있다.

변화에
대하여

일상은 우리가 가진 최고의 무기다.

아이들은 일상에서 매일 선택의 기로에 선다. 그때마다 '지금 당장 해야 할 것'을 제대로 선택할 수 있다면 얼마나 좋을까? 그런 분별력과 판단력을 키울 수 있다면, 남들과 같은 시간을 쓰면서도 훨씬 더 많은 일을 해낼 수 있을 것이다. 이 모든 기적은 일상의 작은 질문에서 시작한다.

아이 스스로 '몇 번을 쓰면 단어를 다 외울 수 있을까?'라는 질문을 버리고 '모든 단어를 똑같은 횟수로 쓸 필요는 없지 않을까?'라는 질문으로 갈아탈 수 있게 하자. 일의 중요도를 스스로 평가할 수 있는 아이는 이제부터 작은 것부터 큰 것까지 자신의 일상을 스스로 제어할 수 있게 될 것이다. 그리고 그렇게 확보한 여유 시간은 고스란히 아이의 경쟁력으로 이어질 것이다.

09
질문할 줄 아는 아이는
어둠 속에서도 빛을 발견한다

특별해지고 싶은 사람은 많다.
하지만 그러기 위해 노력하는 사람은 없다.
- 요한 볼프강 폰 괴테

한 사람의 삶은 결국 그 사람이 매일 반복하는 일상으로 완성되는 하나의 예술이다. 그러므로 평소에 아이에게 어떤 질문을 자주 던지는지에 따라 아이의 삶이 가능성으로 넘쳐날 수도 있고 그 반대가 될 수도 있다. 질문을 대할 때 우리는 늘 이 사실을 잊지 말아야 한다.

질문이란 변화하는 일상의 주체이며,

모든 아이는 새로운 일상에서

자신의 능력을 시험하며 성장한다.

변화에
대하어

그래서 모든 질문은 내일의 두려움이 아닌,
생각만 해도 기쁨이 가득한 희망이어야 한다.

부모가 매일 아이에게 일상을 두렵게 만드는 질문을 던지면 아이는
모험을 두려워하고 회피한다. 반대로 부모가 모든 일상을 기쁨 안에
두는 질문을 던지면 아이는 앞으로 주어질 모든 것을 축복으로 여기
며 산다.

세상은 이렇게 말한다.

"모든 아이는 저마다 독특한 성격과 성향을 타고난다."

하지만 나는 이 말에 동의하지 않는다. 우리에게는 일상의 방향을
바꿀 '질문'이라는 강력한 핸들이 있기 때문이다. 모르는 것을 알려고
노력하는 아이, 불가능한 환경에서도 가능성을 배제하지 않고 도전하
는 아이, 어둠에서 빛을 발견하는 아이의 질문은 분명히 다르다.

예를 들어 이런 상황에 놓였다고 생각해보자. 한 아이와 부모가 겨
울방학에 매일 30분씩 배드민턴을 치기로 결정했다. 처음에는 부모와
아이 모두 귀찮게 생각했지만 일주일 정도 반복하며 즐거움을 느끼게
되었고, 아이는 부모와 함께 새로운 운동을 배우는 시간이 그 어떤 일
보다 참 행복했다.

그런데 문제가 생겼다. 배드민턴을 치다가 아이가 발을 삐끗해서 일
주일 정도 운동을 하지 못하게 된 것이다. 행복한 마음으로 그 시간만
기다렸던 아이는 일상의 큰 즐거움이 사라지는 것도 싫었지만, 자신과
의 약속을 지키지 못한다는 사실에 서럽게 울기 시작했다. 아이들은

약하고 순수하다. 마음을 다잡고 시작한 일인데 제대로 마무리하지 못할 수도 있다는 생각이 들면 억울해서 슬픈 감정을 주체하지 못한다. 이때 아이에게 '어떤 상황에서도 빛은 존재한다'는 사실을 알려주자.

"우리가 배드민턴을 칠 수 없다는 것은 무엇을 의미하는 걸까?"

화난 아이는 이렇게 답할 것이다.

"약속을 지킬 수 없다는 거잖아요."

그때 질문의 방향을 이렇게 방향을 틀어보자.

"우리는 언제든 다른 것을 선택할 수 있지. 배드민턴을 할 수 없다는 것은 그 시간에 다른 것을 할 수 있다는 의미가 아닐까?"

여기에서 중요한 것은 방향을 틀며 마지막 문장을 만들 때 질문의 형식으로 끝내야 한다는 것이다. 그래야 아이의 생각을 자극할 수 있고, 마침내 이 대답을 받아낼 수 있다.

"그럼 이제 우린 뭘 하죠?"

이제는 간단하다.

"우리 배드민턴에 대한 책을 매일 30분씩 읽어보는 게 어때?"

또는 이런 제안을 할 수도 있다.

"네가 좋아하는 유튜브로 배드민턴 선수들의 지난 경기 영상을 보는 건 어떨까?"

여기에는 두 가지 포인트가 있다. 첫째, 배드민턴을 꼭 몸으로 해야만 되는 것은 아니다. 아이와 차분히 공부하는 시간을 가지며 '어떻게 하면 배드민턴을 더 잘할 수 있을까?'라는 질문으로 미래를 준비할 수 있다. 둘째, 책이 아닌 유튜브도 좋은 공부 수단이 될 수 있다. 유튜브가 단지 오락거리에 불과하며 아이들에게 부정적인 영향을 끼친다고 생각하는 이유는 부모가 그렇게 생각하기 때문이다. 선입견에서 벗어나 아이와 함께 유튜브로 배드민턴 영상을 시청하며 유튜브로도 무언가를 충분히 배울 수 있다는 사실을 아이가 스스로 깨닫게 하자.

이러한 과정을 통해 아이는 '모든 환경은 그것을 다루는 사람에 의해 전혀 다른 모습으로 변할 수 있다'는 사실을 알게 된다. 어둠이 존재하는 이유는 그것을 둘러싼 빛이 있기 때문이다. 누군가는 어둠을 보며 두려움에 떨지만, 또 다른 누군가는 어둠을 보며 빛을 소망한다. 당장은 눈에 보이지 않지만 그 존재를 믿으며 언제라도 빛을 발견할 수 있는 일상을 산다.

어둠(발목을 다친 상황) 속에서도 기어코 빛(배드민턴을 더 잘하는 방법을 책과 유튜브로 배울 수 있다는 가능성)을 찾아내는 아이로 키우는 비법은 단순하다. 빛을 찾아낼 수 있는 질문을 부모가 던져주면 된다. 자신감이 가득 찬 눈, 거침없이 내딛는 발걸음, 뭘 시작해도 기대 이상으로 해낼 것 같은 씩씩함. 언제나 기대를 하게 만드는 아이의 시작은 언제나 '빛을 바라보는 질문'에 있다.

"아이의 가능성에 물을 냉긴 것은
단 하나의 질문이었습니다."

세기의 천재 다빈치를 만든
3가지 질문

"늘 포기하지 않고
도전하는 아이로 키우려면
어떤 질문을 던져야 할까요?"

인류 역사상 가장 창조적이었던 발명가 레오나르도 다빈치는 스스로 삶을 개척한 사람이었다. 그의 삶을 편집하면 이렇게 표현할 수 있다. 폭설이 내리면 그는 길에 쌓인 눈을 치울 장치를 제작할 수 있었고, 눈이 얼어 빙판길이 되면 미끄러지지 않고 걸어 다닐 신발을 만들 수 있었고, 눈보라가 몰아치면 강풍에도 끄떡없는 튼튼한 건물을 지을 수 있었다.

어떤 풀리지 않는 문제가 찾아와도 다빈치는 언제나 해결 방법을 찾아내 일상에 적용했다. 보통 사람이 몇 번을 살아도 쉽게 도달할 수 없는 성과를 한 생애에 이루었다. 한마디로 그는 '생각의 차원이 다른 사람'이었다. 모두가 고개를 저으며 불가능한 일이라고 단언할 때, 다빈치는 세 가지 질문을 스스로에게 던지며 '불가능'을 '가능'으로 바꾸었다. 끊임없이 상상하고 도전하고 창조한 다빈치의 일상을 일군 질문은 무엇이었을까?

"어떤 것을 바라보고 있나?"

세상에는 세 종류의 사람이 있다. 보려는 사람, 보여주면 보는 사람, 보여줘도 안 보는 사람. 다빈치는 '보려는 사람'이었다. 아이를 다빈치처럼 키우려면 일단 아이의 가슴에 '보겠다는 의지'를 심어줘야 한다. 어떤 상황이 발생하면 부모는 자꾸 아이에게 정답을 요구한다.

"어떻게 해야 하겠니?"

"어떤 방법을 찾아야 하겠어?"

이런 질문은 세상이 이미 정해놓은 답을 찾으라는 또 다른 형태의 주입일 뿐이다. 언제나 질문은 아이의 눈에서 시작해야 한다.

"어떤 것을 바라보고 있니?"

이런 질문을 던져야 비로소 "그리고 그걸 보며 어떤 생각을 했니?"라는 질문으로 이어질 수 있고, 아이가 평범함 속에서도 특별함을 발견하게 할 수 있다. 세상은 발견하는 자의 몫이라는 사실을 잊지 말고 늘 아이가 무엇을 바라보고 있는지 질문하자.

"아이의 가능성에 불을 댕긴 것은
단 하나의 질문이었습니다."

"저 사람은 왜 그렇게 생각할까?"

우리는 가끔 너무 쉽게 타인을 평가하고 비난한다. 우리는 이해한 만큼만 창조할 수 있다. 생명이 누릴 수 있는 가장 고귀한 즐거움은 이해에서 얻을 수 있다. 창의성이 발생하려면 서로 다른 두 개의 가치를 하나로 연결해야 한다. 예상치 못한 일이 벌어졌을 때, 당황하지 말고 아이에게 이해를 자극하는 질문을 던지자.

"저 사람은 왜 그렇게 생각할까?"

"친구가 그렇게 말한 이유가 뭘까?"

무언가를 차분히 이해한 마음은 사라지지 않고 차곡차곡 쌓인다. 하나를 이해한다는 것은 하나의 생명을 가슴에 담는 일이기 때문이다. 세기의 창조자 다빈치는 그것을 누구보다 잘했던 사람이다.

"나는 무엇을 할 수 있을까?"

차원이 다른 생각을 하기 위해선 일단 현재 자기 수준을 알아야 한다. 세상을 바라보는 시선을 바꾸자. 원하는 것을 할 수 없다면, 할 수 있는 것을 원하면 된다. 그게 변화의 시작이다. 그래야 자주 경험할 수 있다. 지금 당장 실천할 수 있는 것이 무엇인지 아이가 스스로 찾도록 도와주자.

"지금 무엇을 할 수 있을까?"

변화에
대하여

"지금 우리에게 필요한 게 뭘까?"

매일 일어나는 일상의 경이에 대해 관찰하고 질문을 던지려고 노력하자. 다빈치의 조언처럼, 비행기를 타본 사람은 하늘만 바라봐도 날아가는 상상을 할 것이다. 그래서 스스로 선택해서 실천한 경험은 귀하다. 그 사람을 상상하게 만들기 때문이다. 그리고 이런 상상의 경험이 모여 그 아이가 나아갈 목표와 목적을 결정한다. 이 부분이 가장 중요하다. 목적 없는 공부는 아이 삶에 해가 될 뿐이며, 목표 없이 머릿속에 들어온 지식은 오래 남을 수 없다.

이 모든 조언을 일상에서 어떻게 실천할 수 있을까? 먼저 언어의 방향을 조정해야 한다. 다빈치는 다양한 분야에서 자신의 위대한 능력을 보여준 사람이다. 나는 그 사람의 삶은 그 사람이 남긴 언어의 합이라고 생각한다. 언어가 곧 일상이며 일상이 모여 삶을 완성하기 때문이다. 부정적인 표현과 소극적인 태도는 사실 하나라고 보면 된다. 세상을 부정적으로 바라보는 아이는 결국 소극적인 태도로 살아가게 된다. 모든 것을 '가능'이 아닌 '불가능'으로 인식하고, 희망이 앞에 놓여 있어도 굳이 절망을 선택한다. 이런 일상이 반복되면 아이는 도전에 나서지 않고 움직이지 않는 삶을 살게 된다.

그래서 부모는 '여지없는 부정의 표현'을 아이 앞에서 사용하면 안 된다.

"그건 절대 불가능해."

이 말은 아이 내면에 존재하는 모든 가능성을 사라지게 한다.

"내 인생이 그렇지 뭐. 자식 복도 지지리도 없지."

이 말도 마찬가지다. 부모의 이 잔인한 말을 들은 아이는 그 순간 모든 도전을 멈춘 채 이런 생각을 품고 소극적으로 살게 될 것이다.

'내가 그렇지 뭐. 늘 주변에 피해만 주는 사람이지.'

가능성을 발견할 여지를 주는 질문을 자주 하자. 아이가 레고를 조립하다가 중간에 막혀서 진도를 나가지 못하는 상황을 아마 본 적이 있을 것이다. 그때 평소 부모에게서 부정적인 언어를 자주 접하고 가능성을 외면하는 말을 자주 들었던 아이는 쉽게 포기한다. 그럴 때 이런 대화를 시도해보자.

"지금 네가 조립하는 부분이 전체 과정 중에서도 가장 힘든 것 같네, 어떠니?"

소극적인 아이들은 이런 부모의 질문을 받고도 중간에 포기하려고 할 것이다. 하지만 그때 이렇게 다시 질문해보자.

"내가 볼 땐 네가 지금 그 부분에서 길어야 1분 정도 고민하고 있는 것 같은데, 맞니?"

소극적인 아이를 대할 때 부모는 항상 아이의 의지와 마음가짐이 어떤 상태인지 질문해야 한다. 함부로 아이의 상태를 단정하거나 아이의 태도를 바꾸려 하지 말고, 아이 스스로 자신이 처한 상황과 그에 따른 기분이나 감정 등을 말하게 하자.

"맞아요. 그리 오래 고민한 것 같지는 않아요."

아이가 그 사실을 인정하면 이제 이렇게 질문해보자.

"1시간에는 1분이 몇 개가 있지?"

"그야 당연히 60개가 있죠."

"그래. 바로 그거야. 1시간에는 1분이 60개나 있지. 그건 바로 1시간 동안 네가 레고를 맞추기 위해 무려 60번이나 시도할 수 있다는 뜻 아닐까? 너는 지금 단지 딱 한 번의 시도만 했을 뿐이야."

아이가 제대로 방향을 잡을 수 있도록 돕는 질문을 생각해내는 것이 힘든 이유는 방향을 정하기도 전에 무작정 아이를 바꾸려고 하기 때문이다. 소극적인 아이를 적극적인 아이로 바꾸려고 시도할 땐, 늘 머릿속에 '이해'를 넣어두고 질문을 이어나가야 한다는 사실을 기억하자. 다빈치가 더 많은 생명을 이해하려고 노력한 이유가 바로 거기에 있다. 아는 것이 적으면 사랑하는 것도 적다. 어떤 것이든 그것에 대해 잘 알지 않고서는 사랑할 수 없고, 급기야 자꾸만 미워하는 마음이 들기 마련이다. 더 이해해야 더 사랑할 수 있고, 더 사랑해야 아이는 자신의 세상을 창조할 수 있다.

아이와 부모의 질문이 쌓이면
한 권의 근사한 책이 된다

인간은 노력하는 만큼 방황하는 법이다.

\- 요한 볼프강 폰 괴테

아이를 사랑하는 마음을 조금이라도 더 완벽하게 전하려는 모든 부모에게 이런 말을 들려주고 싶다.

 자녀 교육, 모르는 게 아닙니다.

 머리에서 정리가 되지 않아서 혼란스러울 뿐입니다.

 당신은 이미 아이를 키울 모든 지식을 갖고 있습니다.

 자녀 교육을 다루는 지식은 사실 세상에 이미 가득하다. 아이를 키우는 집에 가면 요즘 유행하는 자녀 교육 서적이 책장에 가득 꽂혀 있다. 시간을 내서 강의도 듣고, 주변에 사는 동년배 부모들과 좋은 정보도 나누며 각자 자신의 아이를 잘 키우기 위해 분투한다. 그러나 언제나 고민이다. 아는 것은 많은데 실제로 아이 교육에 적용하려면 눈앞이 캄캄해지기 때문이다. 그럼, 이렇게 질문해보자.

"왜 정리가 되지 않을까?"

"아는 것을 적용하려면 어떻게 해야 할까?"

원고를 마무리하면서 마지막으로 이 질문에 대한 최선의 답을 찾기 위해 수많은 날을 사색에 잠겼다. 결국 가장 좋은 답은 부모 자신에게 있음을 깨달았다. 그게 바로 부모가 모범을 보여야 하는 이유다. 부모가 자기 삶에서 충분히 모범을 보이면 아이는 비난하는 삶을 멈추고 창조하는 삶을 살아가기 시작할 것이다. 아이가 자신만의 영감으로 새로운 것을 창조해내지 못하는 이유는, 부모가 일상에서 그런 모습을 보여주지 않았기 때문이다. PC방에서 잠시만 시간을 보내도 여기저기 난무하는 아이들의 욕설을 들을 수 있다.

이런 환경에 우리 아이가 놓였다고 상상해보자. 과연 혼자만 욕을 하지 않고 버티는 게 가능할까? 욕을 하지 않으면 괜히 약한 사람이 된 것 같아 의식적으로 더 욕을 할 수도 있다. 하기 싫어도 무리와 어울리기 위해 어쩔 수 없이 욕을 하기 시작한다. 악순환의 연속이다.

하지만 어쩔 수 없이 욕을 해야 하는 상황에서도 그 유혹을 이겨내는 아이들이 있다. 중심을 잡고 흔들리지 않는 아이들이 있다. 이런 높은 자존감은 어떻게 만들어졌을까? 아마 이 책을 다 읽은 부모라면 그

답이 무엇인지 알고 있으리라 생각한다.

내가 바로 서야 누군가에게 믿음직한 손을 내밀 수 있다.
스스로 서지 못하면 그 무엇도 제대로 할 수 없다.

중요한 건 부모의 흔들리지 않는 믿음과 뜨거운 사랑이다. 이를테면 친구와 집에서 커피를 즐기며 시간을 보내고 있는데, 마침 밖에서 놀다가 귀가한 아이가 배가 고프다며 음식을 찾는다. 그때 위생을 매우 중요하게 생각한 당신이 아이에게 이렇게 말할지도 모른다.

"너 집에 들어오면 가장 먼저 뭘 하라고 했지? 과자는 세수한 다음에 먹자."

친구가 그 모습을 지켜보다가 당신에게 이렇게 말한다.

"뭐 그런 것까지 신경을 쓰고 그래. 배고픈데 그냥 먹게 하지, 너무 깐깐한 거 아니야?"

두 사람의 말 모두 충분히 공감할 수 있다. 까다롭다고 생각할 수도 있고, 건강을 위해 위생을 챙기는 게 먼저라고 생각할 수도 있다. 그러나 이 모든 다양한 의견은 아이가 결국 식중독이나 감기에 걸려 병원 신세를 지면 하나로 모아진다.

"너도 참, 부모가 평소에 깨끗하게 씻으라고 했어야지!"

"부모가 무심하니 아이가 고생이네!"

세상은 끝없이 부모와 아이를 흔든다. 하루 24시간 내내 아이 생각만 하며 사는 부모들은 단 1초도 고민하지 않고 던지는 주변 사람들의 말에 이리저리 흔들린다.

"지금 당장 영어 공부 시작하지 않으면 영영 뒤처지는 거야."

"이런 선택이 아이들 인생을 망치는 거다?"

무심한 사람들은 평온한 표정으로 저주처럼 무서운 말을 내뱉는다. 이 세상에서 가장 아이를 사랑하는 모든 부모여, 절대 세상의 소리에 흔들리지 마라. 부모라면 아이를 위한 최선을 선택하기 위해 천 번, 만 번 고민해야 하고, 한번 결정한 것을 끝까지 믿고 지지하는 굳은 마음을 가져야 한다. 인생은 알 수 없다. 지금은 잘못된 것처럼 보이는 일도 시간이 지나면 좋은 일이 될 수도 있다. 우리가 반드시 잊지 말아야 할 것은, 아이가 스스로 생각하며 선택한 것이 많아야 한다는 사실이다. 대표가 흔들리면 기업이 흔들리는 것처럼 부모가 흔들리면 가정이 흔들린다. 내면의 소리에 귀를 기울이지 않으면 아이의 인생은 중심을 잃고 쓰러진다.

> 세상이 아무리 우리를 끝없이 흔들지라도,
> 무언가를 진정으로 사랑하는 사람은 흔들리지 않는다.

바라볼 곳이 있고, 그곳에 대한 확신이 있는 사람은 어떤 상황에서도 목표를 이룬다.

흔들리지 않는 자존감, 무엇이든 만들어낼 수 있는 창조력, 보기만 해도 느껴지는 근사한 기품. 나는 질문을 통해 이 모든 것을 현실로 일굴 수 있다고 생각한다. 이 방법을 전하기 위해 매우 긴 시간 치열하게 연구한 것을 실천과 경험의 과정을 거쳐 책으로 엮었다. 이 책의 모든 문장이 모든 부모에게 따스한 품이 되길 바란다.

부모에게도 기댈 부모가 필요하다. 아이를 사랑하는 이 시대 모든 부모와 그 따스한 사랑을 받고 자랄 모든 아이를 생각하며 시 한 편을 적었다. 사랑을 담아 이 글을 마친다.

숫자가 아닌 깊이를 바라보자.
백 권의 책을 한 번 읽어주는 것보다
한 권의 책을 백 번 읽어주는 것이 더 효과적이다.

중요한 것은 작가의 의도와 스토리를 읽는 게 아니라,
아이가 자기만의 해석과 스토리를 만들어가는 능력이다.
그 책을 만족할 때까지 읽으며 사색에 빠지도록 하라.

그리고 시간을 정하지 마라.
시간 제한이 없어야 압박감을 느끼지 않고,
"더 좋은 방법이 없을까?"라는 질문을 멈추지 않을 수 있고,
마침내 자신만의 더 나은 방법을 찾아낼 수 있다.

그렇게 아이는 세상의 고마움을 아는 사람이 된다.
나는 가끔 뒤로 걷는다.
내가 걸을 때마다 내 발에 밟히고 쓰러진

이름 모를 작은 풀과 개미를 본다.

나라는 사람을 세상에 세우기 위해

자신의 소중한 삶을 희생해준

고마운 존재에 대한 사랑을 잊지 않기 위해서다.

결국 인생은 쌓인다.

그대가 아이에게 보여준 페이지도 쌓여

아이의 인생을 구성하는 한 권의 책이 된다.

오늘 아이가 맞이한 하루는

지금까지 부모가 보여준 세상의 합이다.

부모가 시처럼 살면

아이는 삶의 시인이 된다.

그러므로 사랑하고 믿고 소망하라.

부록

365일
아이의 문해력을 키우는
인문학 질문 100

과학, 문화, 예술 등 각 분야의 세계적인 전문가들은 이제 곧 인공지능이 인간을 지배할 수 있다고 말하며, 그들과 공존할 미래의 시간을 준비해야 한다고 말한다. 하지만 이미 그 '시간'은 마치 현실처럼 느껴질 정도로 가까이 와 있다.

치근차근 생각해보자. 인공지능이 가장 잘하는 게 뭘까? 답을 내는 것이다. 인공지능의 최대 강점은 '속도'와 '수량'이다. 그들은 더 빠르게 더 많은 문제에 답을 내놓는다. 그러나 인공지능이 영원히 할 수 없는 것이 하나 있다.

"인공지능은 질문할 줄 모른다."

앞으로 우리 아이들이 살아갈 세계는 두 가시 방식의 삶이 존재할 것이다. 하나는 인공지능이 빠르게 낸 답을 받아 적으며 사는 사람의 삶, 또 하나는 인공지능이 계산해야 할 것들을 입력하는 사람의 삶이다. 여기서 '입력'의 대상은 무엇일까? 바로 질문이다. 인공지능에 무언가를 지시할 수 있으려면 적절한 질문을 던질 줄 알아야 한다. 질문하는 능력을 갖춘 사람은 아무리 미래에 기술이 발전해도 그 기술을 자신이 제어할 수 있는 반경 안에 두고 지혜롭게 활용할 수 있다. 그래서 나는 꼭 이 말을 전하고 싶다.

아이의 능력은 무한하다.
부모가 질문으로 끌어낼 수 있다면.

모든 부모는 아이를 키울
가장 좋은 방법을 갖고 있다.
아이가 태어날 때까지만.

부모의 마음은 아이가 울 때마다 바뀐다.
아이가 커서 유치원에 가고
초등학교에 입학해 공부를 시작하면
주변 사람들의 참견에 마음이 변한다.

부모 안에는 참 좋은 것이 많지만
분명한 원칙을 갖고 아이를 키우지 않으면
바람을 따라 휘청거리는 갈대처럼
흔들리다가 세월을 다 보낼 수도 있다.

수많은 계획은 자취도 없이 사라지고,
육아에 바빠 생각할 틈도 없이 시간을 보낸다.
그러다 보니 당장 좋다는 것에만 매달리고
즉시 효과를 볼 수 있는 것에만 의지한다.

하지만 아이의 삶을 제대로 잡을 수 있는,
부모도 의지할 수 있는 질문이 있다면
이야기는 달라진다.

아이의 능력은 무한하다.
부모가 질문으로 끌어낼 수 있다면.

그러니 당신의 질문을 가져라.
그것이 당신과 아이를 위한 가장 현명한 선택이다.

질문이 중요하다는 사실은 이미 많은 부모가 알고 있다. 많은 자녀
교육 서적에서도 소개하고 있다. 하지만 내가 아쉬운 것은 질문이 중

요하다는 것만 강조한 채 '어떻게 질문해야 하는가?'에 대한 구체적인 예는 부족하다는 사실이다. 질문의 중요성은 이제 모두 안다. 그렇다면 어떻게 해야 하는가? 나는 이 세상 수많은 부모의 그 간절한 마음을 지난 수년간 사색하며 치열한 연구를 반복했다. 이 책의 부록에서 제시하는 100개의 질문을 부모 자신만의 방식으로 응용해 반복하면 아이의 대답은 이런 순서로 바뀔 것이다.

하나,
성급하게 긴 고민 없이 "네", "아니오"의 답을 하던 일상에서 벗어나, '왜 그런 상황이 벌어졌고, 왜 그렇게 생각하는지'에 대해 먼저 언급하며 이야기를 시작한다. 글과 말을 대할 때 자신감을 갖는다.

둘,
아무리 말을 많이 해도 '우리 아이가 도대체 지금 무슨 말을 하려는 걸까?'라는 생각만 들게 하던 아이가, 뒤죽박죽 생각나는 대로 말하는 방식에서 벗어나 자기 생각을 서론, 본론, 결론 순서로 차근차근 말한다.

셋,
자신이 떠올린 생각을 어떤 방법으로, 어떤 목적으로, 어떤 과정을 거쳐 실천할지 명확하게 정리해 말하기 시작한다. 여기까지 오면 이제 아이는 자신에게 주어진 모든 일에 책임감을 갖고 주도적으로 임한다.

위에 나열한 세 단계의 궁극적인 지향점을 한 단어 바꾸면 '문해력'이라고 말할 수 있다. 꾸준한 독서가 문해력을 기를 수 있는 힘이 된다고 말하는 사람도 있다. 그런데 읽기만 하면 문해력이 저절로 향상될까? 지금도 아이들은 그런 희망을 품은 부모 옆에서 책을 읽고 있지만, 독서가 바로 문해력 향상으로 이어졌다는 소리는 거의 들어보지 못했다. 독서 그 자체는 만병통치약이 아니다. 마찬가지로 문제집을 많이 푼다고 성적이 오르는 것은 아니다. 부모가 함께 책을 읽고 아이와 대화를 나누면서 독후 활동을 치열하게 한다고 문해력이 하루아침에 높아지는 것도 아니다. 모두 그럴듯한 말이지만 현실에서는 잘 통하지 않는다.

우리는 결국 삶의 모든 것은 언어로 구성되어 있다는 사실을 깨달아야 한다. 그리고 질문하는 부모가 아이 안에 잠자고 있는 수많은 언어를 깨울 수 있다는 사실도 이해해야 한다. 그 귀한 사실을 자각한 뒤 아이의 모든 순간을 질문으로 아름답게 꽃피우겠다는 생각으로 아이를 바라보면 아이의 문해력은 저절로 단단해질 것이다.

중요한 것은 여기에 나온 100개의 질문이 일회용이 아니라는 사실이다. 한 번 질문하고 끝나는 것이 아니라, 일주일이나 한 달 후에 같은 질문을 다시 던지며 아이의 변화를 부모가 직접 체감하는 것이 매우 중요하다. 그 짧은 기간에도 아이의 생각은 계속 바뀌고 성장하기 때문이다.

명심하자. 아이들은 같은 질문에도 다른 답을 할 것이고, 그 차이를 스스로 느끼며 생각하고 질문하는 과정의 가치를 주기적으로 깨달아

나갈 것이다. 그리고 또 하나, 각 질문에 덧붙인 설명 부분은 그저 나의 생각이자 인문학이 주구하는 가치일 뿐 정답은 아니라는 사실을 기억하자.

아이에게 가장 좋은 답은 당연히 아이 안에 존재한다. 나는 그 답으로 향하는 안내를 도울 뿐이지 정답을 알려주는 사람은 아니다. 모든 부모와 아이가 이 사실을 기억하며 여기 나온 질문들을 섬세한 마음으로 읽기를 소망한다.

01

✦자극✦

아이와 부모의 일상에
변화가 시작되는 인문학 질문

001 왜 책상 위에는 늘 쓸데없는 것들이 놓여 있는 걸까?

_____

_____

_____

_____

인문학은 지금까지 쌓았던 삶을 정리하며 시작합니다. 무언가를 시작하려면 지금까지 쌓은 것을 정리해야 한다는 사실을 알려주세요. 그것이 부모와 아이의 일상을 변화시키는 첫 걸음입니다. 처음에는 쉽지 않겠지만 나중에는 자신만의 요령이 생겨 누가 시키지 않아도 물건을 정리하는 좋은 습관을 기를 수 있습니다.

002 네 앞에 놓인 무수한 일 중에서 가장 중요한 것이 무엇일까?

_____

_____

_____

_____

정리하거나 새로운 일을 시작할 때 아이들은 순서를 잘 정하지 못합니다. 그럴 때 우선순위가 무엇인지 알려주세요. 우리에게 주어진 시간은 모두 같습니다. 능력도 사실 그렇게 차이가 나진 않습니다. 가장 중요한 일을 먼저 하는 것이 자신의 시간을 아끼는 가장 현명한 방법입니다.

003 인간이 먹지 않아도 살 수 있다면 세상은 어떻게 될까?

_____

_____

_____

_____

질문은 상상을 자극해야 합니다. 그리고 상상은 서로 연결되어 하나의 결론을 내야 하죠. 먹지 않으면 식당이 사라지고, 다이어트 업체도 모두 사라질 것입니다. 생선과 동물을 먹지 않으니 그것들이 바다와 육지에 넘쳐서 세상은 마비될 수도 있죠. 그렇게 하나하나 상상하며 자신의 생각을 정리할 수 있게 하면 세계는 결국 하나로 연결되어 있다는 사실을 알게 됩니다. 아이는 내 작은 변화와 사소한 행동이 세상에 영향을 준다는 사실을 알게 되면서 비로소 자신의 가치를 깨닫습니다.

004 지금 우리가 경험한 것에서 무엇을 배울 수 있을까?

_____

_____

_____

_____

어떤 상황에서도 가치와 의미를 발견하는 사람만이 하나라도 더 배울 수 있습니다. 그 깨달음을 아이와 함께 나누세요. 세상에서 그냥 스쳐 지나가도 되는 것은 없습니다. 모든 경험이 나중에는 반드시 쓸모가 있다는 사실을 일깨우는 것이 매우 중요합니다.

005 자유로운 거지와 자유를 잃은 부자 중 누가 더 행복할까?

인문학은 결국 자유로운 삶을 위한 선택입니다. 자유는 인간이 가진 가장 위대한 재산입니다. 물론 아이는 돈을 더 좋아할 수도 있습니다. 그걸 부정하진 마세요. 아이에게 쉬운 주제는 아닙니다. 하지만 그저 그 의미를 함께 생각해보는 시간을 갖는 것으로 충분하다는 사실을 기억하시기 바랍니다.

006 너와 다른 생각을 하는 친구를 만나면 기분이 어때?

서로가 다르다는 것을 이해하고 받아들이지 못하면 아이의 삶은 깊어질 수 없습니다. 한 사람을 이해한다는 것은 한 세계를 가슴에 담는 것과 같습니다. 친구가 다른 생각을 표현해도 그것을 관대하게 수용하는 삶의 자세를 아이가 갖출 수 있게 도와주세요. '다른 생각'과 '다른 사람'은 있지만 '틀린 생각'과 '틀린 사람'은 없다는 사실도 알려주세요.

007 1년 후에 어떤 사람이 되고 싶니?

_____

_____

_____

_____

오늘보다 아름다운 내일을 꿈꾸게 만드는 질문입니다. 현실에 최선을 다하는 아이가 되려면 내일의 태양을 바라보고 있어야 합니다. 아무리 먼 곳이라도 꾸준히 한 곳을 바라보는 아이는 현실에서 쉽사리 방황하지 않습니다.

008 과자를 먹고 이를 닦지 않으면 1년 후에 어떻게 될까?

_____

_____

_____

_____

위에 제시한 질문과 연결해서 질문해도 좋습니다. 아무리 목표를 세워도 현실에서 노력하지 않으면 목표가 이처럼 썩어버릴 수 있음을 알려주세요. 아이와 치과를 지나가며 이런 질문을 던지는 것도 좋습니다. 그저 질문만 던지는것도 좋지만, 그 질문이 일상과 맞닿아 있다면 더욱 좋은 효과를 기대할 수 있으니까요.

009 나는 왜 너를 사랑하는 걸까?

_____

_____

_____

_____

아이는 장난삼아 "내가 예쁘니까 사랑하지"라고 답할 수 있습니다. 어떤 답도 좋습니다. 사랑은 인문학의 연료입니다. 사랑에 대해서 자주 생각하게 해주세요. 사랑하는 아이는 쉽게 포기하지 않고, 쉽게 후회하지 않습니다. 자신을 사랑하는 부모의 마음을 늘 기억하게 한다면 아이의 일상은 더 아름다워질 것입니다.

010 나쁜 사람도 행복할 수 있을까?

_____

_____

_____

_____

행복에 대한 기준을 자주 생각해보는 것도 좋은 공부입니다. 나쁜 사람의 기준이 무엇인지, 좋은 사람만이 행복할 수 있는지 등 다양한 지점에서 아이의 생각을 자극해보세요.

011 가족의 이익과 나라의 이익 중 무엇을 선택해야 할까?

_____

_____

_____

_____

어른에게도 어려운 질문입니다. 생각은 다양할 수 있기 때문이죠. 또한 정해진 답도 없습니다. 하지만 그것이 곧 인문학입니다. 가족의 이익을 생각하며 충실하게 살면 그게 모여 결국 나라의 이익이라고 생각할 수도 있습니다. 아이의 다양한 생각을 듣고 부모도 함께 생각하는 시간을 가지세요.

012 최선을 다한 2등과 편법을 쓴 1등 중 누가 더 행복할까?

_____

_____

_____

_____

도덕 교과서에나 나오는 질문 같지만, 이런 근본적인 질문을 아이가 일상에서 잊지 않도록 자주 제시해주는 것이 좋습니다. 먼저 편법이 무엇인지 아이가 짐작할 수 있게 해주세요. 모르는 단어를 문장에서 유추하며 문해력을 키울 수 있습니다. 그런 다음에 최선을 다한다는 것이 얼마나 아름다운 행동인지 알려주세요. 하나하나 차근차근 알려준다는 생각으로 다가가면 아이는 더 많은 것을 알게 됩니다.

013 왜 어떤 지식은 아무리 외워도 도저히 외워지지 않을까?

_____

_____

_____

_____

인문학의 기본은 실천입니다. '인문'은 사람을 사랑하는 마음이고, 사랑하는 마음은 배우는 게 아니라 행동하는 것이니까요. 일상에서 아이는 잘 외워지지 않고 이해되지 않는 지식을 늘 만날 것입니다. 그때마다 지식은 결코 암기하는 것이 아니라 실천하는 것이라는 사실을 스스로 깨닫게 해주세요.

014 책이 사라진 세상은 어떤 모습일까?

_____

_____

_____

_____

책이 점점 사라지는 시대를 살고 있습니다. 이와 동시에 아이들의 문해력도 매우 낮은 수준으로 떨어지고 있죠. 이러다간 정말 가까운 미래엔 책이 멸종된 일상을 살게 될지도 모릅니다. 아이와 책이 사라진 세상의 모습을 유추하면서 역으로 책의 소중함이 무엇인지 생각하게 해주세요. 책이 왜 중요한지 스스로 자주 생각하게 하는 게 디지털 시대에서 아이의 문해력을 지킬 가장 쉽고 효과적인 방법이니까요.

015 예술 작품을 돈으로 사고파는 것을 어떻게 생각하니?

_____

_____

_____

_____

여기에서 우리는 다양한 생각을 할 수 있습니다. 어떤 예술가는 자신의 작품을 엄청나게 높은 가격에 팔고, 어떤 예술가는 자신의 작품이 돈으로 환산할 수 없는 가치가 있다고 생각해 팔지 않을 수도 있습니다. 정답은 없습니다. 그저 아이의 생각을 듣는 것만으로 충분합니다. 막연히 감상하기만 했던 예술 작품을 매매라는 일상적인 소재와 연결해 생각하게 한다면 그때부터 아이는 예술의 본질에 대해 곰곰이 고민할 것입니다.

016 네가 생각한 아이디어를 현실에 가져오려면 뭐가 필요할까?

_____

_____

_____

_____

역시 실천을 강조하는 질문입니다. 아이디어를 발견하는 것은 매우 쉬운 일입니다. 하지만 그것을 눈에 보이는 무언가로 구현하는 것은 매우 어려운 일이지요. 아이디어를 현실 세계로 가져오려면 단순히 발견하는 것 이상의 노력이 필요하니까요. 이 세상에 쉽게 창조할 수 있는 것은 없다는 사실을 알려주세요.

017 부모가 존재하는 이유는 무엇이라고 생각하니?

부모는 아이에게 어떤 삶도 강제할 수 없습니다. 이 질문으로 아이가 부모에게 어떤 역할을 원하고 있는지 제대로 확인하는 것이 중요합니다. 매달 같은 질문을 던지며 아이의 생각이 어떻게 변하는지 그 흔적을 따라가보는 것도 좋습니다.

02

✦도약✦

아이의 성장 가능성을
일깨우고 높이는 인문학 질문

018 세상을 늘 부정적으로 바라보면 나중에 어떻게 될까?

타인의 단점과 약점은 굳이 찾지 않아도 눈에 잘 보입니다. 하지만 긍정적인 부분은 깊이 생각하고 차분히 관찰해야 찾을 수 있죠. 세상을 긍정적으로 바라보는 사람이 자신의 가능성을 더 잘 발견해냅니다. 세상을 부정적으로 바라보는 자세는 곧 스스로의 가능성을 포기하는 것입니다. 아이는 이 질문을 통해 매사 좋은 점을 발견하려는 삶의 태도가 왜 중요한지 알게 될 것입니다.

019 계산기가 있는데 왜 우리는 수학을 배우는 걸까?

이번 질문도 정답은 없습니다. 그저 아이의 생각을 확인해본다는 생각으로 질문해보세요. 부모가 예상하지 못한 놀라운 답이 나올 수도 있습니다. '에이, 뭐 있겠어?'라는 생각을 버리고 가능성의 눈으로 질문해주세요. 세계적인 대문호 중에는 과학이나 수학을 전공한 사람이 많습니다. 그들은 글도 과학적으로 씁니다. 수학을 수학으로만 제한하지 마세요. 아이는 분명 한계를 뛰어넘는 답을 내놓을 것입니다.

020 우리는 왜 자연을 사랑하며 살아야 할까?

자연은 영원히 사라지지 않는 가능성의 바다입니다. 자연을 사랑하며 살아갈 수 있다면 아이는 결코 자신의 가능성을 의심하지 않고 살 수 있을 것입니다. 추운 겨울에는 사라지지만 다시 따스한 봄이 되면 세상에 나타나는 수많은 자연의 생명을 보며 희열을 느낄 수 있을 테니까요.

021 부자와 부자가 아닌 사람의 기준은 무엇일까?

세상의 기준으로 보면 부자는 돈을 많이 가지고 있는 사람이지만, 가능성의 기준으로 보면 그건 난지 돈을 소유하고 있는 것에 불과합니다. 오히려 진정한 부자는 돈을 제대로 쓰는 사람입니다. 돈이란 쌓기 위해 버는 것이 아닌, 제대로 쓰기 위해 벌어야 한다는 것을 아이에게 알려주세요.

022 만약 네게 10분이 주어진다면 어떤 일을 할 거야?

_____

_____

_____

_____

시간은 세상을 구성하는 가장 기본적인 단위입니다. 모든 일에는 시간이 필요한데, 100분이 걸리는 일도 있고 1분 안에 끝낼 수 있는 일도 있습니다. 10분이라는 특정한 조건 안에서 아이가 그 시간 안에 해결할 수 있는 일을 스스로 찾아내도록 도와주세요. 이를 통해 아이는 시간이 없어서 아무것도 하지 못하는 것이 아니라, 시간에 맞는 일을 찾지 못해서 아무것도 하지 못한다는 것을 깨닫게 될 것입니다.

023 기술이 발전하면 인간의 삶은 어떻게 변할까?

_____

_____

_____

_____

인간의 무궁한 가능성이 만들어낼 미래 세상을 상상하면서 아이는 자연스럽게 자신이 무엇을 해야 할지, 무엇이 될지 꿈꿀 것입니다. 마치 그림을 그리는 것처럼 미래를 설명하는 아이를 웃으며 바라봐주세요. 아이는 자신이 그리는 세계에 당신의 자리도 그려 넣을 것입니다.

024 믿을 수 없는 사람을 믿으면 어떤 일이 일어날까?

_____

_____

_____

_____

누가 봐도 믿을 수 있는 사람을 믿는 것은 쉬운 일입니다. 하지만 세상의 낮은 평가를 받는 사람을 믿기란 쉽지 않습니다. 아이가 그런 용기를 발휘할 수 있도록 격려해주세요. 믿을 수 없는 사람조차도 믿어주는 사람이 있어 세상은 다시 희망을 가질 수 있고 작은 가능성이 생깁니다. 그 아름다운 가치를 깨닫게 해주세요.

025 인간이 늘 실수를 반복하는 이유는 뭘까?

_____

_____

_____

_____

반복되는 실수는 아이의 도전을 망설이게 합니다. 하지만 인간이 자꾸만 실수하는 이유는 그럼에도 다시 도전하려는 굳은 의지 때문이라는 사실을 알려주세요. 포기하지 않아서 계속 실수한다는 사실을 알게 된 아이는 실수 앞에서 더는 부끄러워하지 않을 것입니다.

026 팔굽혀펴기 10개를 목표로 삼고 늘 11개를 하는 이유가 뭘까?

_____

_____

_____

_____

부모가 먼저 팔굽혀펴기를 하면서 질문해주세요. 그래야 현실감이 있으니까요. 늘 10개를 한다고 하면서 11개를 해내는 모습을 보여준 뒤 "내 가능성을 높이고 싶어서 그랬어"라는 말을 들려주는 것도 좋습니다. 가능성은 그렇게 하나하나 늘려가는 것이라는 사실을 깨닫게 해주세요.

027 네가 느끼기에 내(부모)가 가진 고정관념은 무엇이라고 생각하니?

_____

_____

_____

_____

아이는 부모가 가진 고정관념에 대해 생각하면서 '아, 사람은 고정관념 때문에 가능성을 잃게 되는 것이구나'라는 사실을 어렴풋이 깨닫게 될 것입니다. 그렇게 서로의 고정관념에 대해 생각하는 시간을 가져보세요.

028 나의 가치는 어떻게 정해지는 걸까?

_____

_____

_____

_____

내가 가진 가능성이 곧 나의 가치라는 사실을 알려주세요. 가치는 세상이 정해주는 것이 아니라 스스로 정하는 것이며, 당당하게 세상에 요구하는 것이라는 사실을 아는 아이는 그렇지 못한 아이보다 자유롭게 살 수 있습니다.

029 어떤 외국어를 잘 구사하고 싶어?

_____

_____

_____

_____

아이들은 각자 좋아하는 나라가 있고 그 나라의 언어에 흥미를 갖고 있습니다. 주변에 휩쓸려 무조건 영어만 강요하지 말고, 아이 스스로 자신이 원하는 언어를 배우며 자신의 가능성을 확장할 수 있게 도와주세요.

030 경쟁에서 1등을 했다는 사실은 어떤 의미가 있는 걸까?

_____

_____

_____

_____

여기에서 중요한 단어는 '경쟁'입니다. 경쟁은 사람을 피곤하게 만들고, 타인을 시기하고 미워하게 만듭니다. 이 질문을 반복해서 던지며, 'Best One'이 아닌 'Only One'의 삶을 살아가는 기쁨을 알게 해주세요. 학교 주변에는 분식집이 많지만 아이들이 유독 좋아하는 분식집은 따로 있습니다. 같은 메뉴를 팔지만 다른 맛을 내기 때문이겠죠. 그렇게 아이들이 알기 쉬운 예로 설명해주시면 더욱 좋습니다.

031 모두가 같은 생각을 한다는 건 무엇을 의미하는 걸까?

_____

_____

_____

_____

아이가 친구들과 음식점에 갔는데 큰 고민을 하지 않고 다른 친구가 주문한 음식을 고른다면 이는 무엇을 의미하는 걸까요? 아이가 정말 그 음식을 먹고 싶어서 그랬을 수도 있지만, 식사 후 얼른 게임을 하고 싶단 마음에 생각 자체를 포기한 것일 수도 있습니다. 모두 같은 생각을 했다면 아무도 생각하지 않은 것입니다. 이를 알게 된 아이는 다음부터는 아무리 사소한 것이라도 늘 주체적으로 판단하고 결정할 것입니다.

✦인 격✦

기품 있고 차분한
아이로 키우는 인문학 질문

032 왜 어떤 사람은 존경을 받고 어떤 사람은 미움을 받을까?

_____

_____

_____

_____

같은 일을 해도 누군가는 미움을 받고 다른 누군가는 존경을 받습니다. 그 차이는 결국 그 일을 하는 사람의 기품이 결정합니다. 아이가 쉽게 알 수 있는 부분은 아니지만 질문을 반복하며 태도의 중요성을 인식할 수 있게 해주세요.

033 우리는 왜 질문해야 할까?

_____

_____

_____

_____

우리가 질문하는 이유는 조금이라도 더 나아지기 위함입니다. 같은 질문을 반복하며 아이들은 자신이 답하는 말의 무게와 깊이가 달라지는 것을 느낄 것입니다. 답을 내는 것보다 새롭게 질문하는 것이 더 중요하다는 사실도 알게 되겠죠. 스스로 변화를 체감하며 질문을 사랑하는 아이로 자랄 수 있게 해주세요.

034 무엇이 우리를 자유롭게 살게 해줄까?

두 다리를 쭉 뻗고 잠을 잘 수 있는 이유는, 그 사람의 인성과 기품이 그의 삶을 자유롭게 해주기 때문입니다. 책임지지 못하는 자유란 없습니다. 진정한 자유는 늘 자신의 생각과 행동에 달려 있다는 사실을 알려주세요.

035 어제 했던 일 중에서 후회하는 일이 있니?

좋은 인성과 기품을 타고나는 사람은 많지 않습니다. 대개는 자신의 의지로 그것을 갖게 되지요. 아이들이 어제의 일을 반성하며 더 좋은 방향으로 성장할 수 있게 도와주세요.

036 너는 스스로에게 거짓말을 할 수 있니?

자꾸만 자신을 속이면 결국 거짓된 삶을 살게 됩니다. 언제나 속이는 일은 쉽고 진실을 추구하는 일은 어렵습니다. 아무리 거짓말을 습관적으로 하는 사람도 스스로를 속이지는 못합니다. 이 질문을 받은 아이는 그 어떤 정교한 거짓말도 언젠가는 탄로가 난다는 사실을 깨닫게 됩니다. 남을 속이는 행위는 곧 자신을 속이는 행위라는 사실을 알게 해주세요.

037 법이 없어도 사회가 유지될 수 있을까?

법은 지키지 않는 사람이 늘어날 때 더욱 복잡해집니다. 이 질문을 통해 아이들은 법이 왜 필요한지 깨닫고, 친구 사이의 아무리 작은 약속일지라도 그 규칙을 지키는 것이 왜 중요한지 이해하게 될 것입니다. 그리고 기품과 인성이라는 단어를 마음속에 늘 간직하면 법이 없어도 사회가 유지될 수 있다는 사실도 알려주세요.

038 의무와 권리 중 무엇이 먼저라고 생각하니?

_____

_____

_____

_____

이 두 단어는 아이들에게는 어려운 단어일 수 있습니다. 먼저, 의무와 권리에 대한 정확한 의미를 알려준 뒤 아이의 생각을 들어주세요. 충분히 대화를 나눈 후, 의무는 지키지 않고 권리만 행사하려는 사람이 많아지면 사회가 제대로 유지될 수 없다는 사실을 알려주세요.

039 일하지 않아도 먹고살 수 있다면 세상은 어떻게 될까?

_____

_____

_____

_____

인간이 살아가는 이유와 그 가치에 대해 생각하게 해주세요. 일하지 않고 살아가는 것이 과연 행복할지, 그런 사람이 많은 세상은 어떨지 함께 생각해보세요. "네가 일하지 않아도 먹고살 수 있다면 어떨 것 같아?"라는 직접적인 질문으로 생각을 자극하는 것도 좋은 방법입니다.

040 사람이 많은 장소에서 너의 생각을 정확하게 말할 수 있니?

자기 생각에 거짓이 없고 실천한 것을 있는 그대로 말하는 사람은 언제나 남들 앞에서 말하는 데 주저함이 없습니다. 만약 아이가 이 질문에 제대로 답하지 못한다면, 세상의 눈치를 보지 않고 솔직하게 말하는 것이 왜 중요하고 얼마나 멋진 일인지 설명해주세요. 그리고 언제나 실천을 통해 부모가 아이에게 그런 삶을 살 수 있게 가르쳐주세요.

041 세상에 정의로운 싸움이 있다고 생각하니?

먼저 '정의'라는 단어를 아이가 스스로 정의해보는 게 중요합니다. 이 질문에는 정답이 없습니다. 무엇이 정의로운지에 대해 아이가 스스로 개념을 잡은 뒤 자신만의 답을 내놓을 수 있도록 도와주세요. 그리고 어떤 갈등이나 다툼이 벌어졌을 때 정의를 어떤 방법으로 추구하는 게 좋을지 함께 생각해보세요.

천사와 악마가 싸우면 누가 이길까?

선과 악에 대해서 평소 아이들이 어떤 생각을 하고 있는지 파악할 수 있는 질문입니다. 무조건 착하게 사는 게 좋은지, 이기는 게 더 중요한지, 그러한 이기는 삶은 어떤 사람에게 허락되는 건지 아이와 함께 대화해보세요.

043 어떤 사람이 과학자가 될 수 있을까?

보통 과학자라고 하면 생각이 특별하거나 지능이 높은 사람만 할 수 있는 영역이라고 생각합니다. 하지만 과학자의 가장 기본적인 자질은 무언가를 차분하게 오랫동안 생각할 수 있는 삶의 자세입니다. 과학의 소재를 그저 과학으로만 접근하는 시각에서 벗어나 좀 더 다양한 시각으로 바라볼 수 있게 해주세요.

044 어떤 사람을 존경하니?

누군가를 존경한다는 것은 매우 고차원적인 감정입니다. 삶에서 어떤 가치를 중요하게 여기는지, 지금 무슨 분야에 몰두하고 있는지, 어떤 미래를 꿈꾸고 있는지 등이 모두 반영되어 있기 때문입니다. 아이들은 누구나 존경하는 사람들이 있습니다. TV나 유튜브에 출연하는 연예인들을 존경할 수도 있습니다. 이 질문을 던진 뒤 그들을 왜 존경하는지, 무엇을 배우고 싶은지 등을 물어보세요. 아이들은 자신이 생각한 것을 표현하며 저절로 그것을 배우게 되니까요.

04

✦감각✦

잠자는 상상력과 창의력을
끌어올리는 인문학 질문

045 창의력의 반대말은 뭐라고 생각해?

_____

_____

_____

_____

창의력을 대단한 역량이나 재능이라고 생각할 수도 있습니다. 하지만 쉽게 다가가는 것이 좋습니다. 창의력이 높다는 것은 그저 남들보다 어떤 대상을 더 깊고 오래 관찰할 수 있다는 것에 불과하니까요. 그럼 창의력의 반대말은 무엇일까요? 저는 무관심이라고 생각합니다. 물론 정답은 없습니다. 그저 아이들은 어떻게 생각하고 있는지 점검하는 차원에서 질문해주세요.

046 첫인상이란 무엇일까? 첫인상만으로 사람을 평가해도 괜찮을까?

_____

_____

_____

_____

많은 사람이 누군가를 처음 만나 느낀 인상으로 그 사람의 인생 전체를 짐작합니다. 하지만 그런 시선으로는 세상과 타인의 장점을 발견하기 어렵습니다. 처음부터 마음의 문을 닫아버리고 바라보기 때문입니다. 첫인상은 그저 그 순간의 느낌일 뿐이라고 생각한다면 우리는 더 많은 것을 발견할 수 있습니다.

047 물건을 선택하는 너만의 기준은 뭐야?

_____

_____

_____

_____

지우개, 연필, 볼펜 등을 예로 들면서 선택의 기준을 물어보세요. 자신만의 기준이 없는 아이는 결국 가장 비싸거나 기능이 많은 물건을 고를 확률이 높습니다. 이 질문을 통해 아이가 스스로 자신만의 취향과 개성을 발견해내도록 도와주세요. 이런 탐색의 시간이 쌓일수록 아이는 자신이 진정으로 좋아하고 원하는 게 무엇인지 깨닫게 될 것입니다.

048 우리가 인생에서 가장 중요하게 다뤄야 할 게 무엇일까?

_____

_____

_____

_____

인생이라는 단어는 아이에게 아직 너무 크고 낯설지만, 삶의 중요한 가치를 생각하고 설정하기 위한 시간이라고 설명한 뒤 질문하면 아이도 진지하게 자신의 생각을 말해줄 것입니다. 아이의 답을 경청한 뒤 부모도 자신이 생각하는 인생의 가장 중요한 가치를 설명해주세요.

049 같은 공간에서 같은 것을 배우지만 결과는 다른 이유가 뭘까?

_____

_____

_____

여기에서 중요한 키워드는 '같은 공간'입니다. 하나를 배우면 열을 깨닫는 아이도, 열을 배워도 단 하나도 제대로 깨닫지 못하는 아이도 결국 같은 공간에서 공부를 합니다. 두 아이의 결정적인 차이는 공간을 대하는 태도가 결정하죠. 어른에게도 쉬운 이야기는 아닙니다. 아이에게 "어디에서 공부하는 게 가장 편하니?"라는 질문을 하면서 공간에 따라 바뀌는 배움의 질을 느끼게 해주세요.

050 친구와 대화할 때 의견이 일치되면 기분이 어떠니?

_____

_____

_____

사람은 같은 생각을 하는 사람과 어울려 지내게 됩니다. 하지만 그런 태도가 우리를 발전하지 못하게 만들죠. 하나의 사건을 바라보며 같은 생각을 하는 것도 좋지만, 다른 부분을 바라볼 줄 아는 사람을 곁에 두는 것도 세상을 바라보는 감각을 키우는 데 매우 중요합니다.

051 자연은 살아 있는 걸까, 죽어 있는 걸까?

죽었다는 사실은 가능성이 완전히 사라졌다는 것을 의미합니다. 아이가 자연이라는 무한한 영감의 대상에서 무언가를 발견하고 느끼게 하려면 자연이 살아서 숨을 쉬는 존재라고 인식하게 만드는 일이 우선입니다. 이 질문을 통해 자연이 살아서 우리 곁에 존재하고 있다는 사실을 알려주세요. 풀밭의 잡초가 조금씩 자라는 모습을 매일 보여주는 것도 정말 좋은 방법입니다.

052 책을 읽지 않던 아이가 책을 좋아하게 될 수 있을까?

사람은 언제든 좋은 방향으로 바뀔 수 있다는 것을 알려주는 질문입니다. 책에 관심이 없던 아이도 갑자기 책에 관심을 가지게 되는 순간이 있습니다. 책뿐만이 아닙니다. 아이들은 하루에도 몇 번씩 좋아하는 것이 바뀝니다. 그때마다 아이의 귀에 대고 "왜 마음이 변했을까? 그런 일이 일어난 이유는 뭘까?"라고 질문을 연결해 보세요.

053 인공지능이 인간을 지배할 수 있을까?

_____

_____

_____

_____

인공지능은 결국 인간보다 빠르게 많은 문제를 푸는 기계일 뿐입니다. 문제를 푸는 입장에서 벗어나 문제를 직접 출제하는 사람이 되면 인공지능의 지배를 받지 않을 수 있습니다. 이 간단한 논리를 질문을 통해 아이에게 알려주세요. 우리 내면에 잠재된 가능성은 질문을 던질 줄 아는 감각에 있다는 사실을 깨닫게 될 것입니다.

054 공부는 우리 삶에 어떤 도움을 줄까?

_____

_____

_____

_____

무작정 하는 공부는 삶에 별 영향을 주지 못합니다. 목적이 없기 때문이죠. 분명한 목적이 있는 공부는 아이가 스스로 공부할 수 있게 돕습니다. 아이가 공부의 의미를 깨닫고, 공부가 자신의 삶에 어떤 영향을 줄지 끊임없이 생각할 수 있게 옆에서 이 질문을 던져주세요.

055 지식이 중요할까, 지혜가 중요할까?

_____

_____

_____

_____

배워서 알 수 있는 지식이 세상의 언어라면, 경험해야 알 수 있는 지혜는 개인의 언어입니다. 세상의 언어를 배운 사람은 같은 것을 배운 수많은 사람과 경쟁해야 하지만, 개인의 언어를 가진 사람은 경쟁하지 않습니다. 오직 자신의 어제와 승부할 뿐이죠. 지식은 무엇이고, 지혜는 어떻게 얻을 수 있는 것인지 차근차근 알려주고 질문해주세요.

056 우리는 왜 예술 작품을 감상하는 걸까?

_____

_____

_____

_____

18세기 중반 괴테는 이탈리아의 조각상을 제대로 관찰하기 위해 아주 특별한 방법을 사용했습니다. 횃불을 들고 다가가 조각상 특유의 미세한 움직임을 관찰한 것이죠. 예술 작품은 똑같이 생긴 것이 하나도 없습니다. 무수한 예술가가 자신만의 고유한 방법으로 창조한 것입니다. 이와 마찬가지로 감상법 역시 정해진 것은 없습니다. 그저 보려고 보지 말고 발견하기 위해 보도록 도와주세요.

057 가장 좋은 예술 작품은 어떤 것이라고 생각하니?

앞선 질문에 제대로 답한 아이라면 이번 질문에도 적절한 답을 내놓을 수 있을 것입니다. 가장 좋은 예술 작품은 비싼 작품이나 세상이 인정한 작품이 아닌 내가 보기에 특별한 작품입니다. 각자의 기호는 모두 다릅니다. 아이가 세상의 기호가 아닌 자신의 기호를 찾고 주장할 수 있게 격려해주세요.

058 관찰은 우리 삶을 어떻게 바꿀 수 있을까?

세상을 바라보는 감각은 결국 관찰은 통해 단련할 수 있습니다. 아이가 먼저 어떤 대상을 일주일 정도 반복해서 관찰할 수 있게 낢두세요. 그런 다음 이 질문을 던져주세요. 아이는 자신이 일주일 동안 관찰한 그 무언가를 부모에게 열심히 설명해줄 것입니다.

05

✦언어✦

읽기, 쓰기, 말하기에
모두 능한 아이로 키우는 인문학 질문

059 예술가의 삶과 그가 남긴 예술 작품은 반드시 일치해야 할까?

_____

_____

_____

_____

매우 중요한 질문입니다. 아이들이 자신의 생각을 말과 글로 표현하지 못하는 가장 큰 이유는 그게 자신의 현실과 일치하지 않기 때문입니다. 행복하지 않은데 행복에 대해서 쓰는 것이, 공부를 싫어하는데 공부가 왜 좋은지 쓰는 것이 옳지 않다고 생각하기 때문이죠. 그럴 때는 예술이 꼭 예술가의 인생과 같을 필요는 없다고 알려주세요. 사람들은 지금의 일상을 예술로 표현하기도 하지만, 살고 싶은 내일을 예술로 표현하기도 하니까요.

060 책에서 읽은 내용을 자꾸 잊어버리는 이유는 뭘까?

_____

_____

_____

_____

아무리 읽고 외워도 자꾸 잊어버리는 글이 있습니다. 그건 아직 그 글에 담긴 지식을 가질 수 있는 역량에 도달하지 않았다는 것을 뜻하죠. 아이가 이 원리를 이해하기는 쉽지 않습니다. 여유를 갖고 몇 달 정도 반복해서 그 부분을 읽게 해주세요. 아이는 저절로 이렇게 말할 것입니다. "어라? 지난 달에는 외우지 못한 문장을 그냥 이해하게 되었네. 이제 외우지 않아도 돼." 아이는 자신에게 맞는 지식을 얻으려면 일단 자신이 그 수준에 도달해야 한다는 것을 깨닫게 될 것입니다.

061 잘 알기 위해서는 그것을 공부하는 것만으로 충분할까?

_____

_____

_____

_____

인문학을 공부하는 방법은 크게 세 가지로 나눌 수 있습니다. 읽기, 쓰기, 말하기가 그것들입니다. 무언가를 잘 알고 싶으면 이 세 가지를 반복해야 합니다. 읽고(독서), 쓰고(필사), 말하면서(낭송) 배워야만 비로소 완전하게 내 것으로 만들 수 있다는 사실을 아이에게 알려주세요.

062 요즘 가장 좋아하고 즐겨 쓰는 단어가 무엇이니?

_____

_____

_____

_____

아이가 말은 잘하지만 글을 쉽게 쓰지 못하는 이유는 자신의 관심사에 대해 쓸 기회가 주어지지 않았기 때문입니다. 누구나 자신이 가장 좋아하는 주제에 대해서는 창의적으로 생각할 수 있고 잘 쓸 수 있습니다. 늘 그것만 생각하고 있으니까요. 아이가 최근 가장 자주 쓰는 단어에 주목해보세요. 아이의 관심사를 찾아낼 힌트가 그 안에 담겨 있을 것입니다.

063 한 단어를 몇 번 써야 암기할 수 있을까?

표현을 정확하게 하려면 자신의 현재 수준을 제대로 알아야 합니다. 영어 단어를 외울 때도 보통은 열 개의 단어를 모두 열 번을 쓰게 합니다. 하지만 열 개의 단어를 모두 똑같이 써야 외울 수 있는 것은 아닙니다. 모든 단어는 개별적이니까요. 단어를 외울 때도 매번 "이걸 몇 번 쓰면 외울 수 있겠니?"라고 묻는 것이 좋습니다.

064 긴 시간 산책을 하면 지루한 이유는 뭘까?

글을 쓰는 작업은 사실 지루합니다. 그래서 자꾸만 포기하게 됩니다. 산책도 마찬가지입니다. 혼자서 오랫동안 산책을 하면 자꾸 친구들 생각이 나고 스마트폰에 손이 갑니다. 이때 "여기에서 내가 무엇을 글로 표현할 수 있을까?"라는 질문을 할 수 있다면 더 이상 산책은 지루하지 않습니다. 관찰을 시작하기 때문이죠. 질문하면 지루하지 않고, 관찰을 시작하면 쓸 수 있습니다.

065 어제 무엇을 했는지 기억하고 있어?

_____

_____

_____

_____

읽고 말하고 쓰는 삶을 살려면 늘 콘텐츠가 있어야 합니다. 자신이 한 일과 해야
할 일에 대해 어느 정도 기억하고 있어야 하죠. 아이에게 어제 했던 일을 자꾸 물
어보며 아이가 '어제의 자신'을 잊지 않도록 도와주세요. 어제 있었던 일을 매일 짧
은 메모로 남기게 하는 것도 좋은 방법입니다.

066 평등과 공평은 무엇이 다를까?

_____

_____

_____

_____

일단 '평등'과 '공평'의 사전적 의미를 알려주세요. 그리고 자신의 생각을 자유롭게
말할 수 있게 해주세요. 세상에는 글자는 다르지만 의미가 비슷한 단어가 많습니
다. 아이가 그 미세한 차이를 읽어낼 수 있게 되면, 그것에 대해 쓰고 말할 수 있습
니다.

067 꼴등은 1등보다 덜 소중한 존재일까?

_____

_____

_____

_____

읽기와 쓰기는 결국 같은 상황에서 다른 의미를 부여할 줄 아는 사람만이 할 수 있는 능력입니다. 보통은 꼴등보다 1등에게 찬사를 보냅니다. 하지만 꼴등에게 '최선', '성실' 등의 의미를 부여할 수 있다면 자신의 생각을 글과 말로 세상에 전할 수 있습니다. 다양한 질문으로 의미를 부여하는 연습을 해보세요.

068 너를 한 문장으로 설명한다면 무엇이라고 쓸 수 있을까?

_____

_____

_____

_____

자신을 짧게 정의하는 훈련은 매우 중요합니다. 어느 자리에 가든 자신의 역할과 인생을 한 문장으로 설명할 수 있다는 것은 언제나 자기 자신에 대해 생각하고 있다는 증거니까요. 생각하는 아이만이 자신의 언어로 쓰고 말할 수 있습니다.

069 글을 쓰거나 말을 할 때 다른 사람 눈치를 보니?

_____

_____

_____

_____

눈치를 보는 것은 좋지 않습니다. 다만 의식하는 것은 괜찮습니다. 타인을 의식하며 우리는 자신의 말과 글을 더 좋은 형태로 만들 수 있기 때문입니다. 하지만 눈치를 보는 행위는 아예 입을 닫게 만들고 글을 쓰는 손을 멈추게 합니다. 아이가 말하고 쓸 때 눈치를 보는 것 같다면 이 질문을 통해 그런 자신의 습관을 자각하게 해주세요.

070 왜 말하는 건 쉽지만 글을 쓰는 건 힘들까?

_____

_____

_____

_____

말은 생각하는 것을 입을 열어 그대로 표현하면 됩니다. 하지만 글은 단어를 골라 적절히 문장으로 조합해 써야 합니다. 쓰기 위해서는 몇 번을 더 생각해야 하는데, 보통은 그 시간을 견디지 못하고 입을 열어 말하게 됩니다. 글쓰기가 말하기보다 어려운 것은 당연합니다. 그 이유를 아이가 충분히 이해하도록 설명해준 뒤, 말하고 싶은 것을 잠시 참고 차분히 글로 표현하는 행위의 소중함을 알려주세요.

071 '대박', '존맛' 등의 표현을 사용하는 걸 어떻게 생각하니?

세상에는 수많은 맛이 존재합니다. 하지만 사람들은 그저 몇 가지 표현으로 그 다채로운 맛을 표현합니다. 그렇게 해서는 그 음식의 맛을 완전히 이해하기 힘들고 기억할 수도 없습니다. 유행어와 축약어는 우리를 생각하지 않는 사람으로 만듭니다. 아이가 라면 한 그릇을 먹더라도 자신만의 언어로 맛을 표현하도록 옆에서 계속 자극해주세요.

072 책을 읽어도 변화가 없는 이유는 뭘까?

책을 한 권 다 읽어도 남는 게 없는 이유는 그저 글자만 읽었기 때문입니다. 아이가 좋아하는 책을 한 권 골라 아무 페이지나 펼쳐보세요. 그중 한 줄만 골라 일주일 동안 그 한 줄에 대해서만 생각하게 해보세요. "나는 세상을 사랑하는 사람입니다"라는 문장이라면 "왜 세상을 사랑하니?", "어떤 방식으로 사랑하니?" 등의 질문을 계속 던져 의미를 확장하는 것입니다. 단 한 줄만이라도 자기 방식대로 온전히 이해했을 때 비로소 아이는 책 한 권에 도전할 수 있습니다.

06

✦ **내면** ✦

아이 마음속에
단단한 뿌리를 심는 인문학 질문

073 너를 가장 뿌듯하게 만드는 일은 무엇이니?

_____

_____

_____

_____

자신의 과거와 현재와 미래를 생각할 때 행복한 미소를 지을 수 있다면 그 아이의 내면은 그 누구보다 탄탄하다고 말할 수 있습니다. 자신을 가장 뿌듯하게 만드는 일이 무엇인지 아이가 계속 생각하게 유도해주세요. 즐겁고 행복한 일을 자주 생각하는 것만으로도 아이는 매일 탄탄한 내면을 다져나갈 수 있습니다.

074 친구가 너를 한 대 때리면, 그 친구를 한 대 때려도 괜찮을까?

_____

_____

_____

_____

맞은 만큼 때려야 직성이 풀린다는 것은 무엇을 의미하는 걸까요? 오히려 나약한 내면을 보여주는 일이죠. 물론 맞기만 하는 것도 매우 부적절한 행동이라고 볼 수 있습니다. 하지만 선택도 그 책임도 모두 아이가 스스로 슬기롭게 판단해야 합니다. 폭력의 정당성에 대한 아이의 생각을 이 질문으로 확인해보세요.

075 마음이 답답할 때 너는 어떻게 기분을 푸니?

_____

_____

_____

_____

답답할 때 자꾸만 누가 옆에서 말을 걸거나 신경을 쓰게 만들면 기분이 더 나빠지죠. 아이도 마찬가지입니다. 아이가 스트레스를 받을 때 어떻게 기분을 전환하는지 미리 알아두는 것이 중요합니다. 그때그때 답답함을 풀지 않으면 그게 쌓여 내면에 상처를 내니까요.

076 사람들은 왜 자꾸 거짓말을 하는 걸까?

_____

_____

_____

_____

거짓말을 하는 것도 버릇입니다. 왜 그런 버릇이 생기는 걸까요? 거짓말을 하는 습관은 대개 어릴 때 형성이 됩니다. 자신의 생각이 보잘것없어 보이거나, 자신이 생각한 답에 자신이 없을 때 자꾸 거짓말로 포장하게 됩니다. 이 사실을 일찍 인지한 아이는 그런 행동을 하지 않으려고 노력하지만, 인지조차 하지 못한 아이는 점점 거짓말이 일상이 됩니다. 아이에게 거짓말을 자꾸 하게 되는 이유와 그것의 문제점에 대해 반복적으로 알려주세요.

077 혼자서 노는 아이를 보면 어떤 생각이 드니?

_____

_____

_____

_____

힘이 센 아이보다 더 강한 아이는 혼자서도 아주 오랫동안 시간을 보낼 줄 아는 아이입니다. 무리에서 벗어나 혼자 있어도 당당한 아이가 남들과 있을 때도 자신의 빛깔을 드러냅니다. 혼자 있는 시간은 아이가 자신의 삶에 색을 입히는 과정입니다. 혼자 있는 시간을 어색하게 느끼지 않도록 옆에서 지켜봐주세요. 다른 사람과 자신을 구분하는 개성은 혼자 있을 때 비로소 만들어집니다.

078 시험지를 받으면 왜 떨릴까?

_____

_____

_____

_____

누구에게나 시험은 중요합니다. 그래서 우리를 떨리게 하죠. 하지만 스스로 최선을 다했고 노력한 만큼의 점수만 가져가겠다고 생각하는 사람은 결코 떨지 않습니다. 주어진 결과를 담담하게 받아들일 수 있어야 다음 기회를 노리고 더 열심히 준비할 수 있습니다. 결과를 차분하게 기다릴 수 있는 아이가 된다면 그 어떤 외부의 변수에도 동요하지 않는 담대한 아이로 자랄 것입니다.

079 나와 너가 행복한 이유는 같을까, 다를까?

_____

_____

_____

_____

모두에게는 각자의 행복이 있습니다. 부모와 아이의 행복도 모두 다르지요. 행복의 기준과 조건을 동일시하는 것은 좋은 생각이 아닙니다. 부모가 행복에 대한 자신의 관점을 주입하려고 하면 아이는 자연히 행복을 추구할 의지가 사라져버릴 것입니다. 남이 차려준 밥상은 아무리 먹어도 배가 부르지 않는 법입니다. 이 질문을 통해 서로의 행복이 모두 다르다는 사실을 알려주세요.

080 모두가 행복한 세상은 과연 올까? 그것이 가능할까?

_____

_____

_____

_____

서로의 행복이 다르다는 것을 알게 된 아이는 모든 사람이 행복한 세상은 쉽게 올수 없다는 사실을 알게 될 겁니다. 세상이 아무리 좋게 바뀌어도 사람마다 받아들이는 기준이 다 다를 테니까요. 이 질문을 곰곰이 생각해본 아이는 다수를 이끄는 리더가 왜 힘든지, 한 사회에 서로 다른 것을 주장하는 다양한 집단이 왜 생기는지 이해하게 될 것입니다.

081. 네가 이야기할 때 딴짓을 하는 사람을 보면 기분이 어때?

_____

_____

_____

_____

자신이 추구하는 분명한 원칙과 길이 있는 사람은 대화할 때 잘 상처받지 않습니다. 내 말을 듣지 않든, 스마트폰을 쳐다보든, 잠을 자든 아랑곳하지 않습니다. 상대가 딴짓을 하는 이유는 내가 싫어서 그러는 것이 아니라 나와 생각이 다르기 때문이라는 것을 알기 때문이죠. 사람마다 생각은 모두 다를 수 있고, 그런 이견 충돌에 마음을 다쳐선 안 된다는 사실을 알려주세요.

082. 요즘 가장 받고 싶은 선물이 뭐야?

_____

_____

_____

_____

"너 무슨 선물 받고 싶어?"라고 물으면 다수가 선뜻 답을 하지 못합니다. 평소 자신이 무엇을 좋아하고 무엇을 갖고 싶은지 생각해보지 않았기 때문이죠. 자신의 취향과 기호를 알고 있다는 것은 내면의 성장에 매우 중요합니다. 그것이 아이의 정체성을 말해주기 때문입니다.

083

평화는 주어지는 것일까, 싸워서 얻어내는 것일까?

_____

_____

_____

모든 질문이 그렇지만 하나의 정답은 없습니다. 각자가 생각하는 각자의 답이 존재할 뿐입니다. 무력이 반드시 나쁜 것만은 아닙니다. 목적에 따라 적절히 사용할 수 있다면 말이죠. 아이가 '평화는 오직 싸워서 얻어낼 수 있다'고 답한다면,. 아이의 생각을 주의 깊게 경청한 후에 내면의 힘과 평화를 연결해서 잘 설명해주세요.

실패할 수도 있는데 굳이 새롭게 도전할 필요가 있을까?

_____

_____

_____

자꾸 실패를 거듭하면 아이의 자존감은 계속 낮아지게 됩니다. 나중에는 아예 도전을 거부하는 아이로 자라게 되겠죠. 그러니 무언가를 시작할 때 "실패하는 이유는 그럼에도 불구하고 네가 용감하게 도전하기 때문이다"라고 말해주는 것이 좋습니다. 언제나 '실패'가 아닌 '도전'에 중심을 두고 설명해주세요.

085 왜 우리는 약자의 편에 서야 하는 걸까?

도덕 교과서에나 나오는 착한 마음을 강조하려는 것은 아닙니다. 약자의 편에 서야 하는 이유를 이렇게 설명해주세요. "우리가 약자를 돕는 이유가 뭘까? 그것은 우리 내면의 힘을 강하게 기르기 위해서야. 내가 흔들리면서 약자를 도울 수 없을 테니까." 이 질문을 들은 아이는 앞으로 어렵게 사는 사람들을 보면 '그래, 내가 조금 더 강해지자'라고 생각하며 당당하게 살아갈 것입니다.

086 어쩔 수 없이 약속을 지키지 못한 친구에게 뭐라고 말할 거야?

친구가 시간 약속을 어기거나 빌린 물건을 돌려주지 않으면 누구나 화가 납니다. 하지만 모든 것에는 이유가 있습니다. 친구에게 피치 못할 사정이 있었다는 것을 아는데도 화를 내고 비난한다면 현명한 태도가 아니겠죠. 약속 시각을 어긴 친구에게 미소를 지으며 "네가 조금 늦게 와서 나는 그동안 책을 읽었어, 오히려 고맙다"라고 말할 여유를 갖게 해주세요. 무턱대고 화를 낼 생각을 접고 그 시간에 무엇을 할지 생각하는 아이는 그 누구보다 탄탄한 내면을 가질 수밖에 없습니다.

07

✦자존✦

그 누구보다 스스로를 사랑하는
아이로 키우는 인문학 질문

087 도덕이 먼저일까, 정의가 먼저일까?

_____

_____

_____

_____

"자신을 사랑하는 사람은 반드시 도덕을 실천한다." 공자의 말입니다. 이유는 간단합니다. 정의는 타인의 일이고 도덕은 지금 당장 내가 실천해야 할 일이기 때문입니다. 세상을 깨끗하게 만들기 위해서 우리가 해야 할 일은 청소가 중요하다고 입으로만 말하는 것이 아니라 그 시간에 쓰레기를 하나라도 줍는 것입니다. 이 사실을 아이에게 알려주세요. 말이 아닌 행동으로 쓰레기를 주으며 아이는 자신을 사랑하는 방법을 깨치게 될 것입니다.

088 우리가 늘 도덕적으로 행동해야 하는 이유가 무엇일까?

_____

_____

_____

_____

위의 질문과 연결해서 활용해주세요. 아이는 이제 도덕이란 곧 자신을 사랑하는 마음이라는 것을 알게 되었을 것입니다. 그럼 자연스럽게 이렇게 말할 수 있죠. "도덕적으로 행동하지 않는 것은 자신을 사랑하지 않는 행위다. 그러므로 우리는 누가 지켜보지 않더라도 기품 있게 도덕을 실천해야 한다." 도덕의 의미를 이해하는 아이는 홀로 있어도 규율을 지키고 제멋대로 행동하지 않습니다.

089 왜 사람들은 거리에 쓰레기를 함부로 버리는 걸까?

_____

_____

_____

_____

이번에는 도덕과 사랑의 관점에서 타인을 바라보는 연습을 해보세요. 이제 아이들은 길에서 쓰레기를 아무 생각 없이 쉽게 버리는 사람들이 왜 그런 행동을 하는지 알게 될 것입니다. 그렇게 함부로 행동할 정도로 자신을 귀하게 생각하지 않는다는 사실을 알게 되었으니까요. 이를 통해 스스로를 사랑하는 것이 왜 중요한지 더욱 절실하게 깨달을 것입니다.

090 앞으로 어떤 습관을 갖고 싶니?

_____

_____

_____

_____

습관이란 억지로 갖게 되는 것이 아닙니다. 결국 자신이 가장 좋아하고 사랑하는 일이 그 사람의 습관이 될 가능성이 높죠. 이 질문을 통해 지금 아이가 무엇을 사랑하고 있는지 짐작해보세요. 아이의 습관은 조금씩 변합니다. 그러니 이 질문을 자주 던져서 아이가 최근에 무엇을 가장 사랑하고 있는지 체크해주세요.

지금 너에게 가장 큰 문제는 무엇이니?

세상에서 가장 어려운 일은 자신의 상태를 정확히 파악하는 일입니다. 아이들은 무엇이 문제이고 무엇이 문제가 아닌지 제대로 알지 못합니다. 아침에 늦게 일어나는 것, 수업 시간에 딴생각하는 것, 밤마다 스마트폰으로 게임하는 것 등 무엇이 현재 자신의 일상에 존재하는 문제인지 스스로 생각할 수 있게 질문해주세요. 공부든 독서든 자신을 제대로 파악해야 제대로 시작할 수 있으니까요.

092 아무리 노력해도 안 되는 게 있니?

열심히 노력하지만 잘 되지 않는 게 있다면 그것은 무엇을 의미할까요? 아이가 꼭 이루고 싶은 꿈일 확률이 높습니다. 어려워도 계속 도전하기란 쉽지 않죠. 아이의 꿈은 부모가 가장 먼저 알고 있어야 합니다. 아이가 도전할 때 옆에서 지혜롭게 도와준다면 아이는 분명 자신이 사랑받고 있다는 것을 느낄 것입니다.

093 아이가 부모에게 줄 수 있는 가장 큰 선물은 무엇일까?

_____

_____

_____

_____

이 질문을 들은 아이는 '내가 부모님께 무엇을 해줄 수 있을까?'라고 생각할 것입니다. 그러면서 불현듯 '그럼 부모님은 내게 무엇을 해주고 계시지?'라는 생각으로 이어질 것입니다. 아이들은 부모가 대가를 바라지 않고 그저 주기만 하는 존재라고 생각하기 쉽습니다. 하지만 아이에게 부모의 사랑이 필요하듯 부모에게도 자식의 사랑이 필요하다는 사실을 깨닫게 해주세요. 아이는 금세 사랑을 키우고 전하는 행복을 알게 될 것입니다.

094 인생을 살면서 꿈이 필요하다고 생각하니?

_____

_____

_____

_____

인문학의 목적 중 하나는 인간이 마주하는 모든 것의 가능성을 확장하는 것입니다. 이를 위해서는 가능성을 열어주는 질문을 해야 하죠. "꿈이 필요하다고 생각하니?"가 아닌 "꿈이 왜 필요하다고 생각하니?"라는 질문에는 '꿈이란 반드시 필요한 것'이라는 부모의 전제가 깔려 있습니다. 꿈의 필요성을 아이가 스스로 정할 수 있게 해주세요. 이 질문은 그런 질문 습관을 기르기 위한 연습입니다. 질문 한마디에도 자신의 의견을 배려하는 부모의 모습을 보며 아이는 사랑을 느낄 것입니다.

095 네가 잘못을 저질렀을 때 부모님이 어떻게 해주면 좋겠어?

아이는 자신이 무엇을 얼마나 잘못했는지 알고 있습니다. 그런데 아이의 짐작과는 달리 부모가 불같이 화를 내고 이성을 잃은 모습을 보여주면 아이는 크게 실망할 것입니다. 그런 경험이 반복될 때마다 아이의 마음은 자꾸만 병듭니다. 가끔은 아이 스스로 '어떻게 하면 내가 반성할 수 있을까?'라는 질문을 던질 수 있도록 관대함을 보여주세요. 아이를 위한 가장 좋은 답은 아이 안에 있습니다. 질문으로 그걸 꺼내세요.

096 네가 책을 쓴다면 제목은 무엇이 좋을까?

아마도 "에이, 제가 무슨 책을 써요?"라는 답이 나올 가능성이 높습니다. 실망하지 마세요. 보통의 아이들에게서 나오는 반응이니까요. 누구나 자신이 생각한 것을 글로 쓰면 그게 책이 될 수 있다는 사실을 깨닫게 하는 것이 중요합니다. 매일 일기를 쓰는 게 어렵다면 자신이 보낸 하루를 한 줄의 제목으로 짓게 하는 것도 좋은 방법입니다. 그런 날을 반복하면 아이는 자신이 보낸 모든 하루가 특별하고 의미 있었노라고 알게 될 것입니다.

097 어떻게 하면 예술과 친해질까?

_____

_____

_____

_____

아이들은 예술을 늘 어렵고 멀게 생각합니다. 예술은 우리 일상에 존재한다는 사실을 알려주세요. 하나의 물체를 오랫동안 바라보며 어떤 감정을 느끼는 것만으로도 예술적 감각과 능력을 키울 수 있습니다. 아이들이 좋아하는 게임을 예로 들어 설명해주세요. 게임을 아주 오랫동안 좋아해서 실력이 출중해진 아이에게 "게임을 예술적으로 하네!"라고 칭찬해주세요. 아이는 누구나 한 가지를 아주 오랜 시간 지속하면 예술의 경지에 다다를 수 있다는 사실을 깨달을 것입니다.

098 시간과 돈 중에서 무엇이 더 중요할까?

_____

_____

_____

_____

삶의 우선순위를 스스로 정해보도록 유도하는 질문입니다. 아이들은 아마도 돈이라고 답할 가능성이 높습니다. 아직 제대로 벌어본 적이 없기 때문이죠. 그럴 때는 아이에게 시간은 돈과 바꿀 수 있지만, 돈은 시간과 바꿀 수 없다는 사실을 알려주세요. 눈에 보이는 돈보다 눈에 보이지 않는 시간의 가치를 더 무겁게 여기는 아이는 분명 자신의 시간 역시 소중하게 다룰 것입니다. 자신의 시간을 소중하는 다루는 것이야말로 스스로를 사랑하는 가장 확실한 방법입니다.

099 자신이 밉고 초라하게 느껴질 때 너는 어떤 방법으로 이겨내니?

_____

_____

_____

_____

가장 중요한 부분입니다. 어른도 마찬가지지만 아이에게도 분명 힘든 시간이 있습니다. 친구와 다퉜을 때, 시험 성적이 예상과 다를 때, 계획한 일이 잘 풀리지 않을 때 아이가 어떤 방법으로 문제를 해결하는지 질문해보세요. 이때 힘든 일이 있을 때 '어떤 장소'에서 아픔을 치유하는지 함께 물어보는 게 중요합니다. 아이가 어떤 공간을 소중하게 생각하는지 새롭게 알 수 있기 때문이죠. 책상이 될 수도 있고, 거실의 소파가 될 수도 있습니다. 부모가 그 공간을 소중하게 생각해주는 것만으로도 아이는 큰 힘을 얻을 것입니다.

100 우리는 왜 웃어야 할까?

_____

_____

_____

_____

웃음은 결국 선택입니다. 아이가 이 사실을 알면 자신을 사랑할 수 있습니다. 모두가 웃을 때 혼자서 걱정하는 부모는 아이에게 어떤 상황에서도 걱정하는 법을 알려주고, 모두가 걱정할 때 웃을 수 있는 부모는 안 좋은 상황에서도 웃으며 살아가는 법을 알려주니까요. 아이가 버려야 할 것이 무엇일까요? 미움, 시기, 두려움, 걱정 같은 감정을 우리는 웃음을 통해 조금씩 사라지게 할 수 있습니다. 오직 웃음만이 최악의 상황에서 나를 지킬 수 있다는 사실을 아이에게 알려주세요.

하루 한마디 인문학 질문의 기적

초판 1쇄 발행 2020년 4월 6일
초판 10쇄 발행 2021년 6월 17일

지은이 김종원
펴낸이 김선식

경영총괄 김은영
책임편집 성기병 **디자인** 윤유정 **크로스교정** 조세현 **책임마케터** 이고은
콘텐츠사업1팀장 임보윤 **콘텐츠사업1팀** 윤유정, 한다혜, 성기병, 문주연
마케팅본부장 이주화 **마케팅2팀** 권장규, 이고은, 김지우
미디어홍보본부장 정명찬
홍보팀 안지혜, 김재선, 이소영, 김은지, 박재연, 오수미
뉴미디어팀 김선욱, 허지호, 염아라, 김혜원, 이수인, 임유나, 배한진, 석찬미
저작권팀 한승빈, 김재원
경영관리본부 허대우, 하미선, 박상민, 권송이, 김민아, 윤이경, 이소희, 이우철, 김재경, 최완규, 이지우, 김혜진
외부스태프 일러스트 이현미

펴낸곳 다산북스 **출판등록** 2005년 12월 23일 제313-2005-00277호
주소 경기도 파주시 회동길 357, 3층
전화 02-702-1724 **팩스** 02-703-2219 **이메일** dasanbooks@dasanbooks.com
홈페이지 www.dasanbooks.com **블로그** blog.naver.com/dasan_books
종이 (주)한솔피앤에스 **출력·인쇄** 갑우문화사

ⓒ 2020, 김종원

ISBN 979-11-306-2938-4 (03370)

• 책값은 뒤표지에 있습니다.
• 파본은 구입하신 서점에서 교환해드립니다.
• 이 책은 저작권법에 의하여 보호를 받는 저작물이므로 무단 전재와 복제를 금합니다.
• 이 도서의 국립중앙도서관 출판시도서목록(CIP)은 서지정보유통지원시스템 홈페이지(http://seoji.nl.go.kr)와
  국가자료공동목록시스템(http://www.nl.go.kr/kolisnet)에서 이용하실 수 있습니다.(CIP제어번호 : CIP2020012692)

다산북스(DASANBOOKS)는 독자 여러분의 책에 관한 아이디어와 원고 투고를 기쁜 마음으로 기다리고 있습니다.
책 출간을 원하는 아이디어가 있으신 분은 다산북스 홈페이지 '투고원고'란으로 간단한 개요와 취지, 연락처 등을 보내주세요.
머뭇거리지 말고 문을 두드리세요.